"国家中等职业教育改革发展示范学校建设计划"项目教材

中等职业教育"十三五"规划教材 · 国际贸易系列

国际海运代理业务

主编／谢富敏 宋彦安

参编／陈世芬 师向丽 余 寒

吴小燕 刘 芳

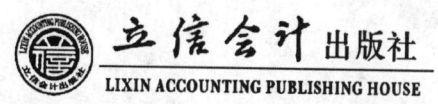

立信会计出版社

LIXIN ACCOUNTING PUBLISHING HOUSE

图书在版编目(CIP)数据

国际海运代理业务/谢富敏,宋彦安主编. —上海：立信会计出版社,2015.8
ISBN 978-7-5429-4706-2

Ⅰ.①国… Ⅱ.①谢…②宋… Ⅲ.①国际海运—代理业务—教材 Ⅳ.①F551

中国版本图书馆 CIP 数据核字(2015)第 225099 号

策划编辑	陈 瑶
责任编辑	方士华
封面设计	周崇文

国际海运代理业务

出版发行	立信会计出版社		
地　　址	上海市中山西路 2230 号	邮政编码	200235
电　　话	(021)64411389	传　　真	(021)64411325
网　　址	www.lixinaph.com	电子邮箱	lxaph@sh163.net
网上书店	www.shlx.net	电　　话	(021)64411071
经　　销	各地新华书店		

印　　刷	常熟市梅李印刷有限公司
开　　本	787 毫米×1 092 毫米　1/16
印　　张	18.25
字　　数	391 千字
版　　次	2015 年 8 月第 1 版
印　　次	2015 年 8 月第 1 次
印　　数	1—3100
书　　号	ISBN 978-7-5429-4706-2/F
定　　价	35.00 元

如有印订差错,请与本社联系调换

编 者 的 话

上海中等职业教育一直致力于教材建设,依据职业教育改革的理念,教学内容与企业实际工作对接,并符合中职学生的学习特征。根据这一理念及我们多年来教学经验累积,我们力图开发一本最大程度与企业实际工作对接并与教学本身自有规律相结合的"国际海运代理业务"教材。正是出于这样一个目标,我们与上海元初国际物流公司、中国二重货运代理公司等公司合作,编写了这本教学做一体的教材。本教材也是元初国际物流的培训教材。

本教材以实际工作任务引领教学内容,以工作过程为主线展开各个节点业务操作,将知识学习贯穿于业务操作过程中,真正实现了教学做一体化。

本教材包含如下几个板块:① 任务描述:描述学生应该完成的实际工作任务;② 任务分析:对要完成的工作任务进行分析,以明确工作目标,工作流程、工作所使用工具;③ 操作流程:用流程图的形式清晰地表达完成该项任务的流程;④ 业务操作指导:引导学生完成工作的具体操作方法;⑤ 职场精灵:对工作中需要注意的事项进行提醒;⑥ 知识天地:掌握必要的知识是完成工作的基础,特别是商务类专业,知识的掌握显得非常重要。

本教材的特色:① 以任务引领,工作过程为主线、将知识贯穿于完成任务的过程中;② 单据均是企业的真实单据扫描,增加学生的直观感受;③ 每个业务下都配有"职场精灵"等板块,告诉学生企业一线人士的实际工作经验;④ 每个任务的开头都明确了完成任务所需的知识与技能;⑤ 融入最新版的劳动保障局"物流师(货运代理四级)"考证内容;⑥ 知识的必备性和逻辑性:商务专业技能不同于工科专业,特别强调大脑和手、脚的配合,它更需要知识与业务操作的完美结合;⑦ 配有海运代理单元训练手册和综合实训手册,以加强学生的训练。

谢富敏

2015 年 9 月

目　录

模块一
扬帆起航：国际货运代理概述

1 项目一　认识国际货运代理

目标

知识目标

熟悉货运代理的定义

熟悉国际货运代理人的分类

了解国际货运代理人的权利和义务

技能目标

能阐述货运代理人的作用

能识别不同的货运代理人

复述国际货运代理人的权利和义务及其法

律责任

态度目标

养成认真思考、触类旁通的学习习惯

迎接挑战

传说三国时期,倭国女王卑弥呼想从魏国公曹操处买一批勾玉,但是曹操没有海船,而唯一有海运能力的吴国孙权拒绝为曹操运输货物,曹操一筹莫展。而此时军师提出,蜀国刘备与孙权交好,而且刘备正在和刘璋作战,极度缺乏军费。于是曹操主动支付了一大笔酬劳,请求刘备帮助他进行货物运输。刘备同意了,最终找孙权运输了曹操的货物,促成了这笔贸易。刘备很高兴,决定成立一个公司,专门从事这项业务。

根据这个案例,回答以下问题:

1. 常规的国际贸易中只需要进口、出口和运输三方,而在这个故事中,曹操为什么主动要支付酬劳找刘备帮忙?

2. 在这次贸易中刘备充当了一种新角色? 属于什么性质?

3. 如果刘备成立这个公司,这个公司开展的业务称为什么业务? 属于第几产业? 应主要开展哪些和贸易有关的业务工作?

4. 这样的业务对于国际贸易有什么意义和作用?

思考

首先我们需要认识到，国际贸易中经常会出现出口方难以独立完成运输或难以寻找到合适运输方的情况。如何才能完成国际贸易业务呢？而此时一种中介性质的业务应运而生。我们需要认识到这种业务产生的宗旨、定义和性质、需要开展哪些业务才能帮助国际贸易顺利完成，以及它对于国际贸易的意义。

知识天地

一、国际货运代理的定义与性质

（一）国际货运代理的定义

目前，国际上对于货运代理没有一个统一的定义。

国际货运代理协会联合会（FIATA，或称菲亚塔）将其定义为："根据客户的指示，并为客户的利益而揽取货物运输的人，其本身不是承运人。"

货运代理也可以依据这些条件，从事与运输合同有关的活动，如储货（也含寄存）、报关、验收、收款等。

在我国，国际货运代理具有以下两种含义。

1. 国际货运代理业

1995 年 6 月 29 日，国务院批准的《中华人民共和国国际货物运输代理业管理规定》第 2 条规定："国际货物运输代理业，是指接受进出口货物收货人、发货人的委托，以委托人的名义或者以自己的名义，为委托人办理国际货物运输及相关业务并收取服务报酬的行业。"

2. 国际货运代理人

国际货运代理人是指接受进出口货物收货人、发货人和承运人的委托，以委托人的名义或者以自己的名义，为委托人办理国际货物运输及相关业务并收取服务报酬的企业。可见，国际货运代理人就是我们通常所说的国际货运代理企业。

（二）国际货运代理的性质

与其概念相对应，对于国际货运代理的性质，也可以从两个角度来解释。

1. 国际货运代理业的性质

国际货运代理业在社会产业结构中属于第三产业，性质上属于服务行业。从政治经济学角度看，它隶属于交通运输业，属于运输辅助行业。

2. 国际货运代理人的性质

国际货运代理从本质上属于运输关系人的代理，是联系发货人、收货人和承运人的运输中介人，它既代表货主，保护货主利益，又协调承运人进行承运工作，在货主与承运人之间架起一座桥梁。

二、国际货运代理的业务范围及其作用

（一）国际货运代理的业务范围

根据《中华人民共和国国际货运代理业管理规定实施细则》的规定，国际货运代理企业的经营范围如下：

(1) 揽货、订舱(含租船、包机、包舱)、托运、仓储、包装。

(2) 货物的监装、监卸、集装箱的拆箱、分拨、中转及相关短途运输服务。

(3) 报关、报检、报验、保险。

(4) 缮制签发有关单证、交付运费、结算及交付杂费。

(5) 国际展品、私人物品及过境货物运输代理。

(6) 国际多式联运、集运(含集装箱拼箱)。

(7) 国际快递(不含私人信函)。

(8) 咨询及其他相关国际货运代理业务。

（二）国际货运代理的作用

国际货运代理主要在国际贸易中发挥以下服务作用。

1. 为发货人服务

(1) 组织协调作用。国际货运代理人历来被称为"运输的设计师"，"门到门"运输的组织者和协调者。它们凭借其拥有的运输知识及其他相关知识，组织运输活动，设计运输路线，选择运输方式和承运人(或货主)，提供更专业化的服务。它们协调货主、承运人及其与仓储保管人、保险人、银行、港口、机场、车站、堆场经营人和海关、商检、卫检、动植检、进出口管制等有关当局的关系，可以节省委托人时间，减少许多不必要的麻烦，使委托人专心致力于主营业务。

(2) 专业服务作用。国际货运代理人的本职工作是利用自身专业知识和经验，为委托人提供货物的承揽、交运、拼装、集运、接卸、交付服务，接受委托人的委托，办理货物的保险、海关、商检、卫检、动植检、进出口管制等手续，甚至有时要代理委托人支付、收取运费，垫付税金和政府规费。国际货运代理人通过向委托人提供各种专业服务，可以使委托人不必在自己不够熟悉的业务领域花费更多的心思和精力，使不便或难以依靠自己力量办理的事宜得到恰当、有效的处理，有助于提高委托人的工作效率。

(3) 降低成本作用。国际货运代理人掌握货物的运输、仓储、装卸、保险市场行情，与货物的运输关系人、仓储保管人、港口、机场、车站、堆场经营人和保险人有着长期、密切的友好合作关系，拥有丰富的专业知识和业务经验、有利的谈判地位、娴熟的谈判技巧。通过国际货运代理人的努力，可以选择货物的最佳运输路线、运输方式，最佳仓储保管人、装卸作业人和保险人，争取公平、合理的费率，甚至可以通过集运效应使所有相关各方受益，从而降低货物运输关系人的业务成本，提高其主营业务效益。

(4) 资金融通作用。国际货运代理人与货物的运输关系人、仓储保管人、装卸作业人及银行、海关当局等相互了解，关系密切，长期合作，彼此信任。国际货运代理人可

以代替收、发货人支付有关费用、税金，提前与承运人、仓储保管人、装卸作业人结算有关费用，凭借自己的实力和信誉向承运人、仓储保管人、装卸作业人及银行、海关当局提供费用、税金担保或风险担保，可以帮助委托人融通资金，减少资金占压，提高资金利用效率。

（5）沟通控制作用。国际货运代理人拥有广泛的业务关系，发达的服务网络，先进的信息技术手段，可以随时保持货物运输关系人之间、货物运输关系人与其他有关企业、部门的有效沟通，对货物运输的全过程进行准确跟踪和控制，保证货物安全、及时运抵目的地，顺利办理相关手续，准确送达收货人，并应委托人的要求提供全过程的信息服务及其他相关服务。

（6）咨询顾问作用。国际货运代理人通晓国际贸易环节，精通各种运输业务，熟悉有关法律、法规，了解世界各地有关情况，信息来源准确、及时，可以就货物的包装、储存、装卸和照管，货物的运输方式、运输路线和运输费用，货物的保险、进出口单证和价款的结算，领事、海关、商检、卫检、动植检、进出口管制等有关当局的要求等向委托人提出明确、具体的咨询意见，协助委托人设计、选择适当处理方案，避免、减少不必要风险、周折和浪费。

2. 为承运人服务

货运代理人向承运人订舱，一定要按照对承运人和发货人都公平合理的费率，安排适当的时间交货并以发货人的名义解决与承运人的运费账目等问题。

近年来，随着国际贸易中集装箱运输的增长，国际货物代理公司引进"集运"与"拼箱"服务，使他们与班轮公司及其他承运人如铁路承运人之间建立起更为密切的联系。

3. 为港口服务

货运代理人接运整船货物或装运整船大部分货物，在合理流向的前提下可以争取船舶在货物代理所在地港口装卸，这就为港口争揽了一条船的货源。

4. 为海关服务

目前，世界上80％左右的空运货物，70％以上的集装箱运输货物，75％的杂货运输业务，都控制在国际货运代理人手中。

我国80％的进出口贸易货物运输和中转业务（其中，散杂货占70％，集装箱货占90％），90％的国际航空货物运输业务都是通过国际货运代理企业完成的。

三、国际货运代理的分类

（一）国际货运代理按运输方式的分类

1. 按代理人的层次

（1）一级代理。在海运业务中，一级货运代理是指能够直接向实际承运人订舱的代理。

相对来说，一级货运代理的客户群是以同行为主，即一级货运代理一般会把他们和船公司约定的价格，加上适当的利润，转交至下一级的货运代理，由他们直接卖给实际发货人。所以说,一般一级货运代理是以做箱量(通俗地讲,就是帮船公司卖出多少舱位计算,一般计量是以 GP 为单位)为主的。

按照行业约定,一级货运代理会和船公司签订协议。当一级货运代理 1 年达到一定箱量后,船公司会在约定价格的基础上,返还部分佣金(也就是俗称的箱扣,达到预期的箱量,每个集装箱返还一定的金额)作为奖励,做得越多奖励就越多。这也是一级货运代理的主要利润来源。

(2) 二级代理。二级货运代理就是直接面对进出口商的货运代理公司。二级货运代理的主要市场是"直接客户",就是工厂和外贸公司直接的发货人。二级货运代理的优势是能够帮助"直客"找到最合适的运输方式和承运工具,因为他们了解大部分的船公司的优势航线、优势价格,以及航行时间、目的港的装卸能力等。二级货运代理还了解各个一级货运代理的优势线路,将其整合。

二级货运代理和一级货运代理并无本质的区别,许多一级货运代理也是从二级货运代理慢慢做起来的。当货量上去了,也就可以去和船公司洽谈合作的事宜,只要能和几家实际承运人达成一致,二级货运代理就自然而然升级为一级代理了。

2. 按运输方式

(1) 海运代理。

(2) 空运代理。

(3) 陆运代理。

(4) 多式联运代理。

四、国际货运代理人的权利、义务与法律责任

国际货运代理人按照作为代理人和承运人的不同职责,拥有不同的权利、义务及法律责任。

(一) 国际货运代理作为代理人的权利、义务与法律责任

1. 国际货运代理作为代理人的权利

(1) 以委托人名义处理委托事务。

(2) 在授权范围内自主处理委托事务。

(3) 要求委托人提交待运输货物的相关运输单证、文件资料。

(4) 要求委托人预付、偿还处理委托事务费用,如运输费、仓储费、报关报检费等。

(5) 要求委托人支付服务报酬。

(6) 要求委托人承担代理行为后果。货运代理在委托权限内为了委托人的利益从事的行为,不论是否使用了委托人的名义,代理行为产生的后果由委托人承担。

(7) 要求委托人赔偿损失。《中华人民共和国合同法》(简称《合同法》)第 407 条、第 408 条规定:委托人处理委托事务时,因不可归责与自己的事由受到损失,或委托人经受托人同意另行委托第三人处理委托事务而给受托人造成损失,受托人有权要求赔偿。

（8）解除委托代理合同。可随时解除，但应赔偿损失。

2. 国际货运代理作为代理人的义务

（1）按照客户的指示处理委托事务的义务。

（2）亲自处理委托人委托事务的义务。

（3）向委托人如实报告委托事务进展情况和结果的义务。

（4）向委托人移交相关财物的义务。

（5）就委托办理的事宜为委托人保密的义务。例如，货主需要近期大量舱位、货主可接受的运价底线等，货运代理有义务对外进行保密，以免造成对货主不利的影响。

（6）披露委托人、第三人。

3. 货运代理作为代理人的民事法律责任

（1）因过错而给委托人造成损失的赔偿责任。

（2）与第三人串通损害委托人利益的，与第三人承担连带赔偿责任。

（3）明知委托事项违法却仍继续进行代理事务，与委托人承担连带责任。

（4）擅自将委托事项转委托他人，应对转委托的行为向委托人承担责任。

（5）无权代理，对委托人不发生效力，自行承担责任。

（二）国际货运代理作为承运人的权利、义务与法律责任

1. 国际货运代理作为承运人的权利

（1）检查货物、文件的权利。

（2）拒绝运输权。

（3）收取运费、杂费权。

（4）取得赔偿权。运输合同成立后，尚未履行或全面履行前，托运人可单方中止合同或变更合同内容，在此情况下承运人有权要求托运人赔偿相应损失。

（5）货物留置权。托运人或收货人不支付运费、保管费及其他运输费用，承运人有权留置相应货物。

（6）货物提存权。承运人无法通知收货人或收货人无正当理由拒不提货，承运人有权向公证机关提出提存申请，将货物交给公证机关指定的保管人保管。对不易保管的货物依法拍卖变卖，扣除运杂费后提存余款。

2. 国际货运代理作为承运人的义务

（1）及时安全运送货物。

（2）选择合理运输路线。

（3）发送到货通知义务。

（4）妥善保管货物义务。

3. 国际货运代理作为承运人违反合同承担的责任

（1）延迟运输的赔偿责任。在海上运输中，按照《中华人民共和国海商法》（简称《海商法》）第57条的规定，赔偿限额为"迟延交付的货物的运费数额"。

（2）货物毁损、灭失的赔偿责任。在海上运输中，按照我国《海商法》第56条的规定，赔偿限额为"每件货运单位 666.67SDR 或每千克为 2SDR"。

（3）承运人之间的连带责任。

五、常见的国际货运代理机构

（一）国际海事组织简介

网址：http：//www.imo.org/Pages/home.aspx

国际海事组织（International Maritime Organization，IMO）是联合国负责海上航行安全和防止船舶造成海洋污染的一个专门机构，更是一个促进各国政府和各国航运业界改进海上安全、防止海洋污染及海事技术合作的国际组织。国际海事组织的总部设在英国伦敦。该组织最早成立于 1959 年 1 月 6 日，原名"政府间海事协商组织"，1982 年 5 月改为现名，截至 2012 年 9 月共有 170 个正式成员和 3 个联系会员。

该组织宗旨为促进各国间的航运技术合作，鼓励各国在促进海上安全，提高船舶航行效率，防止和控制船舶对海洋污染方面采取统一的标准，处理有关的法律问题。

（二）国际货运代理协会联合会简介

国际货运代理协会联合会（FIATA）是国际货运代理的行业组织。该会于 1926 年 5 月 31 日在奥地利维也纳成立，总部设在瑞士苏黎世。其目的是保障和提高国际货运代理在全球的利益。该会是一个在世界范围内运输领域最大的非政府和非营利性组织，具有广泛的国际影响，其成员包括世界各国的国际货运代理行业，拥有 76 个一般会员，1 751 个联系会员，遍布 124 个国家和地区，包括 3 500 个国际货运代理公司，拥有 800 名雇员。

网址：http：//fiata.com

该联合会的宗旨是保障和提高国际货运代理在全球的利益，工作目标是团结全世界的货运代理行业；以顾问或专家身份参加国际性组织，处理运输业务，代表、促进和保护运输业的利益；通过发布信息，分发出版物等方式，使贸易界、工业界和公众熟悉货运代理人提供的服务；提高制定和推广统一货运代理单据、标准交易条件，改进和提高货运代理的服务质量，协助货运代理人进行职业培训，处理责任保险问题，提供电子商务工具。

（三）中国国际货运代理协会简介

网址：http://210.51.174.103：801

中国国际货运代理协会英文名称为 China International Freight Forwarders Association，简称 CIFA。该协会经国家主管部门批准从事国际货运代理业务，由在中华人民共和国境内注册的国际货运代理企业自愿组成，是经国务院批准，在民政部登记的全国性行业协会，属于非营利性的社团法人，受对外贸易经济合作部和民政部的指导和监督。

 完成挑战

1. 曹操没有海船，难以独立完成运输；也无法直接委托孙权运输，因此他必须主动支付酬劳找刘备帮忙，进行居中代理运输

2. 这次贸易刘备充当了货运代理人这一角色，这是一种中介性质的角色，而这种业务属于第三产业

3. 国际货运代理企业的经营范围如下

(1) 揽货、订舱(含租船、包机、包舱)、托运、仓储、包装。

(2) 货物的监装、监卸、集装箱的拆箱、分拨、中转及相关短途运输服务。

(3) 报关、报检、报验、保险。

(4) 缮制签发有关单证、交付运费、结算及交付杂费。

(5) 国际展品、私人物品及过境货物运输代理。

(6) 国际多式联运、集运(含集装箱拼箱)。

(7) 国际快递(不含私人信函)。

(8) 咨询及其他相关国际货运代理业务。

4. 国际货运代理业务在国际贸易中的作用

货运代理公司是国际贸易的重要一环，是一笔国际贸易业务顺利开展所不可或缺的重要组成部分。

货运代理的作用：

(1) 为发货人服务：组织协调、专业服务、降低成本、资金融通、沟通控制、咨询顾问作用。

(2) 为承运人服务。

(3) 为港口服务。

(4) 为海关服务。

职场精灵

> 货运代理公司是"代理业"家庭成员中的重要一员,更是国际贸易的重要一环。货主动、船公司、报关行、海关、保险公司都要与它们打交道。货运代理公司还有众多同样承担代理职能的"亲朋好友",比如"船舶代理""报关代理"等。

我思我悟

_____

_____

_____

2 项目二　探究国际货运代理职业内容

目标

知识目标

熟悉货运代理公司的组织结构

认识货运代理公司的岗位设置

技能目标

掌握货运代理公司的组织结构

学会识别货运代理公司的各个岗位分工

态度目标

培养专业分工,协调合作的意识

迎接挑战

李明刚刚毕业,来到了一家货运代理公司应聘。人事经理笑眯眯问:你了解我们公司吗? 想到哪个部门任职啊? 李明一下就傻了眼,货运代理公司到底有哪些部门和岗位啊? 分别做什么,受谁领导呢?

思考

我们需要清楚货运代理公司的组织结构,认识货运代理公司的岗位设置和各自的职能。

知识天地

一、货运代理公司组织结构

组织结构是企业的流程运转、部门设置及职能规划等最基本的结构依据,常见的组织结构形式包括直线制、职能制、直线职能制、矩阵制、事业部制等。目前,我国大多数的中小型货运代理公司都采用直线职能制的组织结构形式,即在各级直线指挥机构下设置相应职能机构从事专业管理,明确规定职能机构只对下级部门进行业务指导。如图 2-1 所示。

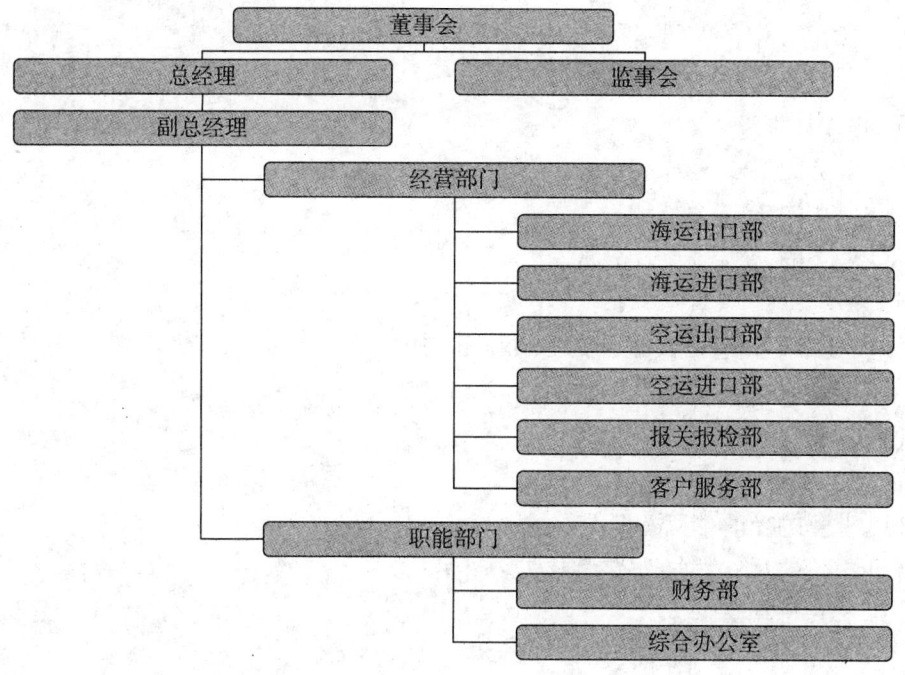

图 2-1 典型的货运代理公司组织结构图

二、货运代理公司岗位

货运代理公司岗位可以分为部门经理、部门主管、销售员、单证员、操作员、调度员、客户服务等。

1. 部门经理

(1) 管理团队的组建、管理和提升。

(2) 配合公司战略发展,筹划、推进和评估本部的长短期目标。

(3) 各部门总体运作的计划、协调、推进和评估。

2. 部门主管

(1) 部门团队的组建、管理和提升。

(2) 各部门日常运作的协调、推进和评估。

(3) 报价对内与对外的更新、发布和核批。

(4) 业务的受理、指派和跟踪。

(5) 市场目标的制定、推进和评估。

3. 销售员

(1) 业务的报价、揽取和跟踪。

(2) 报价的对外发布、跟踪和核实。

(3) 客户日常销售维护。

4. 单证员

(1) 提单的确认、核对和签发。

(2) 操作的日常事务助理。

(3) 月度统计和分析。

5. 操作员

(1) 业务的审核、运作和跟踪。

(2) 费用的核实、确认和输入。

(3) 业务的完结、统计和分析。

6. 调度员

(1) 门点服务/仓储服务的受理、协调和安排。

(2) 门点服务/仓储服务的跟踪、反馈和完结。

(3) 月度统计、分析与评估。

7. 客户服务

(1) 业务的受理、指派和跟踪。

(2) 报价的对外发布、跟踪和核实。

(3) 客户日常操作维护。

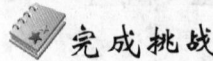 完成挑战

1. 货运代理公司的组织结构

目前，我国大多数的中小型货运代理公司都采用直线职能制的组织结构形式。即在各级直线指挥机构下设置相应职能机构从事专业管理，明确规定职能机构只对下级部门进行业务指导。

2. 典型的货运代理公司岗位划分

部门经理、部门主管、销售员、单证员、操作员、调度员、客户服务等岗位。

职场精灵

新员工进入货运代理公司除了具备必备的专业知识和技能外，也要认识公司的组织架构和岗位设置，这样才有利于在货运代理公司取得长远的发展。

我思我悟

_____

_____

_____

3 项目三　知晓国际货运代理业务的流程

 **目标**

知识目标

知晓国际货运代理业务的进出口关联方

知晓国际货运代理业务的出口业务流程

知晓国际货运代理业务的进口业务流程

技能目标

了解国际货运代理业务的进出口关联方，熟练识别其英文全称

熟练掌握国际货运代理业务的出口业务流程

熟练掌握国际货运代理业务的进口业务流程

态度目标

培养熟悉流程、专业认真的习惯

迎接挑战

　　李明最终通过考核，被货运代理公司正式录用为一名操作员。第二天他就进入货运代理公司开始正式工作。李明发现货运代理公司日常进口和出口业务需要同很多单位打交道，特别是在填写英文单据时，需要区分不同的运输关系方以免填错公司名称，而且业务环节特别繁多，很容易出错或者遗漏。请大家开动脑筋，替李明解答一下问题。

　　问题1：货运代理公司需要在日常业务中与哪些公司或单位有业务往来？

　　问题2：货运代理公司与各关联方分别有哪些业务往来？

　　问题3：货运代理公司与各关联方对应的英文全称分别是什么？

　　问题4：国际货运代理业务的出口业务流程是怎样的？

　　问题5：国际货运代理业务的进口业务流程是怎样的？

思考

　　首先我们要清楚国际货运代理业务有哪些进出口关联方，它们的英文全称是什么；

其次了解国际货运代理业务的出口业务流程和进口业务流程分别是什么。

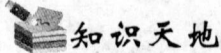 知识天地

一、国际货运代理业务的进出口关联方

1. 国际货运代理人

国际货运代理人(international freight forwarder)是指国际海运代理公司,是接受货主的委托,代表货主的利益,为货主办理有关国际海上货物运输相关事宜、依据法律规定设立的提供国际海上货物运输代理服务的企业。海运代理人可以从货主那里获得代理服务报酬,即佣金。

2. 出口商

出口商(exporter)是指有权办理出口业务的外贸公司,工贸公司,生产企业和行业集团公司。出口商的资信直接影响着出口打包贷款的风险度。通俗地说,出口商就是一个卖东西的,而且是自己不生产先从供应商那里买来商品然后再抬高价钱卖给进口商并从中获利。

3. 进口商

进口商(importer)是指从事进口贸易的企业或商人。他们以自己的资金从国外购入商品(包括原料、半成品、辅料、零部件等),然后出售给所在国的工矿企业、批发商、零售商;或经过加工或稍作贮存,再转口输往其他国家或地区销售。

4. 托运人

托运人(shipper)是指在运输合同中是指本人或者委托他人以本人名义或委托他人为本人与承运人订立海上货物运输合同的人;本人或者委托他人以本人名义或者委托他人为本人将货物交给与海上货物运输合同有关的承运人的人。

在单据填写"Shipper"一栏时,我们要填写托运人的全称、街名、城市、国家名称、电话、传真号。托运人不一定就是出口商,可以是货主,也可以是其贸易代理人或是货运代理。在信用证方式下一般是信用证的受益人。

5. 收货人

收货人(consignee)即收取货物的人。如果是实际收货人,可填写全称、地址等,表示此提单为记名提单,不可以转让。如果是指示提单,可以填写"to order",或"to order of Shipper",信用证下,凭银行指示,这种提单通过背书可以转让。

6. 通知人

通知人(notify party)是船公司在货物到达目的港时发送到货通知的收件人,有时即为进口人。常见的填发有:"SAME AS CONSIGEE"。特别提醒:填写时要用英文大写。

7. 船公司

船公司(shipping company)是海运承运人(sea transport carrier)是指运用自己拥有或者自己经营的船舶,提供国际港口之间班轮运输服务,并依据法律规定设立的船舶运

输企业。班轮公司应拥有自己的船期表、运价本、提单或其他运输单据。在从事国际货运代理业务的实践中,国际海上货运代理人应了解有关班轮公司的情况,以便在必要时从中选择适当的承运人。我国最有名的三大船公司分别是中国远洋运输(集团)总公司(简称中远)、集装箱运输股份有限公司(简称中海)和中国外运股份有限公司(简称中外运)。

在海运业务中,单据"carrier"一栏一般填写的是船公司的名称。如果是空运业务中,单据上的"carrier"一栏应填写航空公司的名称。

8. 船舶代理公司

船舶代理公司(简称船代)(ships agent)是指接受船舶所有人、船舶经营人或者船舶承租人的委托,为船舶所有人、船舶经营人或者船舶承租人的船舶及其所载货物或集装箱提供办理船舶进出港口手续、安排港口作业、接受订舱、代签提单、代收运费等服务,并依据法律规定设立的船舶运输辅助性企业。

中国最大的国际船舶代理公司是成立于1953年的中国外轮代理公司。20世纪80年代末,中外运船务代理公司成立,成为第二家从事国际船舶代理业务的国际船舶代理公司。现在,在我国对外开放的港口有许多家国际船舶代理公司。在实践中,国际货运代理人经常与船舶代理人有业务联系。

9. 无船承运人

无船承运人(NVOCC)是指经营无船承运业务的公司,是以承运人身份接受托运人的货载,签发自己的提单或者其他运输单证,向托运人收取运费,通过班轮运输公司完成国际海上货物运输,承担承运人责任,并依据法律规定设立的提供国际海上货物运输服务的企业。

国际货运代理企业在满足了承运人条件后,可以成为无船承运人。

10. 出入境检验检疫局

出入境检验检疫局(CIQ)是为国家进行出入境检验检疫工作的部门。职责是对出入境的货物、人员、交通工具、集装箱、行李邮包携带物等进行包括卫生检疫、动植物检疫、商品检验等的检查,以保障人员、动植物安全卫生和商品的质量。出入境货物需要进行检验检疫,获得CIQ所签发的通关单。

11. 中国海关

中国海关(Customs of China)是国家的进出关境监督管理机关。中国海关的基本职能是:监管进出境的运输工具、货物、行李物品、邮递物品和其他物品;征收关税和其他税、费;查缉走私;编制海关统计;办理其他海关业务。按照法律规定,所有进出境运输工具、货物、物品都需要办理报关手续。我国现行的通关模式是"先报检、后报关"。

12. 保险人

保险人(insurer)又称承保人,是指经营保险业务的组织和法人,指与投保人订立保险合同,并承担赔偿或者给付保险金责任的保险公司(insurance company)。因国际海上货物运输风险较大,一般都对海上运输中的货物投保。投保人需到保险公司办理投保手续。

二、集装箱班轮出口业务流程

① 揽货接单→② 理单制单→③ 办理订舱→④ 货物集港→⑤ 代理报关→⑥ 货物装船→⑦ 付费取单→⑧ 代办保险→⑨ 费用结算。如图 3-1 所示。

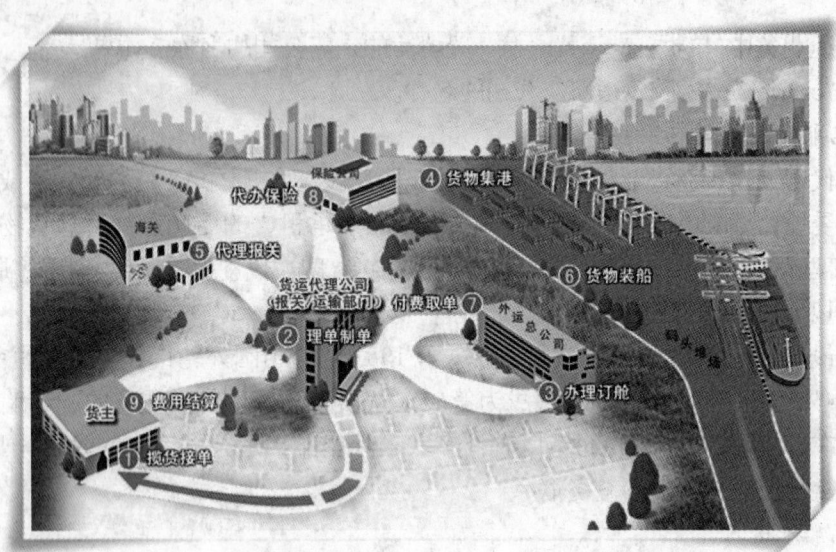

图 3-1　集装箱班轮出口业务流程

三、集装箱班轮进口业务流程

① 接受委托→② 委托订舱→③ 代办保险→④ 汇集单据→⑤ 换单→⑥ 代理报关→⑦ 提货预约→⑧ 提取货物→⑨ 费用结算。如图 3-2 所示。

图 3-2　集装箱班轮进口业务流程

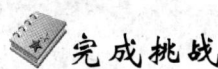 完成挑战

1. 请替李明完善下列国际货运代理关联方表(见表 1-1),填写关联方英文名称以及与国际货运代理的业务联系。

表 3-1   **国际货运代理关联方**

关联方中文名称	关联方英文名称	与国际货运代理的业务联系
国际货运代理人		
出口商		
进口商		
托运人		
收货人		
通知人		
承运人		
船舶代理公司(船代)		
无船承运人		
保险人		

2. 有一天李明接到一笔海运出口业务。上海盛达进出口公司有一批男式 T 恤衫出口到日本神户交日本优衣库股份有限公司,想委托百通货运代理公司办理海上运输等事宜,最晚 2014 年 7 月 26 日装船。盛达公司向百通货运代理公司提供了一份货运委托书、发票、报关委托书,外汇核销单,请百通货运代理公司作为托运人代理运输并向上海吴淞海关报关,通知人同收货人。之后百通货运代理公司向中国远洋订舱,并向中国平安保险公司投保。

请完善下列运输关系方表格(见表 1-2)填写对应的中文全称、英文全称。

表 3-2   **运输关系方**

运输关系方中文全称	所属运输关系方英文全称	公司中文名称
出口商		
进口商		
托运人		
收货人		
通知人		
货运代理人		
承运人		
海关		
保险商、承保人		

职场精灵

> 　　托运人、收货人、通知人、货运代理人、承运人、海关、保险公司等公司或机构都是货运代理公司日常工作中所要打交道的对象。认识这些公司或机构是成为一名优秀的货运代理公司员工的必备专业知识。

参考答案

表3-3　　　　　　　　　　　　　　国际货运代理关联方

关联方中文名称	关联方英文名称	与国际货运代理的业务联系
国际货运代理人	international freight forwarder	货主的代理人
出口商	exporter	国际货运代理的委托人，双方订立出口货运委托代理合同
进口商	importer	国际货运代理的委托人，双方订立进口货运委托代理合同
托运人	shipper	国际货运代理的委托人，双方订立出口货运委托代理合同
收货人	consignee	国际货运代理的委托人，双方订立进口货运委托代理合同
通知人	notify party	在目的地的联系人，出口业务中是收货人或收货人的代理人
承运人	carrier	船公司是进出口货物运输的实际承运人。国际货运代理需向船公司订舱
船舶代理公司（船代）	ships agent	船代是船公司的代理人，一般国际货运代理直接向船代订舱
无船承运人	NVOCC	国际货运代理满足一定条件后可升级为NVOCC。NVOCC可以代理二级国际货运代理向船公司订舱
保险人	insurer	国际货运代理作为货主的代理人向保险公司投保

表 3-4 运 输 关 系 方

运输关系方中文全称	运输关系方英文全称	公司中文名称
出口商	exporter	上海盛达进出口公司
进口商	importer	日本优衣库股份有限公司
托运人	shipper	百通货运代理公司
收货人	consignee	日本优衣库股份有限公司
通知人	notify party	日本优衣库股份有限公司
货运代理人	freight forwarder	百通货运代理公司
承运人	carrier	中国远洋运输(集团)总公司
海关	customs	上海吴淞海关
保险商、承保人	insurer	中国平安保险公司

 我思我悟

4

项目四　区别无船承运人与货运代理人

 **目标**

知识目标

了解无船承运人与货运代理人的概念区别

了解国际货运代理的责任划分方式

技能目标

学会区别无船承运人与货运代理人

掌握国际货运代理的责任划分方式

态度目标

学会分析事物的细致差别,养成认真、仔细的习惯

迎接挑战

　　李明在货运代理公司工作了一段时间后,对公司业务越发熟悉。比如,他知道当货运代理公司把货物交给船公司装船后,船公司会开具一张被称为提单的重要单据。该单据的开具是承运人身份的象征,表示船公司作为承运人已经接受货物并开始承运。但他注意到一个奇怪的现象,他所在的货运代理公司并非每次都将船公司开具的提单交给货主。有时当 A 货主的货物与 B 货主的货物放在同一个集装箱内运往同一目的地时,他所在的货运代理公司并不会直接把船公司开具的提单交由任意一方,而是以自己的名义另行开具两份提单分别交给两位货主。

　　因此,李明心中一直有个困惑:货运代理公司没有船舶这一运输工具,但又开具了象征接受货物承运的提单。他所在的公司是如何同时扮演货运代理人与无船承运人两个角色的呢?

思考

我们要清楚货运代理人与无船承运人两个角色的区别和联系。

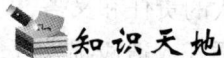知识天地

一、无船承运人(NVOCC)的由来及定义

对承运人所下的定义,一般是"与发货人订立运输合同的人或者实际完成运输的人"。

当国际货运代理人进入运输领域,开展单一方式运输或多式联运业务时,由于与委托人订立运输合同,并签发运输单证(如 house B/L)时,对运输负有责任,因而已经成为承运人。但是,由于他们一般并不拥有或掌握运输工具,只能通过与拥有运输工具的承运人订立运输合同,由他人实际完成运输,这种承运人一般称为无船承运人。

无船承运人在实际业务中被称为契约承运人,而实际完成运输的承运人被称为实际承运人。

在实际业务中,无船承运人(契约承运人)一般是具有相关资质的货运代理公司,而实际承运人一般是船公司。

无船承运人具有签发自己公司提单的权利,在其签发的提单上会有规定的无船承运人编号,可以在上海航运交易所上查询到有关信息。

二、无船承运人与纯粹货运代理人的区别

（一）两者的业务不同

作为当事人的无船承运人,是以自己的名义分别与货主和实际承运人订立运输合同,通常将多个货主提供的散装货集中拼装在一个集装箱中,与实际承运人洽定舱位,虽然此时无船承运人也会提供包装、仓储、车辆运输、过驳、保险等其他服务,但这些服务并非是主业而是辅助性的。而作为纯粹代理人的货运代理人,其主要业务就是揽货、订舱、托运、仓储、包装、货物的监装、监卸、集装箱装拆箱、分拨、中转及相关的短途运输服务、报关、报检、报验、保险、缮制签发有关单证、交付运费、结算及交付杂费等。

（二）两者适用的法律不同

无船承运人与托运人之间所形成的是为提单所证明的海上货物运输合同关系,适用我国《海商法》及国际公约有关提单运输之法律规定;而作为纯粹代理人的货运代理人与原始托运人(客户)之间签订的是书面的运输委托协议,两者之间是委托合同的法律关系,适用《中华人民共和国合同法》有关委托合同之法律规定,同时由于目前国际上还没有专门规范货运代理的国际公约,因而各国法律在规范货运代理人时不可避免地存在着冲突。

（三）两者的权利、义务和责任不同

无船承运人作为本人,与托运人订立的是海上货物运输合同,合同中充当承运人的角色,享有承运人的权利,如留置权等,同时因其签发了提单而对运输过程中货物的灭失、损坏、迟延交付等承担责任,此外无船承运人与实际承运人对货物在运输途中所遭受的损失通常承担连带赔偿责任。而作为纯粹代理人的货运代理人与托运人订立的是委

托合同,合同中通常充当受托人角色,享有受托人的权利,承担受托人的责任和义务,仅负有以合理的注意(duecare)从事委托事务的义务,仅在因其过错给委托人造成损失时,承担赔偿责任。很明显,两者的权利、义务与责任存在很大的不同。

（四）两者签发单证的性质不同

根据 UCP 500 第 30 条的规定:除非信用证另有授权,银行仅接收货运代理签发的在表面上具有下列注明的单证: ① 注明作为承运人或多式联运经营人的货运代理人名称并由其签字;或② 注明承运人或多式联运经营人的名称,并由作为承运人或多式联运经营人的具名代理人或代表的货运代理人签字。这里作为承运人的货运代理人就是指无船承运人,无船承运人使用的是专门的提单即无船承运人提单,它是物权凭证(货运代理人欲经营无船承运人业务须到交通部申请资格办理有关手续)。

货运代理人无权以承运人的身份签发提单,亦无权签发或代签无船承运人或承运人提单(不能像船务代理那样签发海运提单),如果货运代理人签发或代承运人签发任何运输提单都会令发货人无法结汇。过去货运代理曾一度试图通过签发货运代理提单来满足客户对作为运输证明的单证能够结汇的需求。但由于货运代理是以承运人代理人的身份签发这些提单,提单背面的条款中通常规定货运代理可以免除任何责任,这样容易导致责任认定上的混乱,因此银行不予结汇。为规范这种混乱状况,FIATA 制定了货运代理运输凭证(FIATA 制定的各种单证目前我国尚未使用,下同),现已为许多国家的货运代理所采用,并得到银行的认同,作为信用证议付的单证。货运代理运输凭证较之于普通的收货凭证的特殊性在于货运代理运输凭证可以转让,合法持有人在运输目的地可以通过提交该单证取得货物。如果货运代理未能依照单证要求而错误地交付货物,则对货运代理运输凭证持有人负责。但与 FIATA 提单(如无船承运人提单、多式联运提单等)不同,签发货运代理运输凭证的货运代理明确宣称其不是承运人。货运代理运输凭证确认货运代理有权依其选定的承运人的惯常条件与承运人签订运输合同。货运代理不为该承运人在履行运输合同之中的任何行为与疏忽承担责任。货运代理同意将其在运输合同下的权利转让给货运代理运输凭证持有人,以方便其可以直接向承运人提起诉讼。这样,在信用证允许的情况下,货运代理企业可以代理人而非承运人的身份签发货运代理运输凭证代替提单作为运输证明,并实现国际贸易下的结汇。不同的是:货运代理签发的是运输凭证,作为运输证明;无船承运人签发的提单,作为物权凭证,它不同于货运代理的内部提单,亦不同于上述货运代理的运输凭证。

（五）特殊情况的区分

在海上货物运输合同关系中,断定货运代理人是无船承运人角色还是纯粹代理人角色并非易事,有赖于每个案件的具体事实与特定管辖权下法律的规定。通常法院要综合考虑货运代理人与客户之间的所有情况,包括合同、双方往来的信函、费率、提单、先前交易等。下面就根据常见的几种情况来区分这两个不同的角色和责任。

(1) 收入取得的方式不同。无船承运人根据《海运条例》的规定,只能依其向交通部报备的运价从托运人处收取运费,赚取运费差价,不得从实际承运人处获取佣金;而货运代理人则根据《国际货物运输代理业管理规定实施细则》的规定,既可向货主收取代理费,又可同时从承运人处取得佣金。

(2) 签发提单的权限、性质和责任不同。无船承运人有权向托运人签发无船承运人提单,该提单表明无船承运人为运输合同下的承运人,对托运人承担契约当事人的责任;而作为纯粹代理人的货运代理则无权以承运人的身份签发提单,同时根据《海运条例》的相关规定亦不能作为承运人或无船承运人的代理人签发承运人性质的提单。

(3) 依合同的约定和复杂情况的判定。合同中是否对货运代理人的法律地位有明确的约定,或操作中是否以当事人的角色出现以及以往业务操作的习惯做法等。然而由于实际情况的复杂性,上述标志也并非是绝对的。例如,货运代理人签发了名为"提单"的单证,并不当然地意味着该货运代理人就是承运人。相反,如其在签发的单证中使用了"货运代理人",也并非当然地意味着货运代理人就是代理人,当有其他事实表明货运代理人作为承运人行事时,则被认定为当事人。更为复杂的是,在多式联运情况下,货运代理人可能就一部分运输作为本人(承运人)(如陆路部分的运输),另一部分运输(如海运)作为代理人。在这种情况下判断的标准常常是托运人是否知道哪一个为实际承运货物的承运人。

三、我国关于国际货运代理责任的划分

(一) 以纯粹代理人的身份出现时的责任划分

货运代理公司作为代理人,在货主和承运人之间做牵线搭桥的作用,由货主和承运人直接签运输合同。货运代理公司收取的是佣金,责任小。当货物发生灭失或损坏的时候,货主可以直接向承运人索赔。如图 4-1 所示。

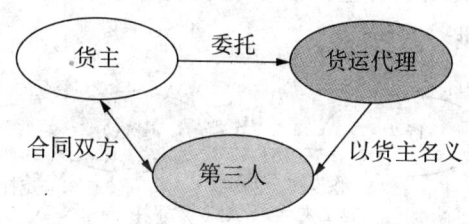

图 4-1 以纯粹代理人的身份出现时的责任划分

(二) 以当事人的身份出现时的责任划分

(1) 货运代理公司以自己的名义与第三人(承运人)签订合同。

(2) 在安排储运时使用自己的仓库或者运输工具。

(3) 安排运输时收取差价。

以上这三种情况,对于托运人来说,货运代理则是作为承运人,应当承担承运人的责任。如图 4-2 所示。

(三) 以无船承运人的身份出现时的责任划分

当货运代理从事无船承运业务并签发自己的无船承运人提单时,便成了无船承运经营人,被看作是法律上的承运人,它一身兼有承运人和托运人的性质。如图 4-3 所示。

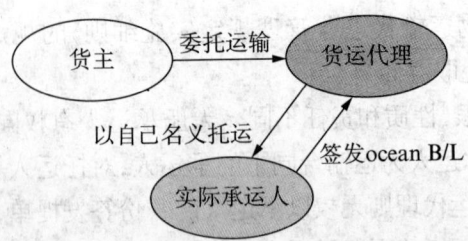

图4-2 以当事人的身份出现时的责任划分

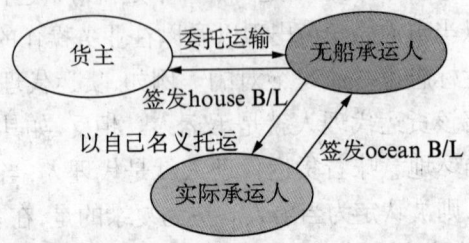

图4-3 以无船承运人的身份出现时的责任划分

例如：我国 A 贸易公司委托同一城市的 B 货运代理公司办理一批从我国 C 港运至韩国 D 港的危险品货物。A 贸易公司向 B 货运代理公司提供了正确的货物名称和危险品货物的性质，B 货运代理公司为此签发其公司的 house B/L 给 A 公司。随后，B 货运代理公司以托运人的身份向船公司办理该批货物的订舱和出运手续。

【讲解】 B 货运代理公司对于 A 贸易公司来说，B 货运代理公司属于承运人，对于船公司来讲，B 货运代理公司属于托运人。因此无船承运人一身兼有承运人和托运人的性质。

（四）以多式联运经营人的身份出现时的责任划分

当货运代理负责多式联运并签发提单时便成了多式联运经营人（MTO），被看作是法律上的承运人。如图4-4 所示。

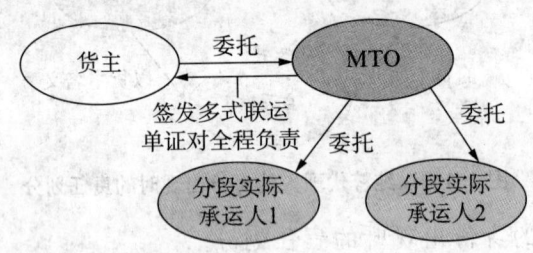

图4-4 以多式联运经营人的身份出现时的责任划分

1. 联合国《多式联运公约》规定 MTO 对货物灭失或延迟交付的赔偿责任

（1）对于货物灭失或损坏的赔偿限额最多不超过每件或每运输单位 920 SDR，或每千克不得超过 2.75 SDR，以较高者为准。但是国际多式联运如果根据合同不包括海上或内河运输，则 MTO 的赔偿责任按灭失或损坏货物毛重每千克不得超过 8.33 SDR 计算单位。

（2）对于货物的迟延交付，规定了 90 天的交货期限，MTO 对迟延交货的赔偿限额为迟延交付货物的运费 2.5 倍，并不能超过合同的全程运费。

2. 我国《海商法》规定 MTO 对货物灭失或延迟交付的赔偿责任

(1) 对于货物灭失或损坏：每件或者每个其他运输单位 666.67 SDR,或按照灭失或损坏的货物毛重,每千克 2 SDR,以两者中较高的为准。

(2) 对于迟延交付,我国的《海商法》规定货物交付期限为 60 天,MTO 迟延交付的赔偿限额为迟延交付货物的运费数额,但承运人的故意或者不作为而造成的迟延交付则不享受此限制。

(五) 以"混合"身份出现时的责任划分

货运代理从事的业务范围较为广泛,除了作为货运代理代委托人报关、报检、安排运输外,还用自己的雇员,以自己的车辆、船舶、飞机、仓库及装卸工具等来提供服务,或陆运阶段为承运人,海运阶段为代理人。对于货运代理的法律地位的确认,不能简单化,而应视具体的情况具体分析。

(六) 以合同条款为准的责任划分

在不同国家的标准交易条件中,往往详细订明了货运代理的责任。通常,这些标准交易条件被结合在收货证明或由货运代理签发给托运人的类似单证里。

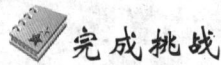 **完成挑战**

李明终于明白他所在的货运代理公司为何会时而将船公司开具的提单直接转交给出口商,时而又自行开具提单了。原来他所在的货运代理公司并非纯粹的货运代理人,还是 1 家缴纳了 80 万元保证金并在交通部网站登记注册的无船承运人。

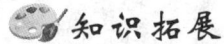 **知识拓展**

无船承运人在哪里

在我国,无船承运人已经从 2002 年的近千家发展壮大到 2014 年的 5 000 余家了。所有这些无船承运人的信息都需要在交通运输部备案登记。所以,在工作中,要想了解 1 家公司是否具有无船承运资质,最快捷的途径之一是到交通运输部网站上查询信息。所有在册无船承运人信息都会定期更新发布。如下是交通部网址,有兴趣的同学可以上网查询一下。(http://www.moc.gov.cn)

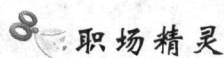 **职场精灵**

> 无船承运业务经营者应当在向国务院交通主管部门提出办理提单登记申请的同时,附着证明已经按照规定缴纳保证金的相关材料。前款保证金金额为 80 万元人民币;每设立一个分支机构,增加保证金 20 万元人民币。保证金应当向中国境内的银行开立专门账户交存。保证金用于无船承运业务经营者清偿因其

（续上）

不承担承运人义务或者履行义务不当所产生的债务以及支付罚款。保证金及其利息，归无船承运业务经营者所有。专门账户由国务院交通主管部门实施监督。

 我思我悟

_____

_____

_____

模块二
脉动全球：航线选择

5

项目五　　　走进船舶世界

目标

知识目标

了解海洋运输船舶的发展

了解海洋运输的特点

技能目标

能区别不同的船舶类型

能根据不同货物选择适载的船舶

态度目标

养成认真思考、触类旁通的学习习惯

迎接挑战

李明所在的货运代理公司每天会接到客户的各类咨询电话。久而久之,作为货运代理公司的新进员工,李明心中起了疑问。汽车、铁矿石、电器这些五花八门的货物应当选择哪些船舶来进行载运呢?

思考

海洋运输自古有之,发展至今已经延伸出了众多不同类型的船舶。主要的船舶类型可分为干货船和液货船。其中,干货船又可分为件杂货船、干散货船以及滚装船、冷藏船、集装箱船等。液货船可分为油船、液化气船、液体化学品船等。

正是有了这些不同种类的船舶,远洋运输才得以成为国际贸易中的主要运输方式。

知识天地

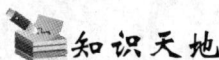

一、海洋运输船舶的发展

（一）海洋运输概述

海洋约占地球面积的 70%,分为三大洋——太平洋、大西洋和印度洋,两小洋——北冰洋和南大洋。此外,还有一些海区,如红海、黑海、地中海、死海等。地球既然有如此广阔的水域,聪明的人类自然会利用它。除了开发和利用海洋资源外,人类从海洋得到的另一好处就是利用它来作为一种交通途径——即航海。航海发源于贸易,航海人进行有组织的、大规模的远洋航行。

海洋运输又称国际海洋货物运输,是国际物流中最主要的运输方式。它是指使用船舶通过海上航道在不同国家和地区的港口之间运送货物的一种方式,在国际货运运输中使用最广泛。

（二）船舶的发展历史

海洋运输的历史源远流长,几乎和人类的文明史一样悠久。船舶是水路运输中必不可少的工具,从石器时代的独木舟到现代的运输船舶,商船大体经历了四个时代:舟筏时代、帆船时代、蒸汽机船时代和柴油机船时代(见图 5-1)。

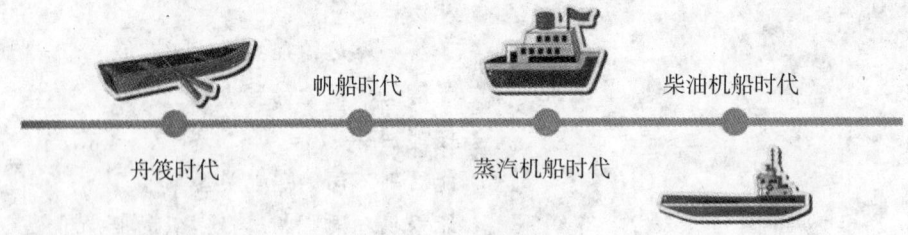

帆船时代　　　　柴油机船时代

舟筏时代　　　蒸汽机船时代

图 5-1　商船经历的时代

1. 舟筏时代

最早期的船是独木舟(即把一块大木头的中间挖空)和皮筏(用动物皮缝制),加上橹或桨。人类以舟筏作为运输、狩猎和捕鱼的工具,起源于石器时代(见图 5-2)。

图 5-2　舟筏

2. 帆船时代

在公元前 2 900 年前后,埃及人最先使用帆船。15 世纪到 19 世纪中叶为其鼎盛时期,帆船一直在海洋交通工具中占据统治地位。当时,许多帆船都是依靠一根桅杆张着一面帆前进。大约在距今 500 年前,开始出现有 3~4 根桅杆的多帆船,这种帆船船身坚固,不怕风浪(见图 5-3)。

3. 蒸汽船时代

詹姆斯·瓦特在 1765 年发明了双缸蒸汽机(见图 5-4)。他专门研制了一台用于船舶推进的特殊用途的蒸汽机,从而完成了船舶动力的第二次革命。

船舶的推动力从人力、自然力转变为机械力,船舶用蒸汽机提供的巨大动力,使人类有可能建造越来越大的船,运载更多的货物(见图 5-5)。

图 5-3　帆船

图 5-4　双缸蒸汽机

图 5-5　蒸汽机船

4. 柴油机船时代

随着人类的发展,现代的轮船已经不再用帆来辅助船航行,而且不再使用会严重污染环境而且效率低的蒸汽机,改用了柴油发动机。20 世纪初,柴油机开始应用于船舶(见图 5-6),这是船的发展史上一个重要的里程碑。以集装箱船(见图 5-7)为该时代的代表船舶。

图 5-6 大型船用柴油机

图 5-7 集装箱船

二、海洋运输的特点

海洋运输是国际贸易中最主要的运输方式,国际贸易总运量中的 2/3 以上,我国绝大部分进出口货物,都是通过海洋运输方式运输的(见图 5-8)。

图 5-8 海洋运输

(一) 运输量大

国际贸易总运量的 75％以上是利用海上运输来完成的,有的国家的对外贸易运输海运占运量的 90％以上。船舶的载运能力远远大于火车、汽车和飞机,是运输能力最大的运输工具。

（二）通过能力大

海上运输利用天然航道四通八达,不像火车、汽车要受轨道和道路的限制,因而其通过能力要超过其他各种运输方式。因政治、经济、军事等条件的变化,海上运输还可随时改变航线驶往有利于装卸的目的港。

（三）运费低廉

船舶的航道天然构成,船舶运量大,港口设备一般均为政府修建,船舶经久耐用且节省燃料,所以货物的单位运输成本相对低廉。据统计,海运运费一般约为铁路运费的1/5,公路汽车运费的1/10,航空运费的1/30,这就为低值大宗货物的运输提供了有利的竞争条件。

（四）对货物的适应性强

由于上述几个特点使海上货物运输基本上适应各种货物的运输。如石油井台、火车、机车车辆等超重大货物,其他运输方式是无法装运的,船舶一般都可以装运。

（五）运输的速度慢

由于商船的体积大,水流的阻力大,加之装卸时间长等其他各种因素的影响,所以货物的运输速度相对空运等其他运输方式较慢。

（六）运输风险较大

由于船舶海上航行受自然气候和季节性影响较大,海洋环境复杂,气象多变,随时都有遇上狂风、巨浪、暴风、雷电、海啸等人力难以抗衡的海洋自然灾害袭击的可能,遇险的可能性比陆地要大。同时,海上运输还存在着社会风险,如战争、罢工、贸易禁运等因素的影响。

三、干货船

（一）件杂货船

载重在 10 000～23 000 吨的带有纵向贯通二层甲板的船舶称为双甲板船,这类船舶配有吊杆或吊车,主要用于运输件杂货,所以称为件杂货船,也可称为杂货船(见图5-9)。

也有几百至几千吨重的小船只有单层甲板船,主要从事沿海或近洋运输(见图5-10)。

图5-9　件杂货船

图5-10　单层甲板船

（二）干散货船

干散货船也称为散货船（见图 5-11），专门用于运输无包装的大宗散货，如煤炭、矿石、木材、谷物、水泥等。干散货船根据不同吨位和适运货物可分为以下几组（见表 5-1）。

图 5-11　散货船

表 5-1 　　　　　　　　　　　　　干散货船分类

吨　　位	船舶类型	主要适运货物
16 000～40 000 吨	灵便型船	原木、谷物及钢材等
40 000～50 000 吨	巴拿马灵便型船	
50 000～80 000 吨	巴拿马型船	谷物、煤炭及矿产品等
80 000～120 000 吨	灵便好望角型船	矿石、矿粉及煤炭等
120 000～180 000 吨	大好望角型船	

（三）专用船

专用船是为了运输特种货物而建造的，它们在结构、尺度、吊货能力上有别于普通船舶。

1. 滚装船

滚装船又称"开上开下"船，或称"滚上滚下"船，它是在汽车轮渡的基础上发展演变而来的，利用运货车辆来载运货物的专用船舶，用牵引车牵引有箱货或其他件货的半挂车或轮式托盘直接进出货舱装卸的运输船舶（见图 5-12）。

图 5-12　滚装船

2. 冷藏船

冷藏船的货舱为冷藏舱,船配备有制冷设备,用于鱼、肉、水果、蔬菜等易腐食品,处于冻结状态或某种低温条件下载运的专用运输船舶(见图5-13)。

图 5-13 冷藏船

3. 重大件运输船

重大件运输船是指载运重件货物并能依靠自身设备装卸的运输船舶,又称重货船(见图5-14)。重件货如发电设备、化工和炼油设备、钻探平台、机车等货物的水上运输量日益增加。货物过重过大,普通货船无法运输。20世纪60年代末以来,各种专用重大件运输船应运而生。

图 5-14 重大件运输船

(四) 集装箱船

第一艘集装箱船是美国于1957年用一艘货船改装而成的。它的装卸效率比常规杂货船大10倍,停港时间大为缩短,并减少了运货装卸中的货损量。从此,集装箱船得到迅速发展,到20世纪70年代已成熟定型。

集装箱船可分为全集装箱船和半集装箱船两种,它的结构和形状跟常规货船有明显不同。集装箱船装卸速度高,停港时间短,大多采用高航速,通常为每小时20～23海里(见图5-15)。

图 5-15　集装箱船

四、液货船

液货船是指专门运载液态货物的船舶,是载运散装液态货物的运输船舶。按照运载货物的不同,液货船通常分为三类:油船、液化气船、液体化学气船。

(一)油船

油船是载运散装原油和成品油的专用船(见图 5-16)。油船可以分为原油船和成品油船,一般吨位都比较大。油船有严格的防火要求,在货舱、机舱、泵舱之间设有隔离舱。有专门的油泵和油管用于装卸,一般油轮的载重吨在 2 万吨到 20 万吨之间。

图 5-16　油轮

(二)液化气船

液化气船是专门装运液化气的船舶,可分为液化天然气船和液化石油气船。液化汽船的吨位通常用货仓容积来表示,一般在 6 万～13 万立方米之间(见图 5-17)。

(三)液体化学品船

液体化学品船是载运各种液体化学品,如醚、苯、醇、酸等的专用液货船(见图 5-18)。液体化学品大多具有剧毒、易燃、易挥发、易腐蚀等特点,因此对防火、防爆、防毒、防腐蚀有很高的要求。液体化学品船的吨位多在 3 000 吨到 10 000 吨之间。

图 5-17 液化天然气船

图 5-18 不锈钢化学品船

完成挑战（见图 5-19、图 5-20、图 5-21）

图 5-19 汽车可以使用滚装船来载运

图 5-20 铁矿石可以使用干散货船来载运

图 5-21 电器等货物可以使用集装箱船舶来载运

 知识拓展

最大的集装箱船舶：马士基 3E 级集装箱船（见图 5-22）。

"3E"这个名字来源于三个基本设计理念：因大运量而产生的经济效益，能源上的高效和更加环保（economy of scale, energy efficient and environmentally improved）。马士基希望这一系列的集装箱船不仅成为目前运营中的最长的货轮，也要成为运输每标准箱最为高效的货轮。

这一系列的货轮全长 400 米(1 312 英尺)，全宽 59 米(194 英尺)，能容纳 18 000 标准

图 5-22 3E 级集装箱船——马士基·迈克-凯尼·穆勒号

箱。由于其吃水为 14.5 米深,它难以驶过巴拿马运河,但在亚洲—欧洲线运营仍能通过苏伊士运河。

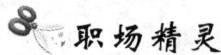

职场精灵

> 集装箱船舶已经发展为国际贸易中主力运载工具,并随着船舶吨位越造越大,延伸出了众多类型。作为一名合格的货运代理公司员工,知晓常见的船舶类型及所能承载的货物是必备的知识。

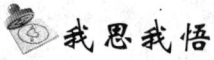

我思我悟

6

项目六　　　区别船舶运营方式

目标

知识目标

掌握班轮运输的定义

掌握租船运输的定义

技能目标

能区别班轮运输和租船运输的不同之处

态度目标

培养观察比较的能力

迎接挑战

　　李明每天早上上班会选择从上海的浦东新区搭乘摆渡轮(见图 6-1)前往浦西。每天在摆渡轮上时,小明就把自己想象成集装箱船的船长,满载货物从一个港口运往另一个港口。

图 6-1　往返于上海市黄浦江上的摆渡轮

　　李明知道像马士基、中国远洋、中海集运等船公司提供的海上运输业务称为班轮运输业务，与之相对应的是租船运输业务。小明总觉得船公司提供的班轮业务与每天往返于黄浦江上的渡轮业务有些许相似之处。请问，你知道两者之间有何相似之处吗？

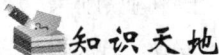
知识天地

一、班轮运输概述

（一）班轮的发展

　　最早的班轮运输是杂货班轮运输。杂货班轮运输的货物以件杂货为主，还可以运输一些散货、重大件等特殊货物。

　　20世纪60年代后期，随着集装箱运输的发展，班轮运输中出现了以集装箱为运输单元的集装箱班轮运输方式。由于集装箱运输具有运送速度快、装卸方便、机械化程度高、作业效率高、便于开展联运等优点。到了20世纪90年代后期，集装箱班轮运输已经逐渐取代了传统的杂货班轮运输。

（二）班轮运输的定义

　　班轮运输(liner shipping)也称定期船运输，是指船公司将船舶在特定航线的各既定挂靠港口之间，按时限公布的船期表和运费率往返航行，从事客货运输业务的一种运输方式。

（三）班轮运输的分类

　　按货物运输单元的不同，班轮可分为杂货班轮、集装箱班轮。

1. 杂货班轮

　　杂货班轮运输是最早的班轮运输。杂货班轮运输的货物以件杂货为主，还可以运输一些散货、重大件等特殊货物(见图6-2)。

图6-2　班轮正装载货物

【案例6-1】 中非杂货班轮航线

龙口港至非洲杂货航线始于2003年1月，经过多年的培育，一个较为成熟的非洲杂货物流平台已经形成。

目前，龙口港拥有出口非洲杂货班轮每月8～9班，涉及安哥拉、尼日利亚、刚果、苏丹、埃塞俄比亚、马达加斯加等非洲主要沿海国家，挂靠的港口主要有罗安达、纳米贝、洛比托、黑角、杜阿拉、拉各斯、达喀尔、蒙巴萨、德班、吉布提、塔马塔夫港等。

龙口港拥有中非杂货班轮的基础资源——水泥，将水泥作为压载货，在富裕舱容和平台上配载设备、机械、钢材等杂货，可有效满足非洲市场需求批量小、品种多而杂的特点，进而大幅降低国内企业出口非洲的综合物流成本(见图6-3)。

图6-3 龙口港—非洲杂货班轮航线

2. 集装箱班轮

集装箱班轮运输是指集装箱班轮公司按事先制定的船期表，在固定航线的固定挂靠港口之间，按规定的操作规则为非固定的广大货主提供规范的、反复的集装箱货物运输服务，并按"箱运价"来计收运费的一种营运方式。

在目前的海运市场上，定期的集装箱班轮运输已成为班轮公司主要的经营方式。

二、班轮运输的特点

（一）四固定

固定航线、固定港口，固定船期、相对固定费率。

（二）管装管卸

班轮运价内部包含装卸费用，即货物由承运人负责配载装卸，承托双方不计滞期费和速遣费。

（三）"舷至舷"或"钩至钩"

承运人对货物负责的时段是从货物装上船起，到货物卸下船止，即"舷至舷"（rail to rail）或"钩至钩"（tackle to tackle）。

（四）双方的权利、义务和责任豁免都以船方签发的提单背书条款为准

承托双方的权利、义务和责任豁免以签发的提单为依据，并受统一的国际公约制约。

三、班轮运输的作用

（1）有利于一般杂货和不足整船的小额贸易货物的运输。班轮只要有舱位，不论数量大小、挂港多少、直运或转运都可接受承运。

（2）由于"四固定"的特点，时间有保证，运价固定，为贸易双方洽谈价格和装运条件提供了方便，有利于开展国际贸易。

（3）班轮运输长期在固定航线上航行，有固定设备和人员，能够提供专门的、优质的服务。

（4）由于事先公布船期、运价费率，有利于贸易双方达成交易，减少磋商内容。

（5）手续简单，货主方便。由于承运人负责装卸和理舱，托运人只要把货物交给承运人即可，省心省力。

四、租船运输的概念和特点

（一）租船运输的概念

租船运输又称为不定期船运输，是指根据船舶所有人和需要运力的承租人之间签订租船合同组织运输的运输方式。租船运输适用于低值大宗货物运输，如粮食、矿砂、钢材、石油等有关航线和港口、运输货物的种类以及航行的时间等，都按照承租人的要求，由船舶所有人确认。

在租船运输市场上，运输的经营人可以是船舶所有人，或是接受专门从事船舶经营的船舶经营人。船舶经营人以期租或光船租赁的形式租进船舶，然后进行租船业务活动。

（二）租船运输的特点

（1）租船运输属于不定期船，没有固定的航线、装卸港及航期。

（2）租船运输没有固定的运价。

（3）租船运输中的提单不是一个独立的文件。船方出具的提单一般是只有正面内容的简式提单，并注明"All terms and conditions as per charter party"或"Freight payable as per charter party"。根据《跟单信用证统一惯例（2007年修订本）》（国际商会第600号出版物）第22条，租船合约提单条款中没有规定银行对租船合约提单的态度。因此，当受益人提交租船合约时，银行也不审核该合约的内容。这表明银行对这项内容管理上的放宽，也说明租船合约提单在应用上将日渐增多。

（4）租船运输中的船舶港口使用费、装卸费及船期延误，按租船合同规定划分及计算。

（5）租船主要是用来运输国际贸易中的大宗货。

班轮运输与租船运输的特点比较如表 6-1 所示。

表 6-1　　　　　　　　　　班轮运输与租船运输的特点比较

班轮运输（定期船）	租船运输（不定期船）
航线固定	航线不定
港口固定	港口不定
船期固定	船期不定
运费率相对固定	运费率自由协商
二管：船公司管装、管卸	
承运人和货主之间不计滞期费、速遣费	

五、租船运输的经营方式

目前，国际上主要的租船经营方式有：程租船、期租船和光船租船三种。其中，程租船又可分为单航次租船、来回航次租船、连续航次租船和包运租船四种。

（一）程租船

1. 程租船

程租船（voyage charter）又称航次租船、航程租船，是船舶所有人按双方事先议定的运价与条件向租船人提供船舶全部或部分舱位，在指定的港口之间进行一个或多个航次运输指定货物的租船业务。

2. 程租船运输的特点

（1）船舶的经营管理由船方负责。

（2）规定一定的航线和装运的货物种类、名称、数量及装卸港。

（3）船方除对船舶航行、驾驶、管理负责外，还应对货物运输负责。

（4）在多数情况下，运价按货物装运数量计算。

（5）规定一定的装卸期限或装卸率，并计算滞期费、速遣费。

（6）当事双方的责任义务，以定程租船合同为准。

3. 程租船分类

程租船根据当事人的运作要求与签约内容，又可分为：

（1）单航次程租（single voyage charter），即只租一个航次的租船。船舶所有人负责将指定货物由一港口运往另一港口，货物运到目的港卸货完毕后，合同即告终止。

（2）来回航次租船（round voyage charter），即洽租往返航次的租船。一艘船在完成一个单航次后，紧接着在上一航次的卸货港（或其附近港口）装货，驶返原装货港（或其附近港口）卸货，货物卸毕合同即告终止。

（3）连续航次租船（consecutive voyage charter），即洽租连续完成几个单航次或几个往返航次的租船。在这种方式下，同一艘船舶，在同方向、同航线上，连续完成规定的两个或两个以上的单航次,合同才告履行完成。

(4) 包运合同(contract of affreightment, COA),又称大合同,即只确定承运货物的数量及完成期限,不具体规定航次数和船舶搜数的一种租船方式。

（二）期租

1. 期租船

期租船(time charter)也称定期租船,是船舶所有人把船舶出租给承租人使用一定时期的租船方式。船舶出租人向承租人提供约定的由出租人配备船员的船舶,由承租人在约定的期限内按照约定的用途使用,并支付租金。

定期租船合同的最大特点是：承租人负责船舶的经营管理,租船内的船舶燃料费、港口费用及拖轮费用等营运费用,都由租船人负担,船东只负责船舶的维修、保险、配备船员,以及供给船员的给养和支付其他固定费用。期租船的租金在租期内不变,支付方式一般按船舶夏季载重线时的载重吨每吨每月若干货币单位计算,每30天或每月、每半月预付一次。

2. 程租船与期租船的区别

(1) 租船方式不同。程租船以船舶航程为租用对象;而期租船以船舶租用期限为租用对象。

(2) 租金计算不同。程租船按装运货物的吨数计算租金,租金可直接表现为货物运输成本;而期租船是按月以每一夏季载重吨或按每日租金额计算租金,租金不能表现为货物运输成本。

(3) 费用负担不同。程租船人只负担运费、滞期费等几项费用,其他大部分费用如航线所需的燃料费、港口费用及港口代理费等均由船东负担;而期租船船东只负担少数几项营运费,其他大部分费用如航行所需燃料费、供水及港口捐税、港口费用、装卸费、平舱费和理舱费等均由租船人负担。

(4) 船舶调度权不同。程租船由船东掌握船舶的调度权,所以适用于装卸港较少的大宗货物运输;而期租船由租船人掌握船舶调度权,租船人可按需选择任何航线挂靠任何港口。

(5) 船舶技术管理不同。程租船的船舶管理和技术工作均由船东负责;而期租船的租船人要全面了解和掌握船舶性能和基本技术知识,掌握船舶动态,审查航海日记和机房日记。

（三）光船租船

光船租船(bare boat charter)是一种比较特殊的租船方式。它也是按一定的期限租船,但与期租船不同的是船东不提供船员,光一条船交租船人使用,由租船人自行配备船员,负责船舶的经营管理和航行各项事宜。在租赁期间,租船人实际上对船舶有着支配权和占有权。

六、程租船运输的装卸条款

程租合同与班轮合同的区别之一就是程租下的承租人往往需分担租约中约定的货

物装卸费用,租约中的装卸费用的分担通常表现为以下不同的条款。

1. 班轮条款

班轮条款(liner terms)又称"泊位条款"(berth terms)"总承兑条款"(gross terms),是指由船舶所有人负责雇佣装卸工人,并负责支付装卸及堆装费用。具体地讲,在装货港,承租人只负责将货物送至码头、船边,并置于船舶吊钩之下,船舶所有人则在船舶吊钩所及之处接收货物;在卸货港,船舶所有人负责在船舶吊钩之下交付货物,承租人则在船舶吊钩之下接收货物。至于费用的划分也完全以此为标准。

在航运实践中,有人误认为只要合同中订立了班轮条款,则此种运输就完全应按照班轮运输的条件来进行,其实不然。所谓的班轮条款,仅仅是在装卸费的分担问题上仿效了班轮的做法,即由船舶所有人承担装卸费用,而不涉及其他的权利和义务。

2. 出租人不负担装货费用条款

出租人不负担装货费用条款(F.I.)又称舱内收货条款。在这一条款之下,船舶所有人在装货港只负责在舱内收货,装货费用由承租人负担,而在卸货港所发生的费用则由船舶所有人负担。

3. 出租人不负担卸货费条款

出租人不负担卸货费条款(F.O.)又称舱内交货条款。按照该条款,在装货港由船舶所有人支付装货费,在卸货港船舶所有人只负责舱内交付货物,而卸货费则由承租人负担。

4. 出租人不负担装卸费条款

出租人不负担装卸费条款(F.I.O.)又称舱内收、交货条款。在此种条款下,船舶所有人只负责在舱内收、交货物,在装卸两港由承租人雇佣装卸工人,并承担装卸费用。

5. 出租人不负担装卸、积载及平舱费用条款

出租人不负担装卸、积载及平舱费用条款(F.I.O.S.T.)又称舱内收、交货并负责积载费用条款。该条款与班轮条款完全相反,船舶所有人不负责有关装卸的所有费用,所有雇佣装卸工人及有关的装卸费用均由承租人负担。在这一条款之下,装运大件货物所产生的绑扎费及需要的绑扎材料,也应该由承租人负担。

完成挑战

李明明白了往返上海市黄浦江上浦东、浦西两岸的摆渡轮和班轮运输具有四个类似之处,即有固定的航线、固定的港口、固定的船期以及相对固定的运费。

知识拓展

租船经纪人

租船经纪人(chartering broker)主要提供以大宗散杂货为主的租船、揽货、订舱、船舶买卖、信息咨询等业务的中介服务。

船舶经纪有很强的行业特点并必须遵照一定的国际惯例。船货双方就货物运输洽谈租船、订舱或包运等业务与一般的商品买卖或股票交易不同。除了运价的高低，它还涉及货物的配载、船型选择、装卸港条件、航区特点、贸易合同对运输的特殊要求、运费的支付方式、延滞、速遣费率和计算方法及船方对货物的照料责任和免责等。在期租合同下，还涉及交船、还船、燃油、租金支付等一系列复杂条件。货主与船东如果在没有高效的信息网络和通晓专门经纪知识的人才运作的前提下来完成以上工作是不可能的。租船经纪人的业务范围无地域限制，其在全球范围向客户提供航运市场的船货信息，传递合同意向，促成运输合同的订立，并代为起草合同供双方当事人签署。通常其是无权在运输协议上代表任何一方签约，完全是中介行为，只收取佣金。一名合格的租船经纪人需要熟悉国内外航运业务，掌握国内外航运信息，具有较高的英语水平，并具有高尚的职业道德和敬业精神。

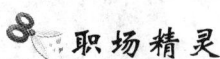 **职场精灵**

> 船公司提供的班轮运输业务具有"四固定"特点，明码标价并提前公布船期表，比较适合一般杂货和小额贸易。此外，班轮运输主要以集装箱为主，适应于目前的国际贸易形式，因此兴盛了半个世纪。
>
> 租船运输一般只有在运输大宗货物诸如铁矿石等时才会用到，是国际大型经济贸易行为。因此，货运代理公司在日常业务中一般涉及的都是班轮运输业务。

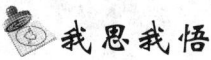 **我思我悟**

7

项目七　　熟记主要港口及海峡、运河

 **目标**

知识目标

掌握世界主要港口的名称和位置

掌握中国主要港口的名称和位置

认识中国三大海峡

掌握国际大洋航线中的重要海峡的名称和位置

认识苏伊士运河和巴拿马运河

技能目标

能按照不同的划分标准对世界各大港口进行排名

能在世界地图上指出各主要港口、海峡、运河的位置

态度目标

培养识图能力

迎接挑战

　　李明在货运代理公司实习时经常会在单据上看到各类港口的名称。久而久之,他对集装箱船舶停靠的港口、经过的海峡和运河等产生了浓厚的兴趣。

　　有一天,货主问及从上海出发前往欧洲的集装箱航线。你能替他介绍远东—欧洲航线可能停靠的哪些主要港口、经过的海峡和运河么?

思考

　　熟练掌握世界各主要港口、海峡、运河等知识是成为一名合格的货运代理员工所必备的基础知识。

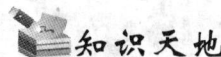知识天地

一、港口概述

（一）港口的概念

港口是具有水陆联运设备和条件,供船舶安全进出和停泊的运输枢纽,是水陆交通的集结点和枢纽,工农业产品和外贸进出口物资的集散地,是船舶停泊、装卸货物、上下旅客、补充给养的场所。图7-1是洋山深水港俯视图。

图7-1　洋山深水港俯视图

（二）港口的作用

（1）它是交通的枢纽,为船舶、汽车、火车、飞机、集装箱等提供中转、装卸和仓储等综合物流服务。

（2）带动了工业经济的发展,是城市发展的增长点。

（3）促进了国际贸易的发展,一些货运代理业、物流业也一起发展起来了。

（4）它是全球资源配置的枢纽,对于整合各种生产要素,发展各种产业具有非常重要的意义。

在目前的海运市场上,定期的集装箱班轮运输已成为班轮公司主要的经营方式。

（三）港口的组成

港口由水域和陆域所组成。

1. 水域

水域通常包括进港航道、锚泊地和港地(见图7-2)。

2. 陆域

陆域是指港口供货物装卸、堆存、转运和旅客集散之用的陆地面积(见图7-3)。陆域上有进港陆上通道(铁路、道路、运输管道等)、码头前方装卸作业区和港口后方区。

（四）港口的分类

1. 基本港

基本港是运价表限定班轮公司的船一般要定期性挂靠的港口。大多数基本港为位于中心的较大口岸,港口设备条件比较好,货载多而稳定。运往基本港口的货物一般均为直达运输,无需中途转船。

2. 非基本港

凡基本港口以外的港口都称为非基本港口。非基本港口一般按除基本港口收费外,还需另外加收转船附加费。

图7-2　正在进港的中国台湾长荣集装箱船，图中可见进港航道、锚泊地等

图7-3　上海洋山深水港陆域

二、世界主要港口

（一）新加坡港

新加坡港（见图7-4）位于新加坡共和国的南部沿海，西临马六甲海峡（Straits of Malacca）的东南侧，南临新加坡海峡的北侧，是亚太地区最大的转口港，也是世界最大的集装箱港口之一。该港扼太平洋及印度洋之间的航运要道，战略地位十分重要。它自13世纪开始便是国际贸易港口，目前已发展成为国际著名的转口港。新加坡港也是该国的政治、经济、文化及交通的中心。

图7-4　新加坡港

按集装箱吞吐量排名，新加坡港在2014年上半年及全年都保持着世界第二大港的地位，同时也是世界第一大加油港。

（二）釜山港

釜山港（见图7-5）位于韩国东南沿海，东南濒朝鲜海峡，西临洛东江，与日本对马岛相峙，是韩国最大的港口。按集装箱吞吐量排名，其在2012年和2013年位于世界上集装箱吞吐量排名第五位。在2014年上半年，位于第六位。

（三）鹿特丹港

鹿特丹（Rotterdam）是荷兰第二大城市，包括郊区人口共102万，位于荷兰的南荷兰省。

鹿特丹（见图7-6）长期为欧洲最大的海港，以集装箱运量计算，20世纪80年代曾是世界上第一大港口。20世纪90年代起，随着亚洲港口的兴起，其排名不断下滑。按照集装箱吞吐量排名，在2012年和2013年位于世界上集装箱吞吐量排名第十一位。在2014年上半年，位于第十位。

图 7-5　釜山港

图 7-6　荷兰的鹿特丹港

（四）汉堡港

汉堡港（见图 7-7）位于德国汉堡（Hamburg），是世界上最大的港口之一，距离易北河在北海的出海口 110 公里。按集装箱吞吐量排名，汉堡港在 2012 年位于世界上集装箱吞吐量排名第十四位，在 2013 年位于世界上集装箱吞吐量排名第十四位。

图 7-7 汉堡港

（五）安特卫普港

安特卫普（Antwerp）是比利时最重要的商业中心、港口城市。它有 512 000 居民（2013 年 1 月），市区面积 204.51 平方公里，是比利时第二大城市。按集装箱吞吐量排名，安特卫普港（见图 7-8）在 2012 年和 2013 年位于世界上集装箱吞吐量排名第十五位。

图 7-8 安特卫普港

（六）长滩港

地处洛杉矶市的长滩港（Long Beach）是全美国规模最大的集装箱港口之一，是美国西海岸商港,位于加利夫尼亚南部,太平洋圣彼得罗湾北岸,洛杉矶港之东。长滩港港区相连,对内对外交通联系与洛杉矶港相同,是北美大陆桥西桥头堡之一。

长滩港分内、中、外港三部分。中港为主要港区,由东南港池、东港池和西港池组成。进港航道长 3 540 米,宽 213 米,最浅水深 18.3 米。港内最浅水深 13.7 米,潮差 2 米,泊位线长 13.3 千米,有深水泊位 67 个。按集装箱吞吐量排名,长滩港在 2013 年位于世界上集装箱吞吐量排名第二十位。

三、我国的主要港口

(一)上海港

上海港位于长江三角洲前缘,居我国 18 000 公里大陆海岸线的中部、扼长江入海口,地处长江东西运输通道与海上南北运输通道的交汇点,是我国沿海的主要枢纽港,是我国对外开放、参与国际经济大循环的重要口岸。上海港的水陆交通便利,集疏运渠道畅通,通过高速公路和国道、铁路干线及沿海运输网可辐射到长江流域甚至全国,对外接近世界环球航线,处在世界海上航线边缘。上海港示意图如图 7-9 所示。

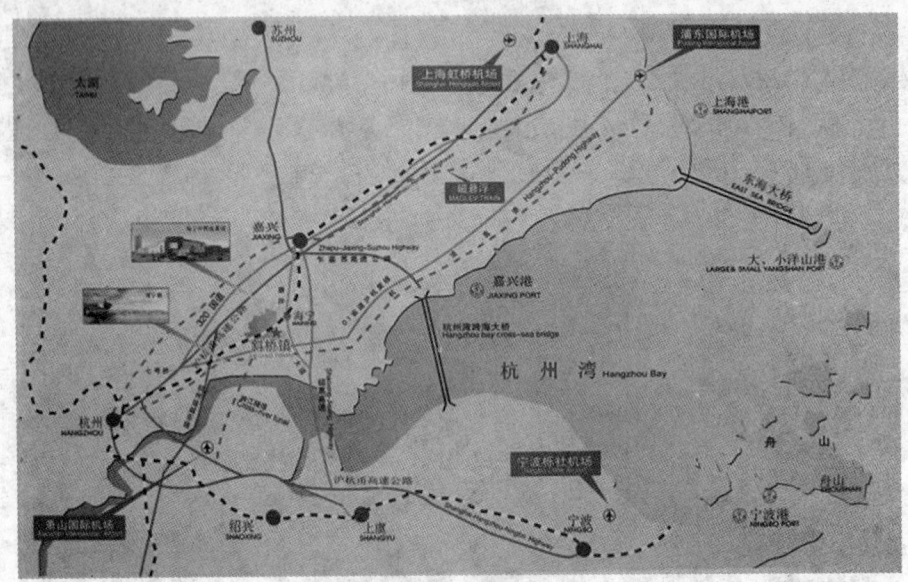

图 7-9　上海港

上海市外贸物资中 99% 经由上海港进出,每年完成的外贸吞吐量占全国沿海主要港口的 20% 左右。作为世界著名港口,2014 年上海港集装箱吞吐量均位居世界第一位。

(二)宁波-舟山港

舟山港位于浙江省舟山群岛舟山市,位于浙东,长江三角洲南翼,北临杭州湾,西接绍兴,南靠台州,东北与舟山隔海相望。它背靠经济发达的长江三角洲,是江浙和长江流域诸省的海上门户。2013 年,宁波舟山港成为全球首个 8 亿吨港,货物吞吐量达到 8.1 亿吨,继续保持全球第一;而集装箱吞吐量亦达到 1 732.68 万标准箱。舟山港示意图如图 7-10 所示。

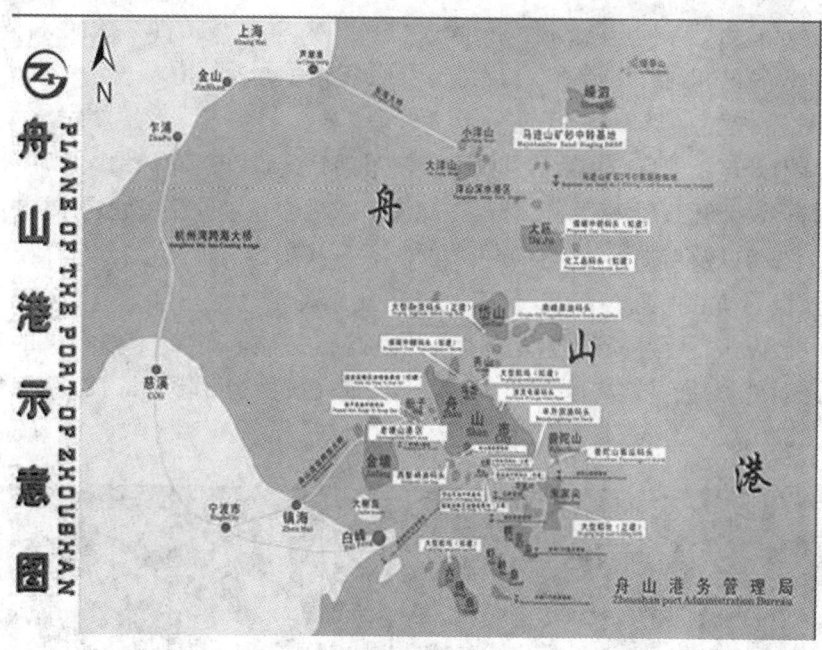

图 7-10　舟山港

（三）天津港

天津港地处华北的经济中心天津市,位于天津市海河入海口,处于京津冀城市群和环渤海经济圈的交汇点上,是中国北方最大的国际综合性港口和重要的对外贸易口岸,也是亚欧大陆桥理想的起点港之一。2013 年天津港货物吞吐量突破 5 亿吨,集装箱吞吐量突破 1 300 万个标准箱。天津港示意图如图 7-11 所示。

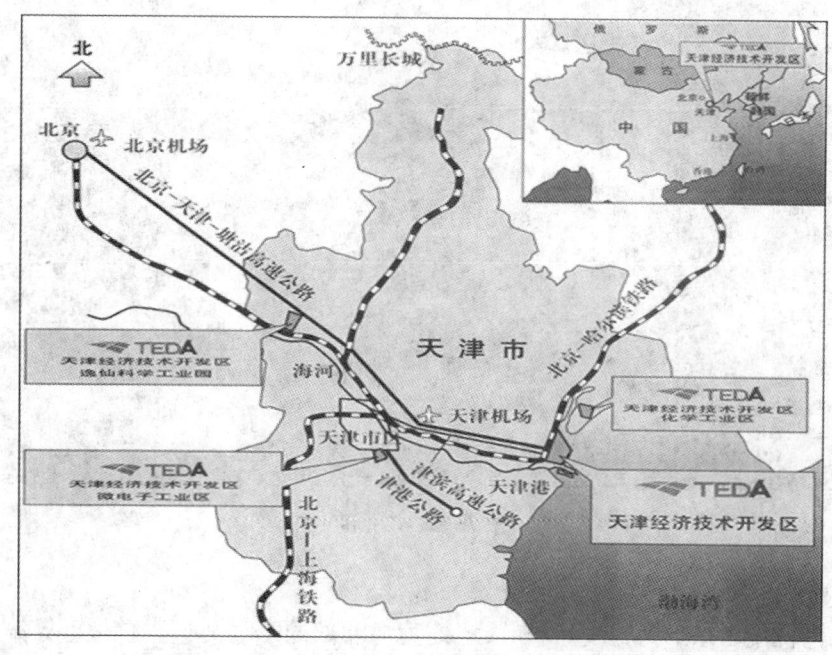

图 7-11　天津港

天津港先后与日本神户港、东京港、澳大利亚墨尔本港，美国费城港、塔科码港，意大利的德里亚斯特港和荷兰阿姆斯特丹港7个国际港口结为友好港。

（四）广州港

广州港地处珠江入海口和我国外向型经济最活跃的珠江三角洲地区中心地带，濒临南海，毗邻香港和澳门，东江、西江、北江在此汇流入海。通过珠江三角洲水网，广州港与珠三角各大城市以及与香港、澳门相通，由西江联系我国西南地区，经伶仃洋出海航道与我国沿海及世界诸港相连。

改革开放以来，社会经济飞速发展使广州港发展成为国家综合运输体系的重要枢纽和华南地区对外贸易的重要口岸。2013年，广州港完成货物吞吐量4.72亿吨，集装箱吞吐量完成1550万标准箱。广州港示意图如图7-12所示。

图7-12 广州港

（五）青岛港

青岛港位于山东半岛的胶州湾畔，地处黄海北部的咽喉要道。它是世界第七大港、我国第三大外贸口岸，主要从事集装箱、原油、铁矿石、煤炭、粮食等各类进出口货物的装卸、储存、中转、分拨等物流服务和国际客运服务,与世界上 180 多个国家和地区的 700 多个港口有贸易往来。2013 年完成货物吞吐量 4.5 亿吨,完成集装箱吞吐量 1 552 万标准箱。青岛港进口原油吞吐量居中国港口第一位,集装箱装卸效率、铁矿石卸船效率保持世界第一。青岛港示意图如图 7-13 所示。

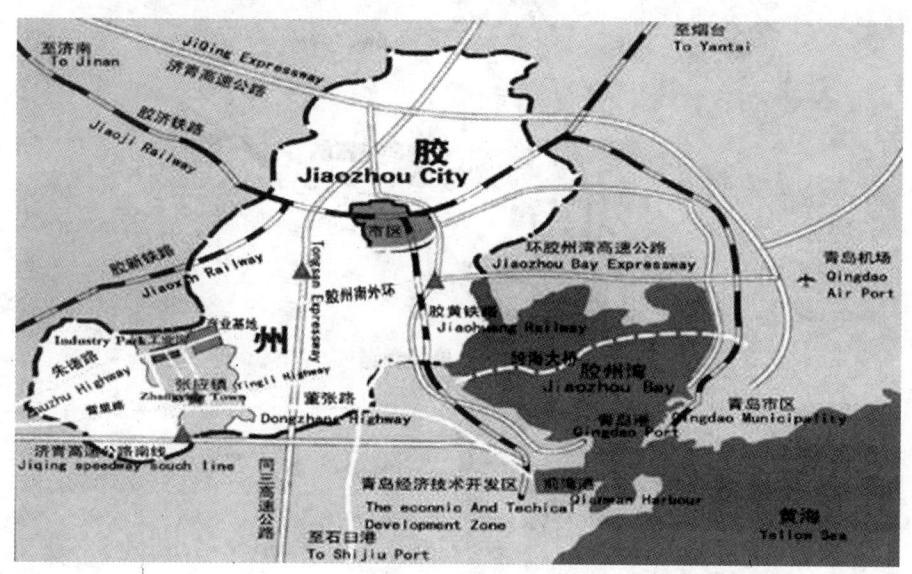

图 7-13　青岛港

（六）大连港

大连港位于辽宁省辽东半岛南端的大连湾内,是联结华北、华中、华东等地区水陆联运的枢纽,也是东北地区最重要的综合性外贸口岸。2013 年大连港完成货物吞吐量为 3.334 亿吨,集装箱吞吐量 991.2 万标准箱。

目前,大连港已与日本北九州港、伏木富山港、横滨港,美国奥克兰港、休斯敦港,加拿大温哥华港以及国内的深圳港缔结了友好港口关系。大连港示意图如图 7-14 所示。

（七）厦门港

厦门港位于福建省沿海南部九龙江的入海口处,它面向东海,濒临台湾海峡,与台湾、澎湖列岛隔水相望,为我国东南海疆之要津,入闽之门户。厦门港是一个条件优越的海峡性天然良港,其海岸线蜿蜒曲折,全长 234 公里,港区外岛屿星罗棋布,港区内群山四周环抱,港阔水深,终年不冻,是条件优越的海峡性天然良港,历史上就是我国东南沿海对外贸易的重要口岸。2012 年,厦门港完成货物吞吐量 1.72 亿吨,集装箱吞吐量 720.17 万标准箱。厦门港示意图如图 7-15 所示。

（八）深圳港

深圳港位于广东省珠江三角洲南部,珠江入海口伶仃洋东岸,毗邻香港,是华南地区优良的天然港湾。深圳港货物以集装箱为主,兼营化肥、粮食、饲料、糖、钢材、水泥、木材、砂石、石油、煤炭、矿石等。2013 年深圳港货物吞吐量完成 2.34 亿吨,集装箱吞吐量完成 2 328 万个标准箱。深圳港示意图如图 7-16 所示。

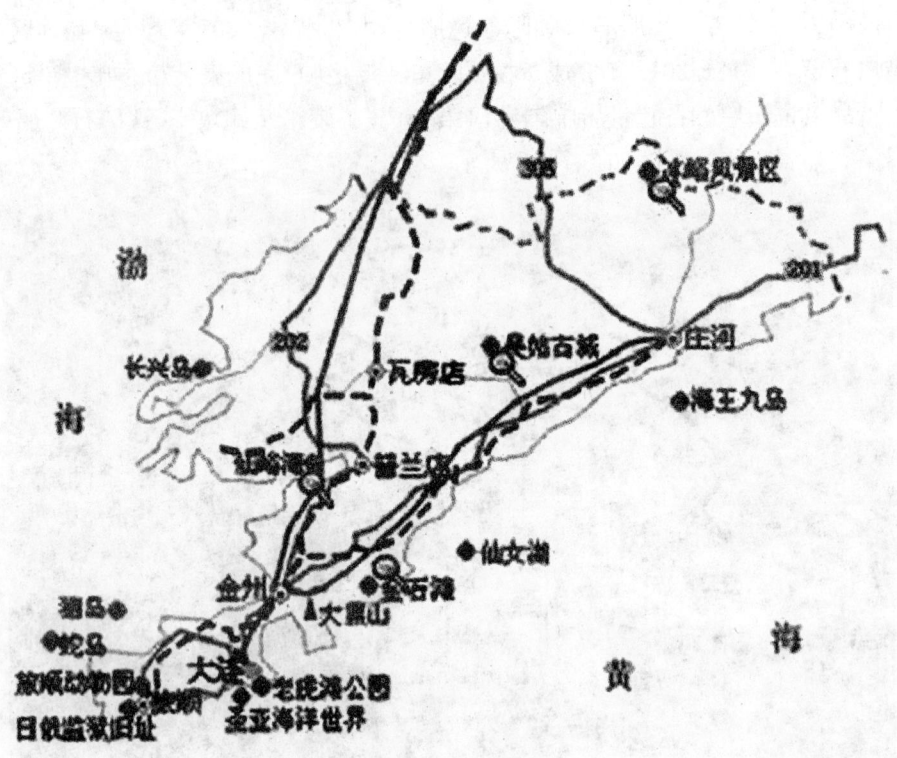

图 7-14 大连港

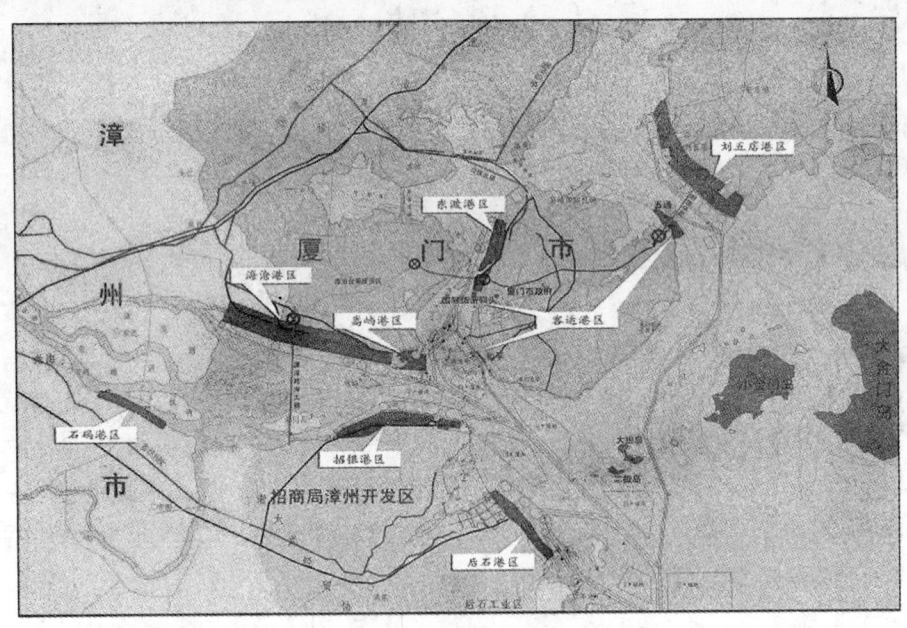

图 7-15 厦门港

（九）秦皇岛港

秦皇岛港位于河北省秦皇岛市海港区，地处渤海之滨，扼东北、华北之咽喉，是我国北方著名的天然不冻港。秦皇岛港是世界第一大能源输出港，是我国"北煤南运"大通道

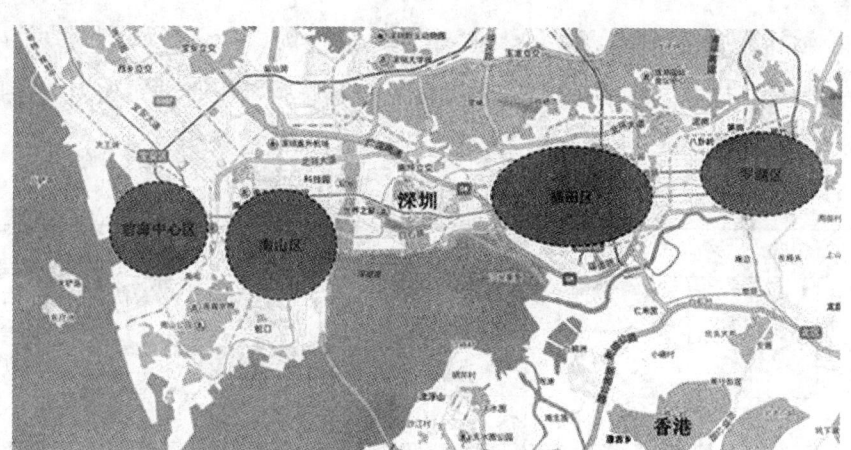

图 7-16 深圳港

的主枢纽港,担负着我国南方"八省一市"的煤炭供应,占全国沿海港口下水煤炭的 50%。
2013 年秦皇岛港完成货物吞吐量 2.73 亿吨,集装箱吞吐量 38.78 万标准箱。秦皇岛港
示意图如图 7-17 所示。

图 7-17 秦皇岛港

四、港口的排名

世界各大港口按照不同的排名方式,每年可以得出许多不同的排名结论。按照货物的
吞吐量排名,2014 年上半年货物吞吐量全球最大的是舟山港;按照 2014 年上半年集装箱吞
吐量排名,上海为世界第一大港;从燃油销售上来看,新加坡是 2014 年世界第一的加油港。

（一）按照货物吞吐量排名的全球前十大港口

按照货物吞吐量排名，2014 年上半年货物吞吐量全球前十大港口如表 7-1 所示，其中宁波舟山港为第一大港。

表 7-1　　　　　2014 年上半年货物吞吐量全球前十大港口排名　　　　单位：万吨

排　名			港口名称	2014 年上半年	同比增长（%）	2013 年上半年	同比增长（%）
2013 年	2014 年上半年	变化					
1	1	→	宁波-舟山	44 520	10.05	40 454	10.60
2	2	→	上海	38 338	0.18	38 271	4.37
3	3	→	新加坡	28 919	7.16	26 987	0.29
4	4	→	天津	25 896	3.51	25 017	8.12
7	5	↑	唐山	24 269	14.58	21 180	22.58
6	6	→	青岛	24 183	4.93	23 046	11.34
5	7	↓	广州	23 366	6.13	22 016	5.87
8	8	→	鹿特丹	22 115	0.64	21 974	−0.91
9	9	→	大连	21 308	3.71	20 654	11.83
11	10	↑	黑德兰	19 879	30.37	15 249	22.84

（二）按照集装箱吞吐量排名的全球前十大港口

按照集装箱吞吐量排名，2014 年上半年全球前十大港口如表 7-2 所示，上海为世界第一大港。

表 7-2　　　　2014 年上半年集装箱吞吐量全球前十大港口排名(万 TEU)

排　名			港口名称	2014 年上半年	同比增长（%）	2013 年上半年	同比增长（%）
2013 年	2014 年上半年	变化					
1	1	→	上海	1 723.46	5.51	1 633.50	2.01
2	2	→	新加坡	1 650.60	4.37	1 581.44	1.09
4	3	↑	香港	1 111.40	2.59	1 083.30	−8.22
3	4	↓	深圳	1 096.43	−0.64	1 103.52	2.05
6	5	↑	宁波-舟山	961.82	13.08	850.54	5.94
5	6	↓	釜山	911.47	3.48	880.84	3.00
7	7	→	青岛	863.82	7.96	800.15	10.43
8	8	→	广州	771.11	8.20	712.64	1.54
10	9	↑	天津	688.76	5.87	650.6	11.12
11	10	↑	鹿特丹	601.40	1.88	590.30	0.77

五、海峡

海峡是夹在两片陆地之间,联系两个海或洋的水区,它一般深度较大,水流较急。大多数海峡是在经济、战略上很重要的地区,很多海峡有"黄金水道""海上生命线"之类的称呼。

(一)中国三大海峡

1. 渤海海峡

渤海海峡位于黄海、西朝鲜湾和渤海,山东半岛和辽东半岛之间,是我国环渤海地区与海运交通的唯一海上通道。渤海海峡宽约 90 公里,向东连接黄海,向西连接渤海。渤海海峡南北是山东省和辽宁省,正西眺望天津市和河北省,正东面对朝鲜民主主义人民共和国和大韩民国。渤海海峡与台湾海峡、琼州海峡并称中国三大海峡。渤海海峡示意图如图 7-18 所示。

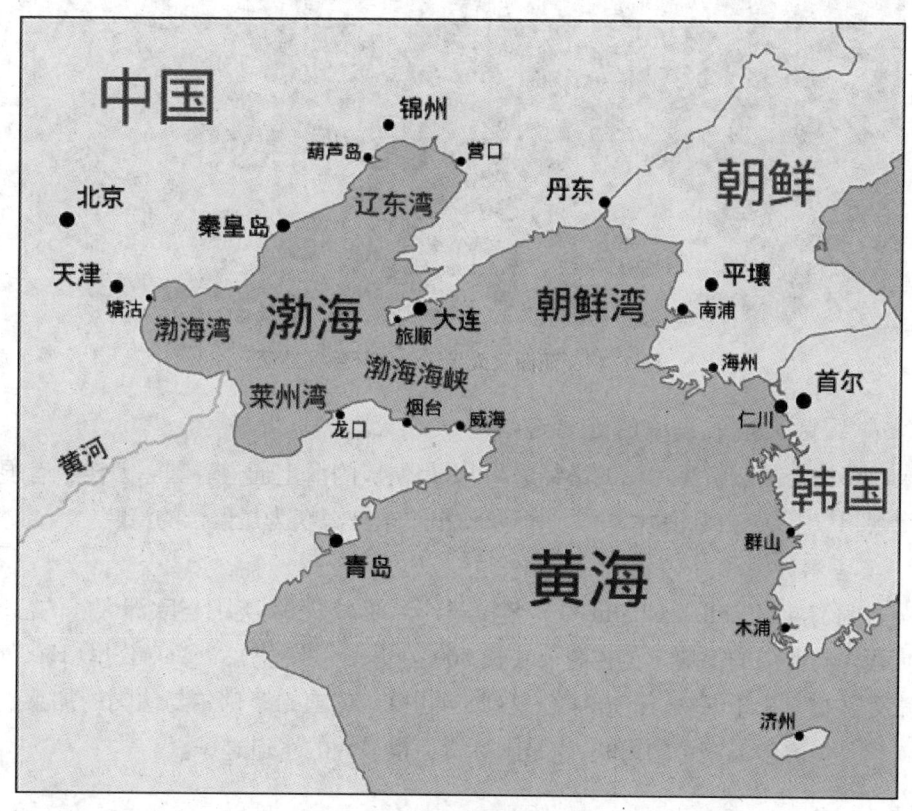

图 7-18 渤海海峡示意图

2. 台湾海峡

台湾海峡指的是介于台湾岛与亚欧大陆之间的狭窄海域和海峡。

3. 琼州海峡

琼州海峡是海南岛与广东省的雷州半岛之间所夹的水道,因海南岛的别称琼州岛而得名,为中国三大海峡之一。琼州海峡东西长约 80 公里,南北平均宽为 29.5 公里,最宽处直线距离为 33.5 公里,最窄处直线距离仅 18 公里左右,平均水深 44 米,最大深度 114 米,水域面积 2 300 余平方千米。

试一试:

请在地图(见图 7-19)上指出渤海海峡、台湾海峡、琼州海峡的位置。

图 7-19　亚洲及太平洋地区局部区域区

(二)国际大洋航线中的重要海峡

海峡是海上国际贸易运输的必经之路,更是便捷的海上通道。国际大洋中有很多重要的海峡,其中以英吉利海峡、马六甲海峡和霍尔木兹海峡为最繁忙的海峡。

1. 英吉利海峡

英吉利海峡(English Channel)又名拉芒什海峡,是分隔英国与欧洲大陆的法国,并连接大西洋与北海的海峡。英吉利海峡长 560 公里(350 英里),宽 240 公里(150 英里),最狭窄处又称多佛尔海峡,仅宽 34 公里(21 英里)。英国的多佛尔与法国的加莱隔海峡相望。它是世界上最繁忙的海峡,也是国际货运量最大的水道之一。

2. 直布罗陀海峡

直布罗陀海峡位于西班牙最南部和非洲西北部之间,是地中海通往大西洋的唯一通道,被称为"地中海之咽喉"。今日的直布罗陀海峡仍是大西洋通往南欧、北非和西亚的重要航道,每天过往船只在千艘之上,有"西方海上生命线"之称。直布罗陀海峡示意图如图 7-20 所示。

3. 马六甲海峡

马六甲海峡是位于马来半岛与苏门答腊岛之间的海峡。它全长约 1 080 千米,是连

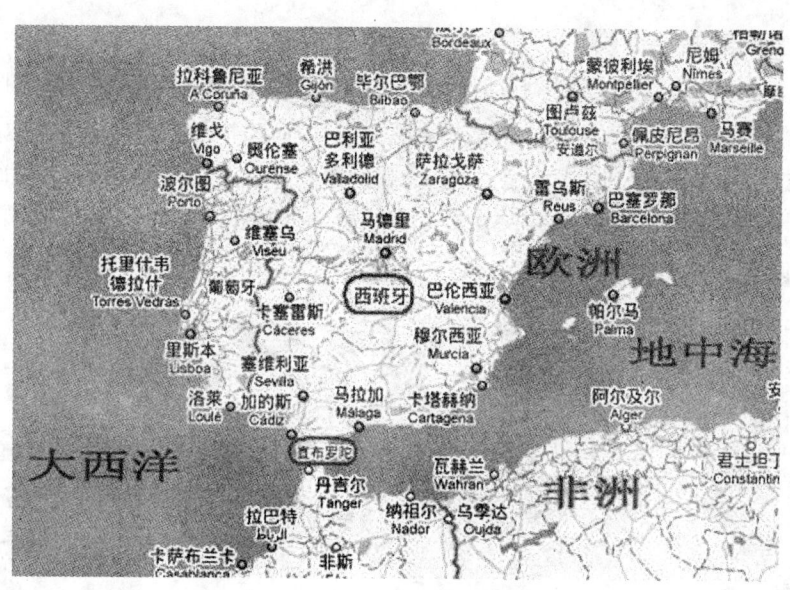

图 7-20　直布罗陀海峡示意图

接沟通太平洋与印度洋的国际水道,是东亚到欧洲最近的航线。它是世界上最繁忙的海峡之一,其中占世界 1/2 的原油运输和 1/3 的贸易货物运输。马六甲海峡因沿岸有马来西亚一古城马六甲而得名。马六甲海峡现由新加坡、马来西亚和印度尼西亚 3 国共管。

马六甲海峡东端有世界大港新加坡港,海运繁忙。该海峡也是远东往返欧洲的必经路线,地理位置十分重要。马六甲海峡示意图如图 7-21 所示。

图 7-21　马六甲海峡示意图

4. 霍尔木兹海峡

霍尔木兹海峡是连接波斯湾和印度洋的海峡,亦是唯一一个进入波斯湾的水道。海峡的北岸是伊朗,有阿巴斯港,海峡的南岸是阿曼。霍尔木兹海峡自古以来就是东西方国家间文化、经济、贸易的枢纽,是当今全球最为繁忙的水道之一,也是海湾地区石油输往世界各地的唯一海上通道。霍尔木兹海峡被誉为西方的"海上生命线"。霍尔木兹海峡示意图如图 7-22 所示。

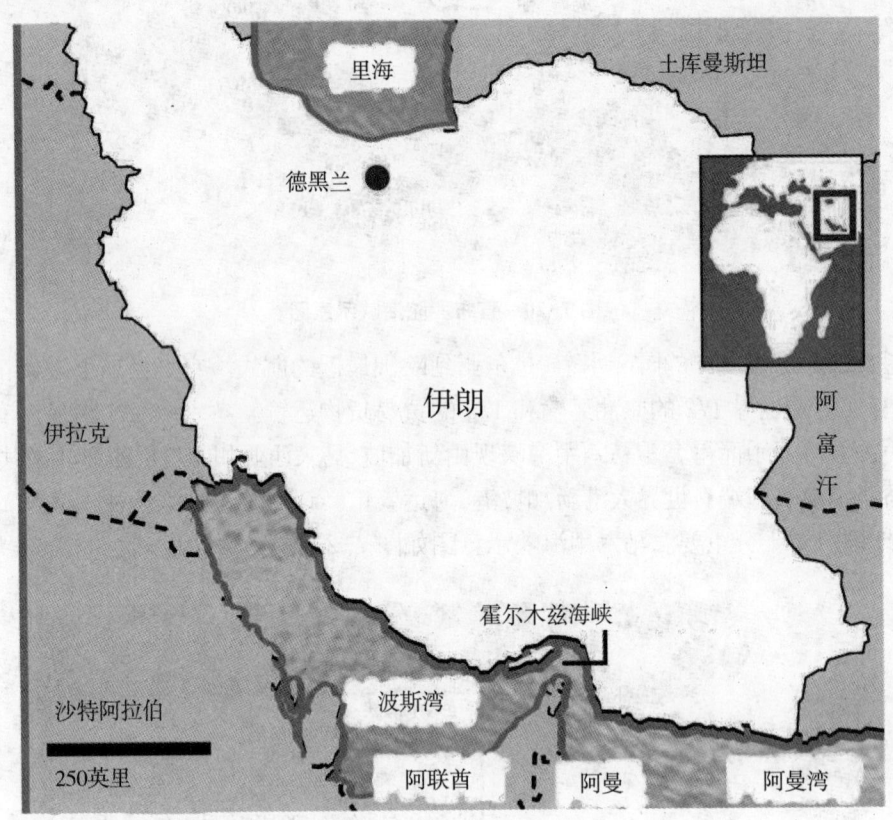

图 7-22　霍尔木兹海峡示意图

5. 曼德海峡

曼德海峡(Mandab Strait)是连接红海和亚丁湾的海峡,位于红海南端也门和吉布提之间。

其名在阿拉伯语中意为"泪之门",是因为该海峡航道复杂,礁石密布,沉船累累。该海峡最窄处仅 30 公里宽,其中又被小岛丕林岛一分为二,靠近亚洲的东半部又名"伊斯坎德海峡"(意即亚历山大的海峡),3 公里宽,30 米水深,靠近非洲的西半部又名"马云海峡",25 公里宽,310 米深。虽然西半部远宽于东半部,但其中分布着一系列岛礁,称为"七兄弟岛",大大降低了通行能力。

苏伊士运河开通后,曼德海峡随之成为具有战略地位的重要海道,目前,这里是世界最繁忙的海道之一。曼德海峡示意图如图 7-23 所示。

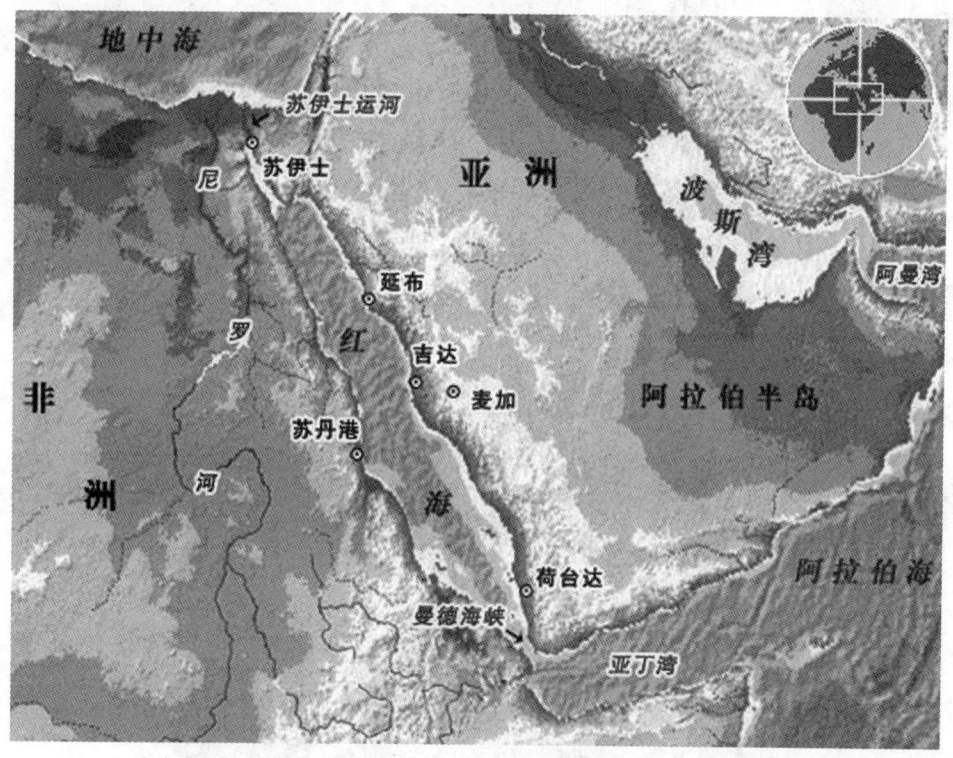

图 7-23　曼德海峡示意图

六、运河

（一）苏伊士运河

1. 概况

苏伊士运河处于埃及西奈半岛西侧,横跨苏伊士地峡,处于地中海侧的塞德港和红海苏伊士湾侧的苏伊士两座城市之间,全长约 163 公里,是全球仅次于京杭大运河的无船闸运河。苏伊士运河连接地中海及红海,已有 145 年历史,是来往欧亚的最快航运路线。

这条运河连接了欧洲与亚洲之间的南北双向水运,而不必绕过非洲南端的好望角,大大节省了航程。从英国伦敦港或法国马赛港到印度孟买港作一次航行,经苏伊士运河比绕好望角可分别缩短全航程的 43% 和 56%。苏伊士运河示意图如图 7-24 所示。

2. 古代的航道

远在埃及第十二王朝,法老辛努塞尔特三世(其名字即为"苏伊士"一词的来源)为了进行直接贸易,下令挖掘了一条"东西方向"的运河,连接红海与尼罗河。一些证据显示这条运河的存在至少持续到公元前 13 世纪的拉美西斯二世时期。随后运河被荒废。根据希腊历史学家希罗多德的著作《历史》(The Histories of Herodotus)记载,大约在公元前 600 年,尼科二世着手它的重新挖掘工作,但没有完成工程。

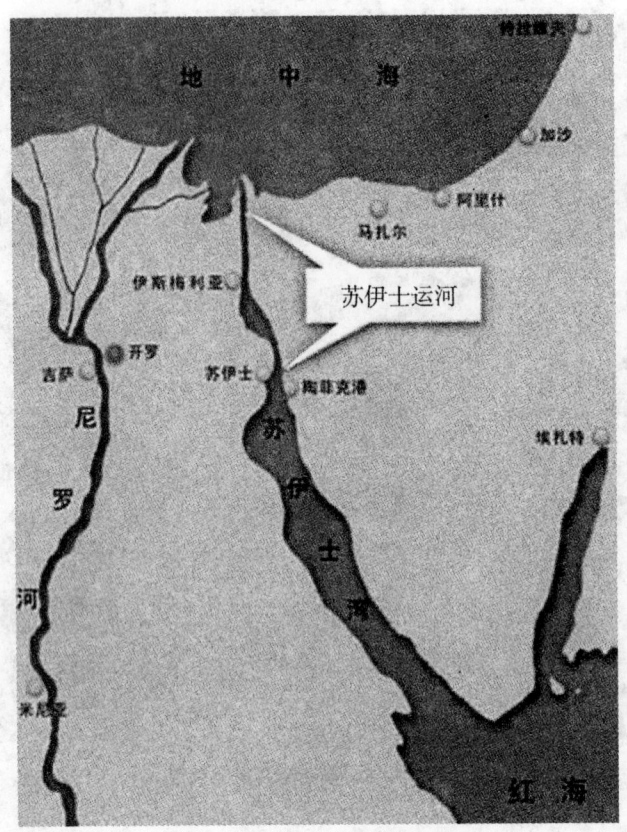

图7-24 苏伊士运河示意图

3. 近代的重建

下一次挖掘运河的尝试是在1 000多年后。18世纪末,拿破仑·波拿巴占领埃及时计划建立运河连接地中海与红海。不过由于法国人的错误勘定,结果计算出红海的海平面比地中海要高,也就意味着建立无船闸的运河是不可能的,随后拿破仑放弃计划,并在和英国势力的对抗中离开埃及。

法国在拿破仑失败之后,重新建立法兰西第二殖民帝国,因为在美洲的殖民地失守于英国,所以法国重点向东方发展。打通苏伊士运河对法国意义更为重大。1854年和1856年,法国驻埃及领事斐迪南·德·雷赛布子爵获得了奥斯曼帝国埃及总督帕夏塞伊德(Said Pasha)特许。帕夏授权雷赛布成立公司,并按照奥地利工程师 Alois Negrelli 制定的计划建造向所有国家船只开放的海运运河。通过对有关土地的租赁,公司可从运河通航起主持营运99年。

1858年12月15日,苏伊士运河公司(Compagnie Universelle du Canal Maritime de Suez)建立。强迫穷苦埃及人穿过沙漠挖掘运河的工作花费了将近11年,部分苦力甚至施以鞭笞。工程克服了很多技术、政治和经费上的问题。最终的花费高达1 860万英镑,多于最初预算的两倍。苏伊士运河于1869年11月17日通航,这一天被定为运河的通航纪念日。

4. 现状

由于实际上并没有海平面的差异或需要翻越山脉,苏伊士运河上没有船闸。运河深度约 22.5 米(2001 年数据,下同),水面宽度从南端 280 米到北端 345 米不等,航道浮标间平均宽度约 135 米。目前至少允许 210 000 吨排水量的船只载货通过,允许最大吃水深度可达 62 英尺(19 米)。在运河多个通航区域皆有一条航道标志。

苏伊士运河的长度 163 公里一般是指南入口到塞得港灯塔的内陆段,若从南段的等候区域到北端的航道浮标则约 190 公里,包括两部分:大苦湖的南侧段和北侧段。苏伊士运河限速满载油轮为 13 公里/小时,货舱船为 14 公里/小时,通过运河的全程需花费 11~16 小时。

苏伊士运河仅 2014 年 10 月份收入就达到 4.823 亿美元,比 9 月份 4.697 亿美元有所上涨,每年的收入约为 50 亿美元,是埃及最主要的外汇来源。

5. 未来

据中国香港《文汇报》报道,2014 年 8 月 5 日,埃及宣布计划在苏伊士运河旁,挖掘一条长 72 公里的新运河,估计造价 40 亿美元,最快 3~5 年内完工。

新运河是埃及扩展苏伊士港及船运配套设施计划的一部分,兴建工程中有 35 公里为"干掘",其余 37 公里为"扩建及深化"。

埃及总统塞西表示,基于安全理由,工程会由军方监管,以防运河旁西奈半岛的武装分子威胁安全。

报道称,现有苏伊士运河每年为埃及带来 50 亿美元外汇收入,是重要财政来源,当局希望藉新运河扩大苏伊士流量,以提升国际影响力及成为主要贸易中转站。

(二)巴拿马运河

1. 概况

巴拿马运河(Panama Canal)位于中美洲的巴拿马,横穿巴拿马地峡,总长 82 公里,大致呈西北—东南走向,宽的地方达 304 米,最窄的地方也有 152 米。该运河连接太平洋和大西洋,是重要的航运要道。巴拿马河的闸道与通道如图 7-25 所示。

2. 历史

(1) 法国人建造的过程。法国的斐迪南·德·雷赛布于 1879 年组织了巴拿马洋际运河环球公司,1880 年 1 月 1 日开始动工开凿巴拿马运河,设计了 8 套开凿运河的方案,预算是 6.58 亿法郎。

斐迪南对开凿工程的难度过度乐观,并且忽略气候、地形的差异对于开凿运河的影响程度。巴拿马地区属于热带丛林气候,天气潮湿闷热,多暴雨洪水,不利工程进行;当地又有疟疾、黄热病等热带传染病肆虐,夺走建筑工人的健康与生命;复杂地形上的挑战,巴拿马运河开凿所挖出的土石数量(据后来统计高达 2 亿 5 千 9 百万立方米),已经远远超过苏伊士运河。工程进度的严重落后,迫使法国人于 1889 年 2 月 4 日就宣布失败,放弃了这个计划,巴拿马运河公司宣布破产。1904 年,美国买下了该公司的资产。为此法国付出 20 亿法郎的代价,许多法国投资人血本无归。

(2) 美国人建造的过程。时任美国总统西奥多·罗斯福认为运河对美国的军事和经

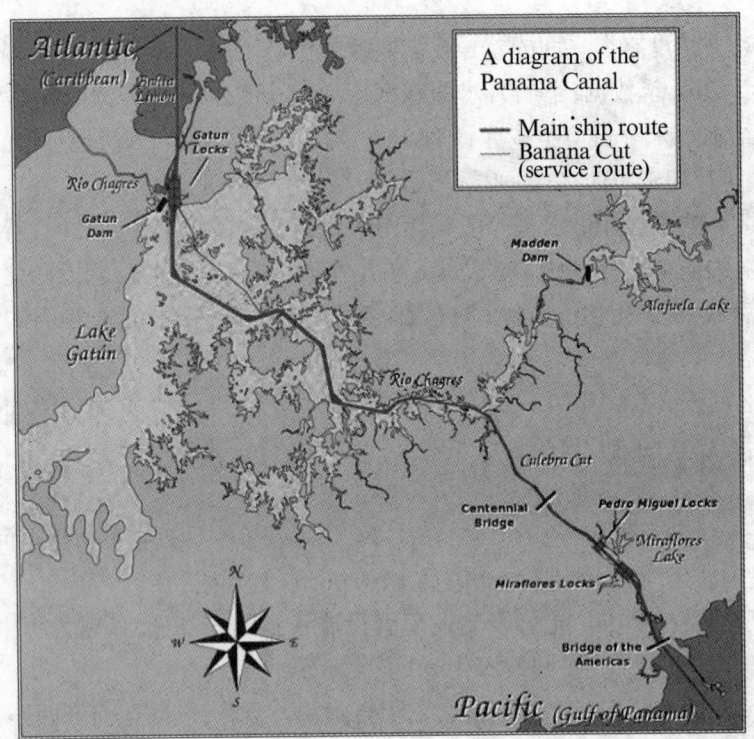

图 7-25　巴拿马运河的闸道与通道

济意义都很重大,决定接过这个项目。

　　美国成立了由海军上将约翰·C·怀特负责的地峡运河委员会,当时古巴医生胡安·卡洛斯·芬莱已经发现了导致 2 万法国工人丧生的黄热病是由蚊子传播的。因此由威廉·C·乔戈斯医生为首,执行了一个"巴拿马运河开凿期间新卫生措施",在 1905 年大致上消灭了黄热病。

　　1913 年 10 月 10 日,时任美国总统伍德罗·威尔逊亲自启动大坝闸门,宣布运河竣工。许多印第安人劳工参加了运河开凿工程,官方宣布的死亡劳工人数为 5 609 人,但实际伤亡人员远超过这个数字。

　　为了建造巴拿马运河,法国在开始付出了 3 亿美元(20 亿法郎),美国又追加了 3 亿 7 千 5 百万美元,共挖掘了 2 亿 5 千 9 百万立方米的土石量,为原先估计的 3 倍半,用了 450 万方混凝土,最多时有 4 万工人同时施工。

　　有史以来最长的通过巴拿马运河的船舶,是圣胡安勘探者号(the San Juan Prospector,现名 Marcona Prospector)矿石散装油船,长 973 英尺(296.57 米),宽 106 英尺(32.31 米)。

　　3. 扩建

　　2006 年 10 月 22 日,巴拿马就巴拿马运河扩建举行全民公投,超过 78% 的投票者支持扩建,扩建计划获得通过。计划在巴拿马运河的两端各修建一个三级提升的船闸和配套设施,船闸的宽度扩大到 55 米,长度到 427 米。

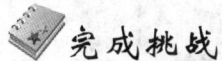 完成挑战

远东—欧洲航线可从上海等远东港口出发,经过马六甲海峡,进入印度洋。该航线可从曼德海峡走,穿过苏伊士运河进入地中海。最后可停靠鹿特丹、汉堡等欧洲主要港口。

知识拓展

上海洋山深水港

上海洋山深水港简称洋山港或者深水港,是位于中国上海外海、杭州湾口的浙江嵊泗崎岖列岛上的一个大型深水海港,是上海港的重要组成部分,主体部分位于小洋山上。设于洋山港的洋山保税港区是中国大陆的首个保税港区。其中,小洋山港口区域面积2.14平方公里,主要由洋山集装箱码头、洋山天然气码头和洋山申港油库等部分组成;陆地区域位于上海市浦东新区芦潮港,面积达6平方公里。行政管辖权属于浙江,由上海国际港务(集团)股份有限公司(前身为上海港务局)经营。东海大桥是洋山港和上海市南汇区之间的海上大桥,起着洋山港和大陆联结的作用。东海大桥总长31公里,全部6车道的斜拉桥,最大跨距420米,能通行5 000吨级船舶,中间跨距140米,能通行1 000吨级和500吨级船舶,非航道部分跨距分别为50米,60米和70米。

洋山港集装箱码头、东海大桥如图7-26、7-27所示。

图7-26　洋山港集装箱码头

图 7-27　东海大桥

 职场精灵

> 　　各家船公司停靠的基本港各不相同。大家可以登录主要的船公司网站，查询相关信息。
>
> 　　对于世界主要的基本港等，要熟记于心，才能随时答复货运代理公司客户的各类问题。

我思我悟

_____

_____

_____

8

项目八　　　　　　　　　安排运输航线

目标

知识目标

了解从中国出发的近洋航线

了解从中国出发的远洋航线

掌握集装箱运输的主要航线

技能目标

能在地图上标识出三大集装箱运输航线的
走向

态度目标

培养识图能力

迎接挑战

　　李明在货运代理公司上班,经常接到客户电话咨询货物运往目的港需要多长时间,
走的是哪条航线。有一天,李明在货运代理公司上班时接到客户电话。客户询问从上海
前往美国纽约最快需要多久以及航线的走向。你能替李明在如下世界地图(见图 8-1)上
大致画出从上海到纽约的航线有哪些么? 最快的是哪一条呢?

思考

　　世界上最繁忙的集装箱航线共有三条。掌握好这些航线的走向是成为一名优秀的
货运代理公司员工必备的技能。

知识天地

一、我国沿海航线

我国沿海航线分为北方沿海航区和南方沿海航区。

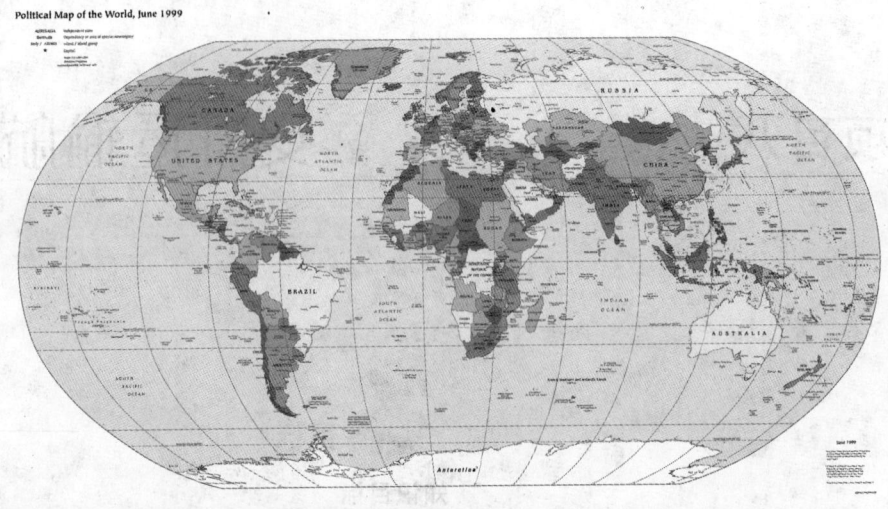

图 8-1 世界地图

（一）北方沿海航区

北方沿海航区以上海、大连为中心，主要海港有：秦皇岛、天津、烟台、青岛、连云港、宁波等。

（二）南方沿海航区

南方沿海航区以广州为中心，主要海港有：厦门、汕头、湛江、海口等。

二、近洋航线

近洋航线是指本国各港口至邻近国家港口间的海上运输航线的统称。

（一）世界近洋航线（见表 8-1）

表 8-1   世界近洋航线

航线类别	航线名称	到达的主要港口
近洋航线	港澳线	中国香港和中国澳门地区
	新马线	新加坡和马来西亚的巴生港、槟城和马六甲等港
	暹罗湾线（越南、柬埔寨、泰国线）	越南海防、柬埔寨的榜逊和泰国的曼谷等港
	科伦坡孟加拉湾线	斯里兰卡的科伦坡和缅甸的仰光，孟加拉的吉大港和印度东海岸的加尔各答等港
	菲律宾线	菲律宾的马尼拉港
	印度尼西亚线	爪哇岛的雅加达、泗水、三宝垄
	澳大利亚、新西兰线	澳大利亚的悉尼、墨尔本、布里斯班和新西兰的奥克兰、惠灵顿和利特尔顿等
	巴布亚新几内亚线	巴布亚新几内亚的莱城、莫尔兹比港等
	日本线	日本九州岛的门司和本州岛的神户、大阪、名古屋、横滨和川崎等港口

（续表）

航线类别	航线名称	到达的主要港口
近洋航线	韩国线	釜山、仁川等港口
	波斯湾线（阿拉伯湾线）	巴基斯坦的卡拉奇、伊朗的阿巴斯、霍拉姆沙赫尔；伊拉克的巴士拉；科威特的科威特港；巴林的巴林港；沙特阿拉伯的达曼；卡塔尔的多哈；阿拉伯联合酋长国的迪拜、阿曼的米纳·卡布斯等港

（二）中国近洋航线（见表 8-2）

表 8-2　　　　　　　　　　　　中国近洋航线

航线类别	航线名称	主要停靠港口
中国近洋航线	中国-朝鲜、韩国航线	清津、仁川和釜山
	中国-日本航线	神户、大阪、东京、横滨、千叶、四日、门司等
	中国-俄罗斯远东地区航线	纳霍德卡、东方港、海参崴、苏维埃港
	中国-越南航线	胡志明市、海防等
	中国内地-香港特区航线	
	中国-菲律宾航线	马尼拉、宿务等
	中国-新加坡、马来西亚航线	新加坡、巴生港、槟城、马六甲
	中国-泰国、柬埔寨航线	曼谷、宋卡各磅逊等
	中国-印度尼西亚航线	雅加达、苏腊巴亚（泗水）、三宝垄等
	中国-孟加拉湾航线	仰光、吉大港、加尔各答、马德拉斯等
	中国-斯里兰卡航线	科伦坡等港口
	中国-阿拉伯海、波斯湾航线	孟买、卡拉奇、阿巴斯、迪拜、哈尔克岛、科威特、多哈、巴士拉等
	中国-澳新航线	悉尼、墨尔本、阿得雷德、布里斯班、奥克兰、惠灵顿、苏瓦、韦里曼特尔等

（三）远洋航线

1. 世界远洋航线

世界远洋航线是指航程距离较远，船舶航行跨越大洋的运输航线，如远东至欧洲和美洲的航线。如图 8-2、表 8-3 所示。

2. 中国远洋航线（见表 8-4）

我国习惯上以亚丁港为界，把去往亚丁港以西，包括红海两岸和欧洲以及南北美洲广大地区的航线划为远洋航线。

（四）集装箱运输的主要航线

目前，世界上规模最大的三条集装箱航线是远东-北美航线，远东-欧洲、地中海航线和北美-欧洲、地中海航线。这三条航线将当今全世界人口最稠密、经济最发达的三个板块——北美、欧洲和远东联系起来。这三大航线的集装箱运量占了世界集装箱水路运量的一大部分。

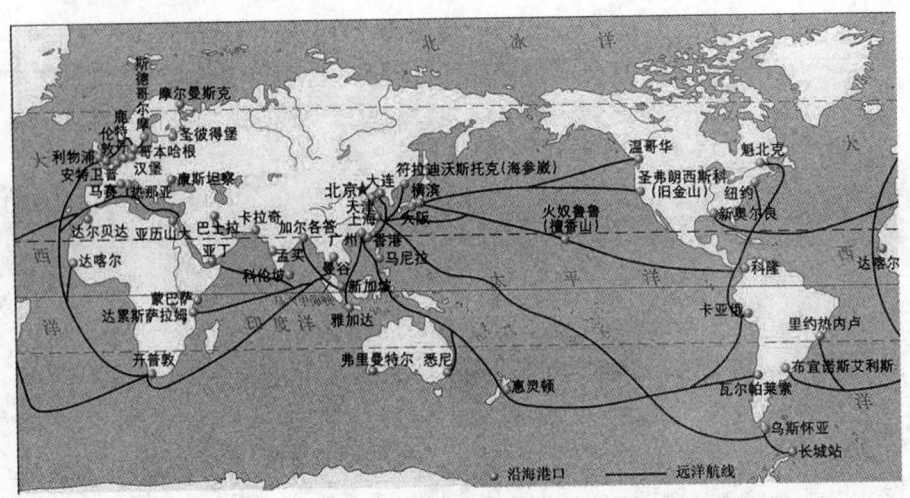

图8-2　世界远洋航线

表8-3　　　　　　　　　　　　　　　世界远洋航线

航线类别	航线名称	到达的主要港口
远洋航线	地中海线	到地中海东部黎巴嫩的贝鲁特、的黎波里；以色列的海法、阿什杜德；叙利亚的拉塔基亚；地中海南部埃及的塞得港、亚历山大；突尼斯的突尼斯；阿尔及利亚的阿尔及尔、奥兰、地中海北部意大利的热那亚；法国的马赛；西班牙的巴塞罗那和塞浦路斯的利马索尔等港
	西北欧线	到比利时的安特卫普；荷兰的鹿特丹；德国的汉堡、不来梅、法国的勒弗尔；英国的伦敦、利物浦；丹麦的哥本哈根；挪威的奥斯陆；瑞典的斯德哥尔摩和哥德堡；芬兰的赫尔辛基等
	北美西海岸线	包括加拿大西海岸港口温哥华；美国西岸港口西雅图、波特兰、旧金山、洛杉矶；加拿大东岸港口蒙特利尔、多伦多
	北美东海岸线	美国东岸港口纽约、波士顿、费城、巴尔的摩、波特兰和美国墨西哥湾港口的莫比尔、新奥尔良、休斯敦等港口(美国墨西哥湾各港也属美国东海岸航线)
	南美洲西海岸线	到秘鲁的卡亚俄；智利的阿里卡、伊基克、瓦尔帕莱索、安托法加斯塔等港

表8-4　　　　　　　　　　　　　　　中国远洋航线

航线类别	航线名称	主要停靠港口
中国远洋航线	中国-红海航线	亚丁、吉达、亚喀巴、苏丹
	中国-东非航线	摩加迪沙、蒙巴萨、达累斯萨拉姆、马普托、路易港等
	中国-西非航线	罗安达、马塔迪、黑角、杜阿拉、拉各斯、科纳克里、达喀尔、达尔贝达等
	中国-地中海航线	地中海南北两岸的各港口有敖萨、康斯坦萨、瓦尔纳、伊斯坦布尔、里耶卡、威尼斯、热那亚、马赛、巴塞罗那、巴伦西亚、亚历山大、的黎波里、班加西、突尼斯、阿尔及尔等
	中国-西欧航线	里斯本、勒阿弗尔、敦刻尔克、伦敦、利物浦、鹿特丹、阿姆斯特丹、安特卫普、不来梅、汉堡等

（续表）

航线类别	航线名称	主要停靠港口
中国远洋航线	中国-北欧航线	哥本哈根、奥斯陆、斯德哥尔摩、哥德堡、赫尔辛基、圣彼得堡、里加、塔林、格但斯克等
	中国-南、北美西海岸航线	温哥华、西雅图、旧金山、洛杉矶、马萨特兰、卡亚俄、瓦尔帕来索等
	中国-加勒比、北美东岸航线	科隆、坦皮科、韦腊克鲁斯、休斯敦、新奥尔良、纽约、巴尔的摩、哈利法克斯、魁北克、蒙特利尔、多伦多等
	中国-南美东海岸航线	该航线一般经马六甲海峡，印度洋，绕过好望角，进入大西洋至南美东岸，主要港口有圣多斯、里约热内卢、蒙德维的亚、布宜诺斯艾利斯等

1. 远东-北美航线

远东-北美航线实际上又可分为两条航线，即远东-北美西岸航线和远东-北美东海岸、海湾航线。

（1）远东-北美西海岸航线。这条航线主要由远东-加利福尼亚航线和远东-西雅图、温哥华航线组成。它涉及的港口主要包括远东的高雄、釜山、上海、中国香港、东京、神户、横滨等和北美西海岸的长滩、洛杉矶、西雅图、塔科马、奥克兰和温哥华等。涉及的国家和地区包括亚洲的中国、韩国、日本和中国香港、中国台湾地区以及北美的美国和加拿大西部地区。这两个区域经济总量巨大，人口特别稠密，相互贸易量很大。近年来，随着中国经济总量的稳定增长，在这条航线上的集装箱运量越来越大。目前，仅上海港在这条航线上往来于美国西海岸的班轮航线就多达 40 多条。

（2）远东-北美东海岸航线。这条航线主要由远东-纽约航线等组成，涉及北美东海岸地区的纽约-新泽西港、查尔斯顿港和新奥尔良港等。这条航线将海湾地区也串了起来。在这条航线上，有的船公司开展的是"钟摆式"航运，即不断往返于远东与北美东海岸之间；有的则是经营环球航线，即从东亚开始出发，东行线为：太平洋→巴拿马运河→大西洋→地中海→苏伊士运河→印度洋→太平洋；西行线则反向而行。

2. 远东-欧洲、地中海航线

远东-欧洲、地中海航线也被称为欧洲航线，它又可分为远东-欧洲航线和远东-地中海航线两条。

（1）远东-欧洲航线。这条航线是世界上最古老的海运定期航线。这条航线在欧洲地区涉及的主要港口有荷兰的鹿特丹港，德国的汉堡港、不来梅港，比利时的安特卫普港，英国的费利克斯托港等。这条航线大量采用了大型高速集装箱船，组成了大型国际航运集团开展运输。这条航线将中国、日本、韩国和东南亚的许多国家与欧洲联系起来，贸易量与货运量十分庞大。与这条航线配合的，还有西伯利亚大陆桥、新欧亚大陆等欧亚之间的大陆桥集装箱多式联运。

（2）远东-地中海航线。这条航线由远东，经过地中海，到达欧洲。与这条航线相关的欧洲港口主要有西班牙南部的阿尔赫西拉斯港、意大利的焦亚陶罗港和地中海中央马耳他南端的马尔萨什洛克港。

3. 北美-欧洲、地中海航线

处于北美、欧洲、远东三大地域与经济板块另一极的,是北美-欧洲、地中海航线。北美-欧洲、地中海航线实际由三条航线组成,分别为北美东海岸、海湾-欧洲航线,北美东海岸、海湾-地中海航线和北美西海岸-欧洲、地中海航线。这一航线将世界上最发达与富庶的两个区域联系起来,船公司之间在集装箱水路运输方面的竞争最为激烈。

小任务:登录马士基公司网站,查看最新的集装箱运输航线。

(1) 登录马士基公司首页(http://www.maerskline.com/zh-cn/)(见图 8-3)。

图 8-3　马士基公司首页

(2) 点击航运服务下的"routenet",获得当年航线目录(见图 8-4)。

图 8-4　马士基公司当年航线目录

(3) 点击任意航线,获得有关信息(见图 8-5)。

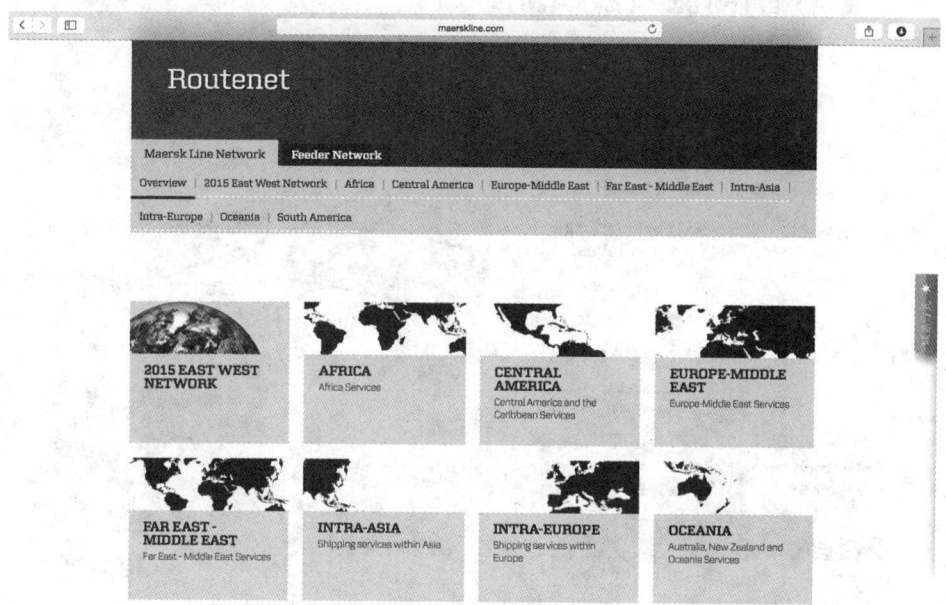

图 8-5 航线有关信息

(4) 还可以下载到马士基船公司当年所有的航线(见图 8-6)、停靠港口和日期(见图 8-7)等信息。

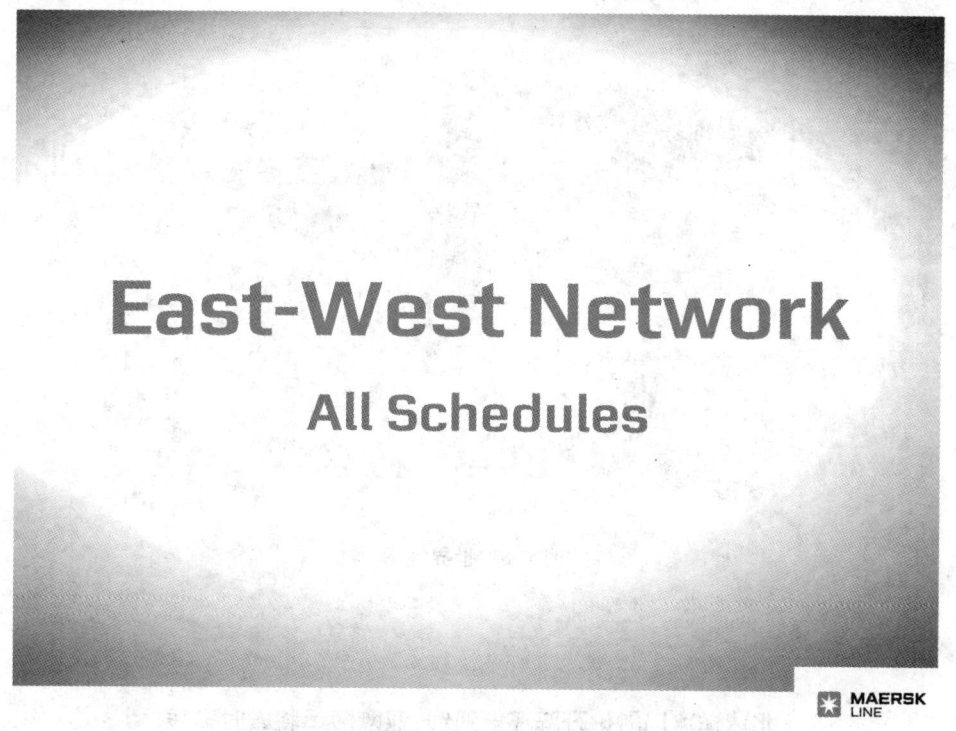

图 8-6 太平洋航线计划

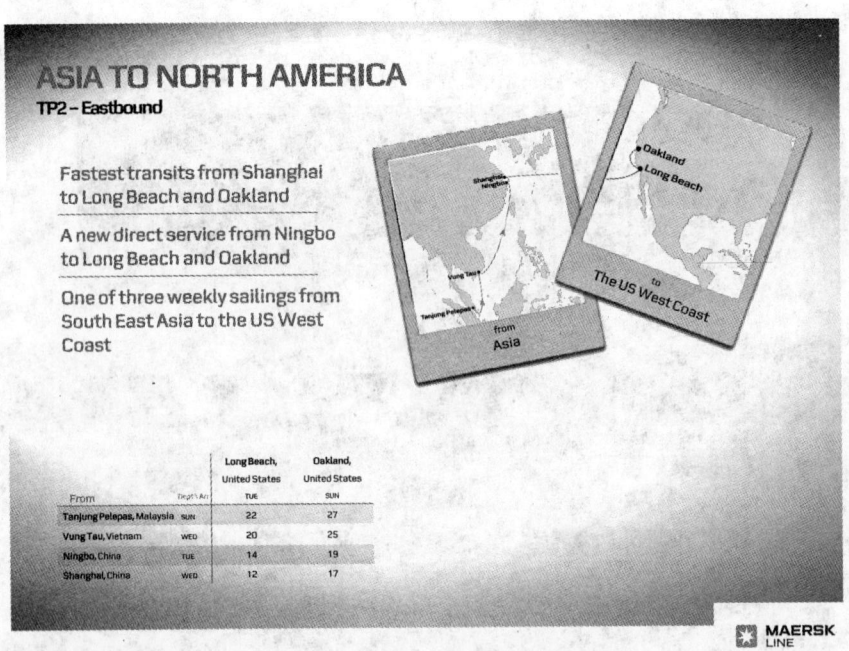

图8-7　太平洋航线停靠港口和日期

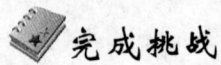 **完成挑战**

请在图8-8中标出从远东到美国东海岸的两条航线走向。

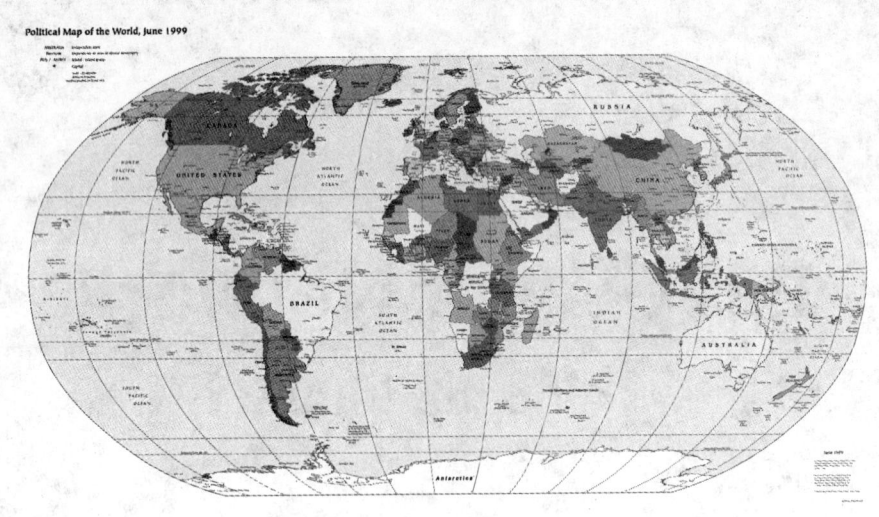

图8-8　世界地图

知识拓展

北冰洋冰川融化开辟了新航线，亚欧海运将省时省钱

欧洲媒体"The Local"近日报道，随着全球气候变暖，北冰洋冰川融化，在俄罗斯北部

海岸线出现了一条新的海上通道。虽然,这条"北海航线"看起来像一条狭窄的乡间小道,而不像四车道的高速公路,但是这条通道很可能成为一条颇具影响的国际贸易新航线。

这一变化带来的影响是巨大的。如果轮船选择从这一新航道通行,日本横滨港到德国汉堡港的运输时间将缩短40%,与此同时,燃料成本也将节俭20%。

以往,亚洲到欧洲的货轮必须绕行印度洋,北上红海海峡,最后从苏伊士运河进入地中海而到达欧洲,整个航线迂回曲折,费时费钱。如今,这条北海航线的开通将对国际物流和国际贸易产生重大利好,以后中国发往欧洲一些国家的货物将在较短时间送达,运输费用也节俭不少。

这一新航道的出现,将给国家贸易行业产生巨大的利益:如果一艘货运轮船无需穿越苏伊士运河,而选择从这条新航道通行,其运输费用将节俭700万美元。

如今,中国对这一航线表现出勃勃兴致。中国计划在今年夏季安排其第一批商业货轮从北海航线通过。预计在2020年之前,大约有5%~15%的中国商业运输轮船将从这条航线通行。

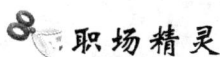 **职场精灵**

> 在货运代理公司工作,要想服务好客户,就要拥有必备的知识,这样在面对客户提问时才能对答如流。因此熟知世界各大港口与航线是成为一名合格的货运代理公司员工的必备知识。

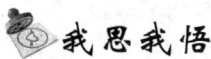 **我思我悟**

_____

_____

_____

9

项目九　　　　　　　　　　　　　　　　认识船公司

目标

知识目标

认识世界主要船公司的排名和标志

了解世界最大的三家船公司

了解中国最大的两家船公司

技能目标

能熟练地区别不同船公司的标志

态度目标

培养观察联想的能力

迎接挑战

　　李明每天工作中都会听到各种各样船公司的名字,看到诸如 MARESK、MOL、COSCO、APL、OOCL 等各类船公司的缩写。久而久之,李明对这些船公司产生了浓厚的兴趣。正是这些船公司的船舶行驶于各港口间,使得国际贸易得以顺利开展。那么,世界上主要的船公司有哪些呢? 它们的标志背后又在讲述怎样的历史呢? 请上网搜集如下船公司资料(见图 9-1)。

思考

　　船公司的标识不仅会出现在各类单据上,还出现在船舶和船公司提供的集装箱上,可谓无处不在。所以,熟练识别船公司的标识是成为一名优秀的货运代理公司员工的必备技能。

知识天地

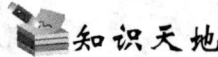

一、世界主要船公司的排名和标志

（一）世界主要船公司的排名

世界船公司有 80 多家,根据一项统计分析显示,全球十大货运集装箱船公司运能占

图 9-1 主要船公司标志

全球总运能比例高达六成,马士基航运(MAERSK)、地中海航运(MSC)与达飞(CMA-CGM)前三大航商则占三成以上比重。全球二十大集装箱船运力排名如表 9-1 所示。

表 9-1　　　　全球二十大集装箱船公司运力排名(截至 2014 年 6 月 18 日)

排名	船公司	现有运力		自有运力		租赁运力			订造运力		
		载箱量/TEU	船舶数量/艘	载箱量/TEU	船舶数量/艘	载箱量/TEU	船舶数量/艘	占现有运力比例/%	载箱量/TEU	船舶数量/艘	占现有运力比例/%
1	A·P·穆勒·马士基	2 719 649	578	1 521 941	252	1 197 708	326	44.0	219 038	13	8.1
2	地中海航运	2 446 377	490	1 056 575	193	1 389 802	297	56.8	429 448	37	17.6
3	达飞轮船	1 573 665	425	545 625	84	1 028 040	341	65.3	371 036	39	23.6
4	长荣海运	875 821	192	517 931	109	357 890	83	40.9	260 032	21	29.7
5	中远集运	789 587	160	457 935	97	331 652	63	42.0	73 772	7	9.3
6	赫伯罗特	778 622	157	420 608	66	358 014	91	46.0			
7	中海集运	640 491	137	456 723	75	183 768	62	28.7	125 108	8	19.5
8	韩进海运	594 670	99	259 614	35	335 056	64	56.3	70 720	8	11.9
9	美国总统轮船	584 529	107	377 343	49	207 186	58	35.4	9 200	1	1.6
10	商船三井	574 009	113	212 264	34	361 745	79	63.0	100 000	10	17.4
11	东方海外	504 183	93	354 607	50	149 576	43	29.7	35 552	4	7.1
12	汉堡南方	503 020	109	253 165	43	249 855	66	49.7	119 956	14	23.8
13	日本邮船	495 580	109	295 591	53	199 989	56	40.4	112 000	8	22.6
14	阳明海运	401 814	89	228 292	46	173 522	43	43.2	229 308	19	57.1
15	现代商船	380 536	62	131 178	20	249 358	42	65.5	99 300	9	26.1
16	太平船务	359 349	163	246 120	112	113 229	51	31.5	46 800	12	13.0
17	川崎汽船	350 562	67	127 352	21	223 210	46	63.7	69 350	5	19.8
18	以星航运	335 035	82	136 897	25	198 138	57	59.1			
19	阿拉伯联合航运	291 696	50	198 164	26	93 532	24	32.1	271 760	18	93.2
20	南美轮船	242 955	48	84 850	15	158 105	33	65.1	65 100	7	26.8

资料来源:Alphaliner 航运咨询公司

(二)世界主要船公司的标志(见表 9-2)

表 9-2　　　　　　　　2013 年前 20 大船公司标志

排名	船公司	标　志
1	马士基集团	![MAERSK]
2	地中海航运	![msc]
3	法国达飞	![CMA CGM]

（续表）

排名	船公司	标　志
4	长荣	EVERGREEN
5	中远集运	COSCO
6	赫伯罗特	Hapag-Lloyd
7	美国总统轮船	APL
8	韩进海运	HANJIN SHIPPING
9	中海集运	CS
10	商船三井	MOL 商船三井
11	东方海外	OOCL We take it personally
12	日本邮船	NYK LINE NIPPON YUSEN KAISHA
13	汉堡南美	HAMBURG SÜD GROUP
14	阳明海运	
15	太平船务	PIL
16	川崎汽船	"K" LINE KAWASAKI KISEN KAISHA, LTD.
17	现代商船	HMM HYUNDAI MERCHANT MARINE CO., LTD.

（续表）

排名	船公司	标　　志
18	以星综合航运	★★★★ ★★★ **ZIM**
19	阿拉伯联合国家轮船	**UASC** United Arab Shipping Company (S.A.G.)
20	智利南美轮船	⊠ **CSAV**®

二、世界主要船公司

（一）世界第一大船公司——马士基

1. 马士基航运的标志（见图 9-2）的含义

图 9-2　马士基航运的标志

七角蓝星，七个角代表 7 大洲，这个是 A. P. Moller 家族的宏图伟愿。

蓝色代表大海的颜色，寓意海上运输，当然也可以延伸到蓝色的天空。

马士基航运船公司英文全称：MAERSK(SEALAND)SHIPPING CO. ,LTD.。

马士基航运船公司英文缩写：MAERSK 或 MSK。

2. 马士基航运（MAERSK 船公司）详细介绍

马士基（MAERSK）航运公司是 A・P・穆勒-马士基集团的核心班轮运输机构，也是世界领先的集装箱运输公司。马士基（MAERSK）航运公司的船队由 500 多艘集装箱船舶组成，总容量超过 1 700 000 TEU（20 英尺标准箱）。

A・P・穆勒集团公司始建于 1904 年，创始人是当时年仅 28 岁的阿诺得・穆勒和他的父亲马士基・穆勒。他们从一条载重仅 2 200 吨的二手汽轮起家。由于经营有方，业务发展很快，目前是世界上最大的船运公司之一。该公司总部设在丹麦哥本哈根市的埃斯普拉纳登。该公司在世界 100 多个国家设有 325 家分支机构，共约有 5 万名雇员。

由 200 余艘船只组成的 A·P·穆勒公司船队总吨位约达到 10 000 000 吨,包括集装箱船、油轮、散货船、特种船、供应船和钻井设备。除了海运业,A·P·穆勒公司还经营物流、石油和天然气的勘探开发、造船业、航空运输业、工业、零售业以及信息产业。该公司是一家综合性经营的大型跨国集团公司,集团还拥有航空公司和集装箱码头,在丹麦商界和政界均有较大的影响力。

早在 1928 年,A·P·穆勒先生就以马士基(MAERSK)船运公司开始提供货物班轮服务,将美国及远东和欧洲联系在一起。

在兼并了美国的海陆(Sealand)公司国际海运业务后,该集团拥有 250 多条集装箱船和 70 万个集装箱,在世界范围内为用户提供了可靠和综合性的服务保证。除了有卡车、火车和飞机以外,马士基(MAERSK)船运公司还拥有自己的供料船,以提供独特的门到门服务。

（二）世界第二大船公司——地中海航运

1. 地中海航运标志(见图 9-3)的含义

图 9-3　地中海航运标志

MSC 的全称是地中海航运公司(Mediterranean Shipping Company)首字母缩写。

2. 地中海航运船公司详细介绍

MSC 的总部位于瑞士日内瓦。MSC 于 1970 年建立,2007 年成为按照集装箱运力和集装箱船数量排序的世界第二大航运公司,业务网络遍布世界各地。20 世纪 70 年代,地中海航运专注发展非洲及地中海之间的航运服务。

至 1985 年,地中海航运拓展业务到欧洲,及后更开办大西洋航线。MSC 目前在全世界有 350 个机构,28 000 员工,255 艘集装箱船,880 000 TEU 的运力,在全球五大洲 215 个码头停靠,提供 175 条直航和组合航线服务。

地中海航运在 20 世纪 90 年代才踏足远东地区,但在这个朝气蓬勃的市场内,已经占有一个重要的地位。最初,地中海航运开办远东至欧洲的航线,然后再开设另一条航线到澳洲。1999 年,地中海航运的泛太平洋航线正式起航,并广泛地受到寄货人的欢迎。由开业初期只有几艘普通货船,直至今日,地中海航运拥有 240 艘货柜轮。事实上,无论依据船只数目,还是依据载运能力,地中海航运都稳据全球排名第二位。

（三）世界第三大船公司——达飞轮船

1. 法国达飞轮船标志(见图 9-4)的含义

达飞轮船的英文缩写是 CMA-CGM,名字由法文得来。CMA 是 Compagnie

图 9-4　达飞轮船标志

Martime d'Affretement；CGM 是由 Compagnie des Messagenes Marltines（CMM）&
Compagnie Generale Transatlanonque（CGT）合成得来。

2. 达飞轮船公司介绍

法国达飞海运集团（简称达飞轮船）是法国第一、世界第三的集装箱全球承运公司，总部设在法国马赛的达飞海运集团始建于 1978 年。

法国达飞海运集团经营初期主要承接黑海地区业务，进入 20 世纪 90 年代后期，达飞集团不仅开通了地中海至北欧、红海、东南亚、东亚的直达航线，还分别于 1996 年、1999 年成功收购了法国最大的国营船公司——法国国家航运公司（CGM）和澳大利亚国家航运公司（ANL），正式更名为"CMA-CGM"。2005 年，达飞海运集团又成功并购了达贸轮船、安达西非航运、森特马成为法国第一、世界排名第三的集装箱全球承运人。目前，达飞集团在全球运营集装箱船舶 267 艘，装载力为 1 070 032TEU，在全球 150 个国家和地区设立了 650 家分公司和办事机构，其中中国有 63 家分支机构办事处。在全球范围内拥有雇员 17 000 人，2009 年总收入达到 105 亿美元，其航迹遍及全球 400 多个港口，服务网络横跨五洲四海，成为全球航运界的后起之秀。

（四）中国第一大船公司——中远集运

1. 中远集装箱运输有限公司标志（见图 9-5）的含义

图 9-5　中远集运的标志

中远集装箱运输有限公司，简称中远集运，是中国远洋运输（集团）公司所属专门从事海上集装箱运输的核心企业。其母公司中国远洋运输（集团）公司［China Ocean Shipping（Group）Company］的缩写就是 COSCO。

2. 中远集装箱运输有限公司介绍

中远集装箱运输有限公司是中远集团的子公司。截至 2014 年 6 月 18 日，中远集运经营船队包括 160 艘集装箱船舶，运力达 789.587 标准箱，在世界船公司中运力排名第五位，中国大陆第一位。其在全球超过 49 个国家和地区的 162 个港口挂靠，经营 84 条国际航线、23 条国际支线、23 条中国沿海航线及 79 条珠江三角洲和长江支线，承运能力排名世界前列。集装箱运输业务遍及全球,在全球拥有 400 多个代理及分支机构。在中国本土,拥有货运机构近 300 个。在境外,网点遍及欧、美、亚、非、澳五大洲,做到了全方位、全天候"无障碍"服务。

3. 中远集团其他业务

中远集团除了经营集装箱班轮运输,还经营干散货运输、液体散货运输、杂货及特种货物运输以及客运等业务。

(1) 干散货运输。中远集团目前拥有和控制着全球规模最大、最具实力的干散货运输船队。中远干散货运输船队能够在全球范围内为客户提供矿砂、煤炭、粮食、化肥、钢材、木材、农产品等货物的海上运输服务,航线遍及 100 多个国家和地区的 1 000 多个港口。

(2) 液体散货运输。中远集团的液体散货运输覆盖石油原油、成品油、LPG 以及 LNG 等货物的运输,主要由大连远洋运输公司承担。公司现拥有和经营各类液体散货运输船舶 46 艘,800 余万载重吨,其中,油轮船队是中国最大的专业化油轮船队之一。

(3) 杂货及特种货物运输。中远集团以全球班轮和不定期船为主要方式经营 100 余艘杂货船及特种运输船舶,其中,特种运输船队拥有业界领先的重吊船、半潜船、滚装船、多用途船、木材船、沥青船、汽车专用船,综合实力居世界前列。

(4) 中远集团同样经营客运业务。中远集团目前有 4 家合营公司经营客货班轮航线,主要从事中日、中韩、中国大陆-中国台湾近洋客货运输业务。目前运营的船舶分别是"新鉴真"轮、"苏州号"轮、"香雪兰"轮和"中远之星"轮。

(五)中国第二大船公司——中海集运

1. 中海集装箱运输股份有限公司标志(见图 9-6)的含义

图 9-6 中海集运标志

中海集装箱运输股份有限公司英文名称为 China Shipping Container Lines Co.，Ltd.，标志中的 CSCL 即为其首字母的英文缩写。

2. 中海集装箱运输股份有限公司介绍

中海集装箱运输股份有限公司(中海集运)是中国海运集团所属主要从事集装箱运输及相关业务的多元化、国际化经营企业。公司经营范围涉及集装箱运输、船舶租赁、揽货订舱、运输报关、仓储、集装箱堆场、集装箱制造、修理、销售、买卖以及船舶管理服务等领域。

中海集运拥有一支现代化、大型化、年轻化、低碳化的经营船队,可为全球客户提供安全可靠、快捷高效的班轮运输服务。截至 2014 年 12 月底,中海集运船队规模达 156 艘,整体运载能力达到 72.4 万标箱(TEU),以总运载能力计,中海集运目前位居全球班轮行业第七位。

其中,4 000TEU 以上大型船舶 87 艘,合计 64 万标箱,占总运力的 88.2%,平均运力

7 340 标箱,平均船龄 6.85 年。中海集运订造并于 2014 年 11 月 18 日始陆续投运的 5 艘 19 000TEU 全集装箱船舶是目前世界上最大的集装箱船舶。

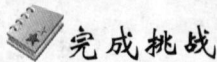 **完成挑战**

见表 9-3。

表 9-3　　　　　　　　根据 2013 年前 20 大船公司标志填写中文简称

排名	船公司	标　志
1		MAERSK
2		msc
3		CMA CGM
4		EVERGREEN
5		COSCO
6		Hapag-Lloyd
7		APL
8		HANJIN SHIPPING
9		中海
10		MOL 商船三井

（续表）

排名	船公司	标 志
11		OOCL We take it personally
12		NYK LINE NIPPON YUSEN KAISHA
13		HAMBURG SÜD GROUP
14		M
15		PIL
16		K LINE KAWASAKI KISEN KAISHA, LTD.
17		HMM HYUNDAI MERCHANT MARINE CO., LTD.
18		ZIM
19		UASC United Arab Shipping Company (S.A.G.)
20		CSAV

🎨 知识拓展

查询班轮公司名录

（1）登录 http：//www. chineseshipping. com. cn/bl/blzcd01. asp？bltype＝2,点击国际班轮运输业务经营者名单,根据公司注册地查询班轮公司名单(见图 9-7)。

图9-7 根据注册地查询班轮公司

（2）点击"上海"，查询注册在沪的班轮公司名单（见图9-8）。

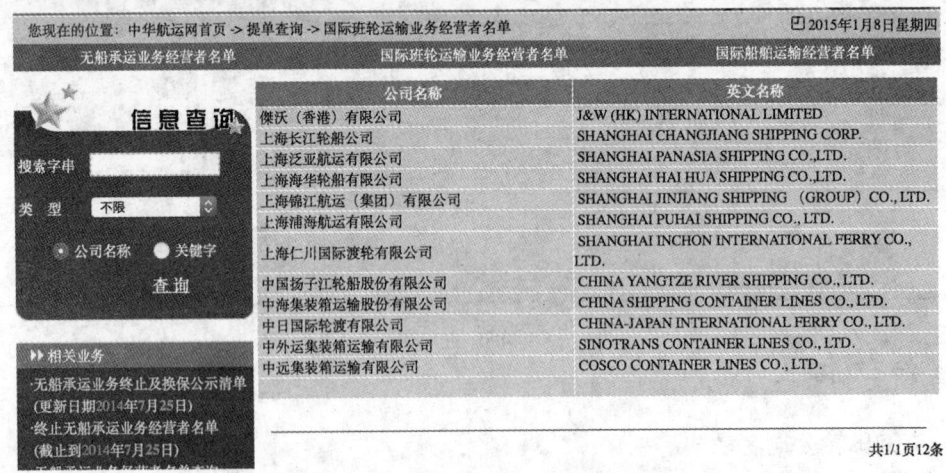

图9-8 查询注册在沪的班轮公司

（3）点击"中远集装箱运输有限公司"，查询该班轮公司信息（见图9-9）。

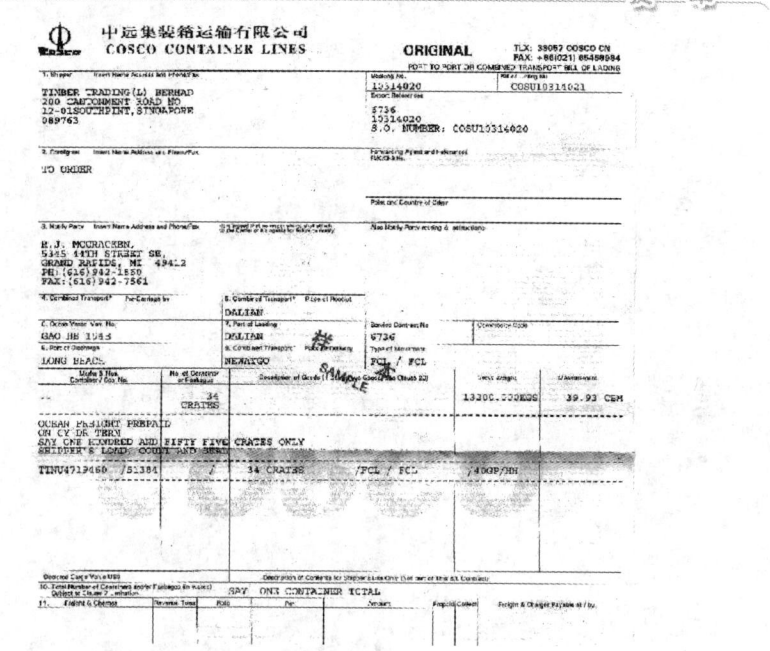

公司名称：	中远集装箱运输有限公司
英文名称：	COSCO CONTAINER LINES CO.,LTD.
注 册 地：	上海
地　　址：	
电　　话：	
备　　注：	2004、2003、2002年度国际班轮运输资质信誉良好企业 2003年度履约信用评估优胜企业 2003年度服务质量评估优胜企业

图9-9 中远集装箱运输有限公司信息

　　货运代理公司不论是作为纯粹的货运代理人还是无船承运人，在经营海运业务时，最终往往都要把装满集装箱的货物交由实际承运人——即船公司。因此，熟悉世界上主要的船公司是做好货运代理业务的重要一步。

我思我悟

模块三
满载而归：集装箱装箱

10

项目十　　走进集装箱世界

目标

知识目标

复述集装箱的定义

解释集装箱的分类标准

说出集装箱箱号各位代码的含义

技能目标

能辨认各种类型集装箱

能指认集装箱上各标识的含义

能为不同类型的货物选择合适的集装箱
类型

态度目标

培养学生合作学习的精神,激励学生学会合
作、学会交流

培养良好的职业道德素质,如认真、敬业、规
范操作等

迎接挑战

　　1956 年,集装箱革命拉开了帷幕。那一年,"理想 10 号"(Ideal X)乘载着人类历史上
第一支集装箱从美国新泽西州纽瓦克港出发驶往得克萨斯州休斯敦市。马尔可姆·麦
克林(Malcom Purcell McLean)先生是集装箱的发明者。据说麦克林先生坐在卡车里等
待卸货装船的时候突然想到,与其费尽周折把货物从卡车上装来卸去,不如直接在船上
装卸卡车车体本身。仅经过一些微小的调整,卡车车体本身便摇身变成了可供直接运输
的集装箱。用集装箱运输货物有诸多好处,例如无需仓储、减少货物损坏、简易了运输环
节、加快了操作流程并促进其实现标准化。所有这些都极大地提高了货运效率,降低了
货运成本。正如《经济学家》杂志所言:"没有集装箱就没有全球化。"那么什么样的箱子
才能称为集装箱呢?

思考

集装箱有什么特点？集装箱可以装运任何货物吗？

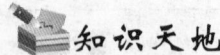

一、集装箱概念和基本条件

（一）集装箱概念

集装箱(Container)又称"货箱""货柜"，原意是一种容器，具有一定的强度和刚度，专用于周转使用并便于机械操作和运输的大型货物容器。因其外形像一个箱子，以集装成组货物，故称为"集装箱"（见图10-1）。中国香港习惯称"货箱"、中国台湾习惯称"货柜"。货运代理业务中也习惯称"箱子""柜子"。

图 10-1　集装箱

（二）集装箱的基本条件

根据国际标准化组织104技术委员会(简称 ISO—TC104)的规定，集装箱是一种运输设计，应具有如下条件：

(1) 能长期反复使用，具有足够的强度。

(2) 途中转运不用移动箱内的货物，可以直接换装。

(3) 可以进行快速装卸，并可以从一种运输工具直接方便地换装到另一种运输工具。

(4) 便于货物的装满与卸空。

(5) 具有1立方米(即35.32立方英尺)以上的容积。

二、国际标准集装箱的尺寸

（一）集装箱的尺寸

国际标准集装箱的尺寸可分为外部尺寸和最小内部尺寸。

目前世界上95％的海运集装箱都符合国际标准化组织(ISO)标准，即集装箱规格尺寸主要是第一系列的四种箱型，即A型、B型、C型和D型。表10-1列出的ISO制定的第一系列集装箱的外部尺寸和总重量。

表 10-1　　　　　　　　　　　　ISO 第一系列集装箱规格尺寸和总重量

规格/ft	箱型	长		宽		高		最大总重量	
		米制	英制	米制	英制	米制	英制	kg	lb
40	1AAA	12 192	40 ft	2 438	8 ft	2 896	9 ft 6 in	30 480	67 200
	1AA					2 591	8 ft 6 in		
	1A					2 438	8 ft		
	1AX					<2 438	<8 ft		
30	1BBB	9 125	29 ft 11.25 in	2 438	8 ft	2 896	9 ft 6 in	25 400	56 000
	1BB					2 591	8 ft 6 in		
	1B					2 438	8 ft		
	1BX					<2 438	<8 ft		
20	1CC	6 058	19 ft 10.5 in	2 438	8 ft	2 591	8 ft 6 in	24 000	52 900
	1C					2 438	8 ft		
	1CX					<2 438	<8 ft		
10	1D	2 991	9 ft 9.75 in	2 438	8 ft	2 438	8 ft	10 160	22 400

从表 3-1 中可以看出,国际集装箱的宽度为 8 ft,长度有 40 ft、30 ft、20 ft 和 10 ft 四种,高度有 9.5 ft、8.5 ft、8 ft 和小于 8 ft 四种。目前国际集装箱运输中,最多采用的是 1AA(最小内部容积 65.7 m^3,箱容积数为 2.433 m^3/t)和 1CC(最小内部容积 32.1 m^3,箱容积数为 1.493 m^3/t)两种箱,其次是 1AAA、1A、1C 箱型。

为了使国际标准集装箱的内部能合适地装载托盘和一定数量货物,对于国际集装箱(主要为干货集装箱)也规定了内部尺寸标准。集装箱内尺寸和容积是物资部门或其他装箱人必须掌握的重要技术资料,其中集装箱内尺寸(containers internal dimensions)是指集装箱内部的最大长、宽、高尺寸。高度为箱底板面至箱顶板最下面的距离,宽度为两内侧衬板之间的距离,长度为箱门内侧板量至端壁内衬板之间的距离。它决定集装箱内容积和箱内货物的最大尺寸。集装箱内容积(containers unobstructed capacity)按集装箱内计算的装货容积。同一规格的集装箱,由于结构和制造材料的不同,其内容积略有差异。第一系列集装箱的最小内部尺寸和箱门开口尺寸见表 10-2。

表 10-2　　　　　　　　第一系列集装箱的最小内部尺寸和箱门开口尺寸

箱型	最小内部尺寸			最小箱门开口尺寸	
	长/mm	宽/mm	高/mm	宽/mm	高/mm
1AAA	11 998	2 330	外部尺寸减去 241	2 286	2 556
1AA	11 998				2 261
1A	11 998				2 134
1BBB	8 931				2 566

（续表）

箱型	最小内部尺寸			最小箱门开口尺寸	
	长/mm	宽/mm	高/mm	宽/mm	高/mm
1BB	8 931				2 261
1B	8 931				2 134
1CC	5 867	2 330	外部尺寸减去 241	2 286	2 261
1C	5 867				2 134
1D	2 802				2 134

（二）集装箱长度之间的相互比例关系

国际集装箱的宽度为 8 ft，长度有 40 ft、30 ft、20 ft 和 10 ft 四种，高度有 9.5 ft、8.5 ft、8 ft 和小于 8 ft 四种。

为了便于计算集装箱数量，可以以 20 ft 的集装箱作为换算标准箱（简称 TEU，Twenty-foot Equivalent Units），即 40 ft 集装箱＝2 TEU，30 ft 集装箱＝1.5 TEU，20 ft 集装箱＝1 TEU，10 ft 集装箱＝0.5 TEU，第一系列集装箱长度之间的相互比例关系可用图 10-2 表示。因此，TEU 是集装箱的国际计量单位，也称为国际标准箱单位，通常用来表示船舶装载集装箱的能力，也是集装箱和港口吞吐量的重要统计、换算单位。

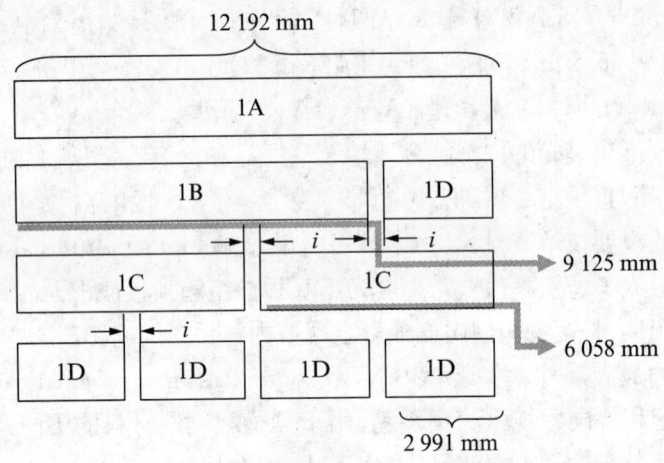

图 10-2　第一系列各类集装箱长度之间比例关系示意图

另外，在实践中也会用到自然箱（NU，Natural Unit）的概念。自然箱也称实物箱，自然箱是不进行换算的实物箱，即 40 ft 集装箱、30 ft 集装箱、20 ft 集装箱、10 ft 集装箱均作为一个集装箱统计。它也是统计集装箱数量时用到的一个术语。

1A 型：40 ft（12 192 mm）；1B 型：30 ft（9 125 mm）；1C 型：20 ft（6 058 mm）；

1D 型：10 ft（2 991 mm）；i（间距）＝3 in（76 mm）。

各种集装箱箱型之间的尺寸关系：

1A＝1B＋1D＋i＝9 125 mm＋2 991 mm＋76 mm＝12 192 mm

1B＝3D＋2i＝3×2 991 mm＋2×76 mm＝8 973 mm＋152 mm＝9 125 mm

1C＝2D＋i＝2×2 991 mm＋76 mm＝6 058 mm

三、集装箱分类

（一）按集装箱使用材料分类

制造材料是指集装箱主体部件(侧壁、端壁、箱顶等)材料,可分成以下三种。

1. 钢制集装箱

钢制集装箱用钢材造成,优点是强度大、结构牢、焊接性高、水密性好、价格低廉;缺点是重量大、防腐性差。

2. 铝合金集装箱

铝合金集装箱用铝合金材料造成,优点是重量轻,外表美观,防腐蚀,弹性好,加工方便以及加工费、修理费低,使用年限长;缺点是造价高,焊接性能差。

3. 玻璃钢集装箱

玻璃钢集装箱用玻璃钢材料造成,优点是强度大,刚性好,内容积大,隔热、防腐、耐化学性好,易清扫,修理简便;缺点是重量大、易老化、拧螺栓处强度降低。

（二）按集装箱结构分类

按集装箱结构分类,集装箱可分为以下三类。

1. 内柱式和外柱式集装箱

这里的"柱"是指集装箱的端柱和侧柱。内柱式集装箱即侧柱和端柱位于侧壁和端壁之内;反之,则是外柱式集装箱。一般玻璃钢集装箱和钢集装箱均没有侧柱和端柱,故内柱式和外柱式集装箱均指铝集装箱而言。

2. 折叠式和固定式集装箱

折叠式集装箱是侧壁、端壁和箱门等主要部件能很方便地折叠起来,反复使用时可再次撑开的一种集装箱;反之,各部件永久固定组合在一起的称固定式集装箱。

3. 预制骨架式集装箱和薄壳式集装箱

集装箱的骨架由许多预制件组合起来,并由它承受主要载荷,外板和骨架用铆接或焊接的方式连为一体,称为预制骨架式集装箱。薄壳式集装箱则把所有构件结合成一个刚体。

（三）按集装箱的使用目的分类

为适应不同货物的装载要求,出现了多种类型的集装箱,从运输家用物品的小型折叠式集装箱直到40 ft标准集装箱,以及航空集装箱等,不一一介绍。这里仅介绍在海上运输中常见的几种不同用途的国际货运集装箱类型。

1. 通用干货集装箱

通用货集装箱用来运输无需控制温度的件杂货,其使用范围极广,占全部集装箱的80%以上。这种集装箱通常为封闭式,在一端或侧面设有箱门(见图10-3)。干货集装箱通常用来装运文化用品、化工用品、电子机械、工艺品、医药、日用品、纺织品及仪器零件

图 10-3　通用干货集装箱

等,不受温度变化影响的各类固体散货、颗粒或粉末状的货物都可以由这种集装箱装运。

2. 冷藏集装箱

冷藏集装箱以运输冷冻食品为主,是能保持一定温度的保温集装箱(见图 10-4)。它专为运输如鱼、肉、新鲜水果、蔬菜等食品而特殊设计的。目前国际上采用的冷藏集装箱基本上分两种:一种是集装箱内带有冷冻机的叫机械式冷藏集装箱;另一种箱内没有冷冻机而只有隔热结构,即在集装箱端壁上设有进气孔和出气孔,箱子装在舱中,由船舶的冷冻装置供应冷气,叫做外置式冷藏集装箱。

图 10-4　冷藏集装箱

3. 通风集装箱

通风集装箱是指为装运水果、蔬菜等不需要冷冻而具有呼吸作用的货物,在端壁和侧壁上设有通风孔的集装箱(见图 10-5),如将通风口关闭,同样可以作为杂货集装箱使用。

图 10-5　通风集装箱

4. 罐式集装箱

罐式集装箱是指专用于装运酒类、油类(如动植物油)、液体食品以及化学品等液体货物的集装箱(见图10-6)。它还可以装运其他液体的危险货物。这种集装箱有单罐和多罐数种,罐体四角由支柱、撑杆构成整体框架。

图 10-6 罐式集装箱

5. 散货集装箱

散货集装箱是一种密闭式集装箱,有玻璃钢制和钢制集装箱(见图10-7)。前者由于侧壁强度较大,故一般装载麦芽和化学品等相对密度较大的散货;后者则用于装载相对密度较小的谷物。散货集装箱顶部的装货口应设水密性良好的盖,以防雨水侵入箱内。

图 10-7 散货集装箱

6. 台架式集装箱

台架式集装箱没有箱顶和侧壁,甚至连端壁也去掉,而只有底板和四个角柱的集装箱(见图10-8)。这种集装箱可以从前后、左右及上方进行装卸作业,适合装载长大件和重货件,如重型机械、钢材、钢管、木材、钢锭等。台架式集装箱没有水密性,怕水湿的货物不能装运,或用帆布遮盖装运。

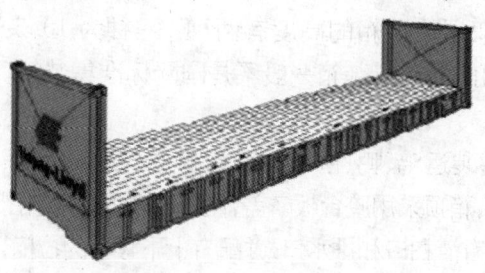

图 10-8 台架式集装箱

7. 平台集装箱

平台集装箱是在台架式集装箱上再简化而只保留底板的一种特殊结构集装箱(见图10-9)。平台的长度、宽度与国际标准集装箱的箱底尺寸相同,可使用与其他集装箱相同的紧固件和起吊装置。这一集装箱采用打破了过去一直认为集装箱必须具有一定容积的概念。

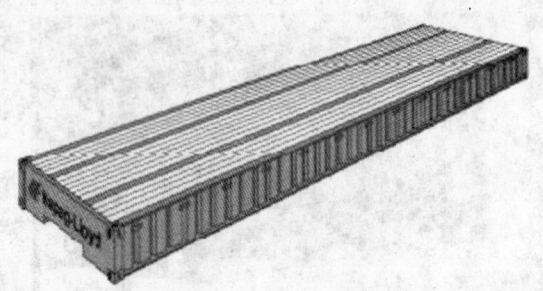

图 10-9　平台集装箱

8. 敞顶集装箱

敞顶集装箱是指没有刚性箱顶的集装箱,但有可折叠式或可折式顶梁支撑的帆布、塑料布或涂塑布制成的顶篷,其他构件与通用集装箱类似(见图10-10)。这种集装箱适于装载大型货物和重货,如钢铁、木材,特别是像玻璃板等易碎的重货,利用吊车从顶部吊入箱内不易损坏,而且也便于在箱内固定。

图 10-10　敞顶集装箱

9. 汽车集装箱

汽车集装箱是一种运输小型轿车用的专用集装箱,其特点是在简易箱底上装一个钢制框架,这种集装箱分为单层的和双层的两种(见图10-11)。因为小轿车的高度为1.35～1.45米,如装在8英尺(2.438米)的标准集装箱内,其容积要浪费2/5以上。因而出现了双层集装箱。这种双层集装箱的高度有两种:一种为10.5英尺(3.2米),另一种为8.5英尺高的2倍。因此汽车集装箱一般不是国际标准集装箱。

10. 动物集装箱

动物集装箱是一种装运鸡、鸭、鹅等活家禽和牛、马、羊、猪等活家畜用的集装箱(见图10-12)。为了遮蔽太阳,箱顶采用胶合板露盖,侧面和端面都有用铝丝网制成的窗,以求有良好的通风。侧壁下方设有清扫口和排水口,并配有上下移动的拉门,可把垃圾清扫出去。还装有喂食口。动物集装箱在船上一般应装在甲板上,因为甲板上空气流通,便于清扫和照顾。

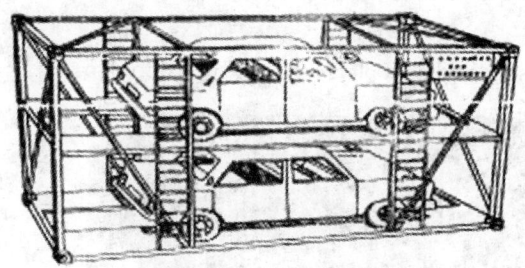

图 10-11　汽车集装箱

图 10-12　动物集装箱

11. 服装集装箱

又称挂衣集装箱,这种集装箱在箱内上侧梁上装有许多根横杆,每根横杆上垂下若干条皮带扣、尼龙带扣或绳索,成衣利用衣架上的钩,直接挂在带扣或绳索上。

四、集装箱结构

（一）门端结构（见图 10-13 至图 10-16）

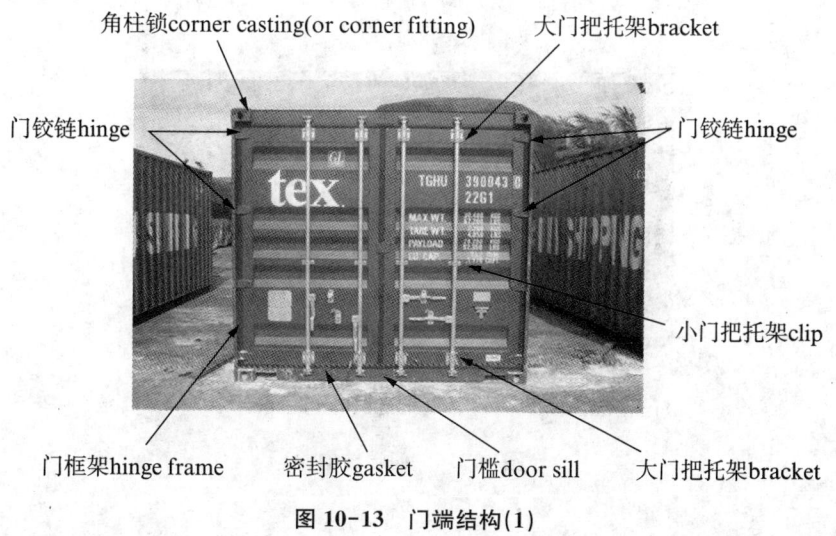

图 10-13　门端结构(1)

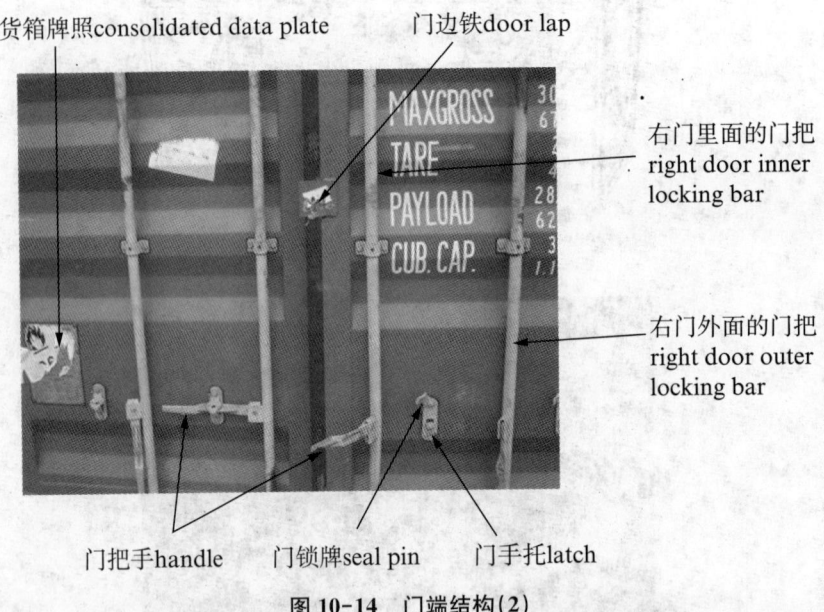

货箱牌照consolidated data plate　　门边铁door lap

右门里面的门把
right door inner
locking bar

右门外面的门把
right door outer
locking bar

门把手handle　　门锁牌seal pin　　门手托latch

图 10-14　门端结构(2)

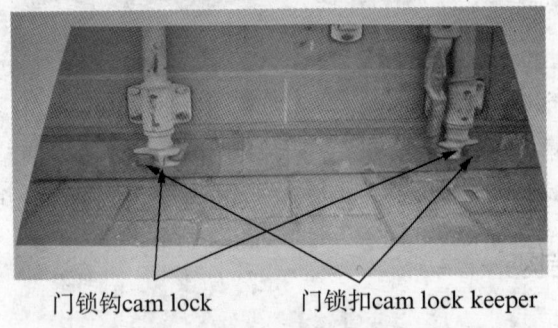

门锁钩cam lock　　门锁扣cam lock keeper

图 10-15　门端结构(3)

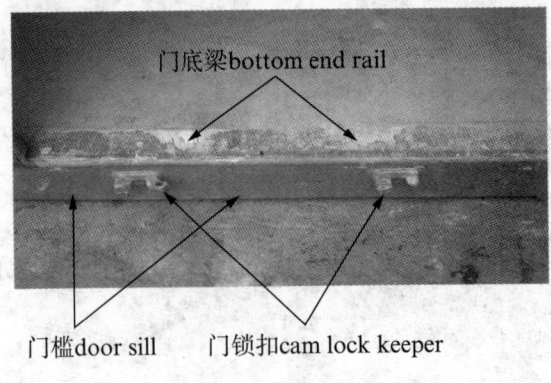

门底梁bottom end rail

门槛door sill　　门锁扣cam lock keeper

图 10-16　门端结构(4)

（二）箱顶结构（见图 10-17）

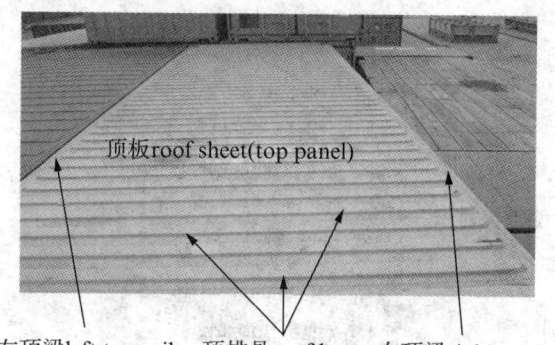

顶板roof sheet(top panel)

左顶梁left top rail　顶排骨roof bow　右顶梁right top rail

图 10-17　箱顶结构

（三）底部结构（见图 10-18）

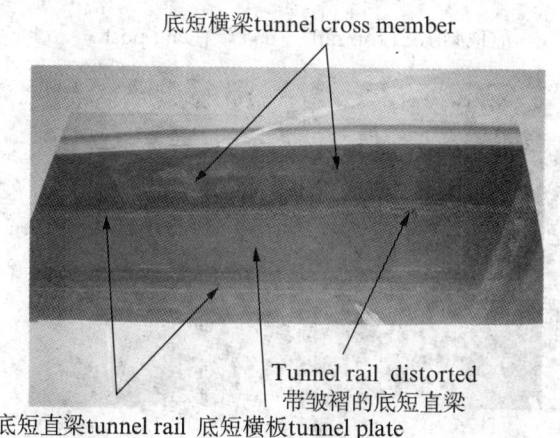

底短横梁tunnel cross member

Tunnel rail distorted
带皱褶的底短直梁

底短直梁tunnel rail　底短横板tunnel plate

图 10-18　底部结构

（四）侧壁结构（见图 10-19）

侧壁板side sheet　侧壁柱side post　气窗ventilator cover
右顶梁right top rail

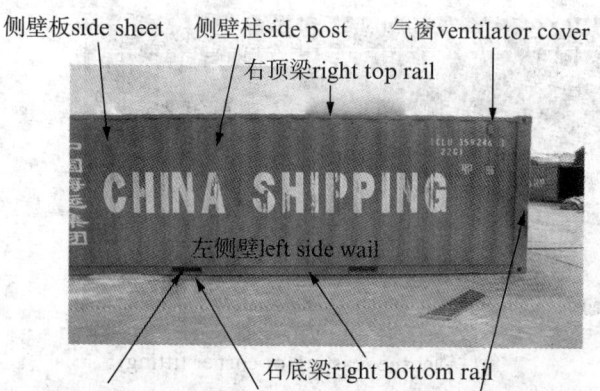

左侧壁left side wail

右底梁right bottom rail

叉槽fork pocket　叉槽铁safety plate　右壁右角柱right panel corner post

图 10-19　侧壁结构

（五）箱内结构（见图 10-20）

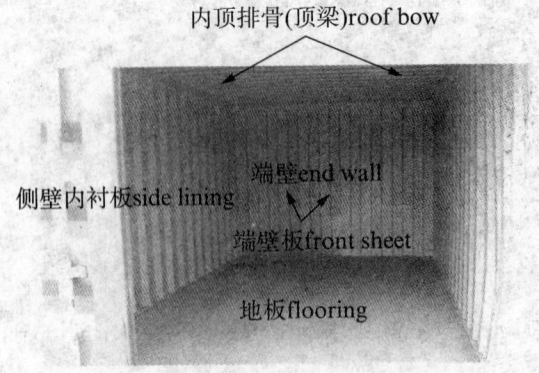

图 10-21 箱内结构

（六）角件结构（见图 10-21、图 10-22）

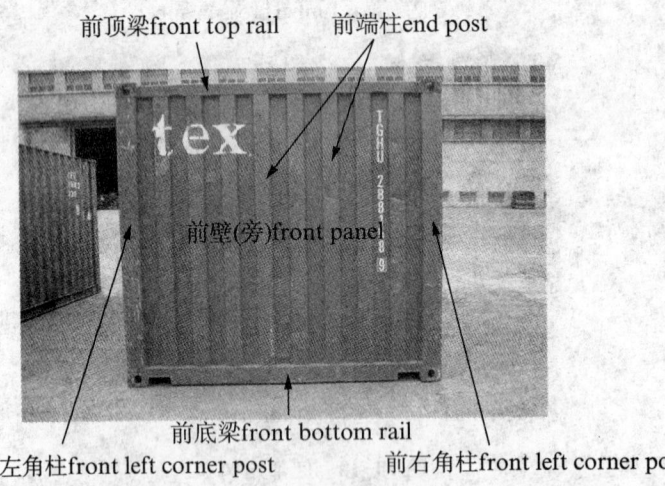

图 10-21 角件结构(1)

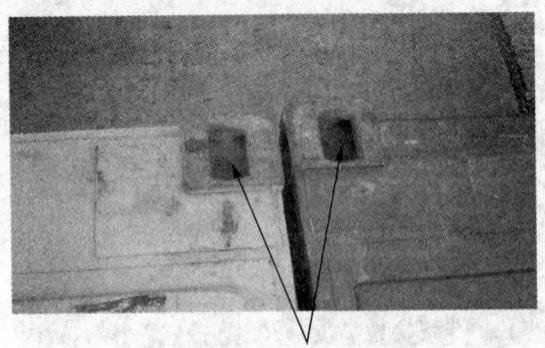

角柱锁corner casting(or corner fitting)

图 10-22 角件结构(2)

（七）八梁四柱

1）八梁（见图10-23）

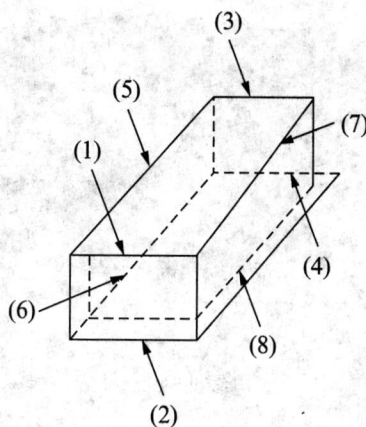

图 10-23　八梁

(1) 前顶梁 front top rail
(2) 前底梁 front bottom rail
(3) 后顶梁 rear top rail
(4) 门底梁 door bottom rail
(5) 左顶梁 left top rail
(6) 左底梁 left bottom rail
(7) 右顶梁 right top rail
(8) 右底梁 right bottom rail

2）四柱（见图10-24）

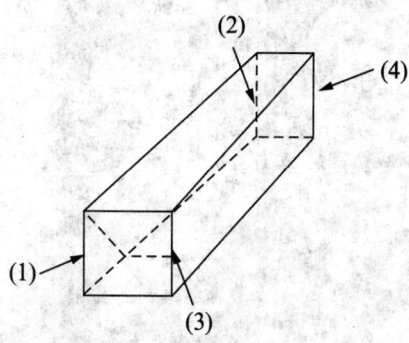

图 10-24　四柱

(1) 左壁左角柱（或称前壁右角柱）left corner post in left panel(right corner post In front panel)
(2) 左壁右角柱（或称左门角柱）right corner post in left panel(left door corner post)
(3) 右壁左角柱（或称右门角柱）left corner post in right panel(right door corner post)
(4) 右壁右角柱（或称前壁左角柱）right corner post in right panel(left corner post in frontpanel)

（八）冷冻柜（见图 10-25）

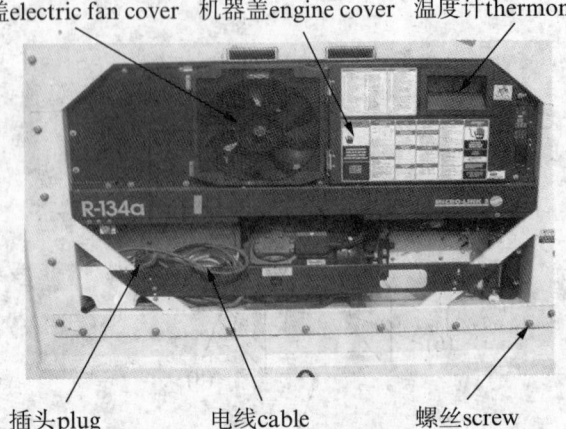

图 10-25　冷冻柜

五、集装箱标记

国际标准化组织规定的集装箱标记有"必备标记""自选标记"和"通行标记"。在每类标记中，又分为"识别标记""作业标记"两种，每类标记必须按规定大小，标识在集装箱规定的位置上。

（一）必备标记

1. 识别标记

它包括箱主代号，顺序号和核对数字，如图 10-26 所示。

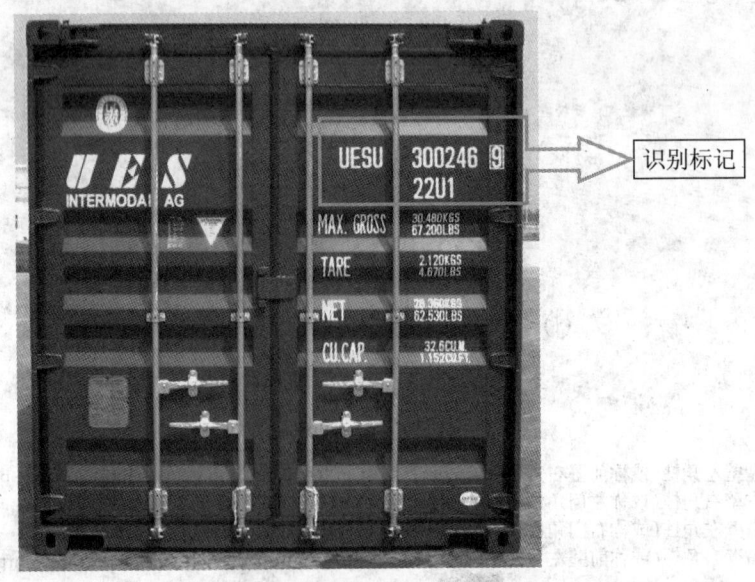

图 10-26　集装箱识别标记

(1) 箱主代号(UES)。

集装箱所有者的代号，都是由 3 位大写拉丁字母表示。为防止箱主代号出现重复，所有箱主在使用代号之前应向国际集装箱局(BIC)登记注册。

(2) 设备识别号(U)。

用 1 位大写拉丁字母表示，U 表示常规集装箱，J 表示带有可拆卸设备的集装箱，Z 表示集装箱拖车和底盘车。箱主代号和设备识别代号一般由 4 位字母连续排列，如 "COSU"为中国远洋运输(集团)总公司箱主代码和设备识别代号，其中 COS 是箱主代码，U 表示常规集装箱。

(3) 序列号。

为集装箱标号，用 6 位阿拉伯数字表示，如数字不足 6 位时，在数字前补 0，补足 6 位。

(4) 核对数字。

设置集装箱的核对数字的目的，是为了防止箱号在记录时发生差错。运营中的集装箱频繁地在各种运输方式之间转换，不断地从这个国家到那个国家，进出于车站、码头、堆场、集装箱货运站。每进行一次转换和交接，就要记录一次箱号。在多次记录中，如果偶然发生差错，记错一个字符，就会使该集装箱从此"不知下落"。为了不致出现这类"丢失"集装箱及所载货物的事故，在箱号记录中设置一个自检测系统，即设置一个核对数字。核对数一般位于顺序号之后，用 1 位阿拉伯数字表示，并加以方框以示醒目。

核对数字是箱主代号和设备组别代号的 4 位字母与顺序号的 6 位数字通过以下方式换算而得。具体换算步骤如下：

(1) 将表示箱主号的 4 位字母转换成相应的数字，字母和数字的对应关系如表 10-3 所示。

表 10-3　　　　　核对数计算中箱主号字母与数字转换表

字母	A	B	C	D	E	F	G	H	I	J	K	L	M
数字	10	12	13	14	15	16	17	18	19	20	21	23	24
字母	N	O	P	Q	R	S	T	U	V	W	X	Y	Z
数字	25	26	27	28	29	30	31	32	34	35	36	37	38

从表 3-3 可以看出，表中去掉了 11 及其倍数的数字，这是因为后面的计算将把 11 作为模数。

(2) 将前 4 位字母对应的数字加上后面顺序号的数字，共计 10 位。例如，以中国远洋运输(集团)总公司 COSCO 的某箱为例，箱主号与顺序号为 COSU 800121，对应的数字是：13-26-30-32-8-0-0-1-2-1。

(3) 采用加权系数法进行计算，计算公式为：

$$S = \sum_{i=0}^{n=9} C_i \times 2^i$$

式中,C_i 为 10 个数字中第 i 个数字。

(4) 将 S 除以模数 11,再取其余数,即得核对数。

以 COSU 800121 为例:

$S=13\times2^0+26\times2^1+30\times2^2+32\times2^3+8\times2^4+0\times2^5+0\times2^6+1+2^7+2\times2^8+1\times2^9=1\,721$,除以 11,取余数:$1\,721\div11=156\cdots$余数为 5。

所以核对数为 5,外加方框。

2. 作业标记

它包括以下四个内容。

(1) 最大总重和箱重标记。

最大重量用 MAX GROSS 表示,是集装箱的自重与最大载货量之和,它是一个常数,任何类型的集装箱装载货物后,都不能超过这一重量;箱重用 TARE 表示,是指集装箱的空箱重量。最大总重和箱重同时用千克(kg)和磅(lb)表示,如:

MAX GROSS	2 400 kg
	52 920 lb
TARE	2 060 kg
	4 550 lb

(2) 超高标记。

凡高度超过 2.6 m(8.5 ft)的集装箱均应有如图 10-27 所示的超高标记,该标记为黄色底上标出黑色数字和边框。通常位于集装箱每侧的左下角,其他主要标记下方,距箱底约 0.6 m 处。

图 10-27 超高标记

(3) 空陆水联运集装箱标记。

此类集装箱具有与飞机机舱内系固系统相匹配的系固装置,适用于空运,并可与地面运输方式相互交接联运。为适合于空运,该类集装箱自重较轻,结构强度较弱,海上运输禁止在船舶甲板上堆装,舱内堆码时应配置在最上层,在陆上堆码时最多允许堆码 2 层。国际标准化组织对该类集装箱规定了特殊的标记,该标记为黑色,位于侧壁和端壁的左上角,并规定标记的最小尺寸为:高 127 mm,长 355 mm,字母标记的字体高度至少为 76 mm,具体如图 10-28 所示。

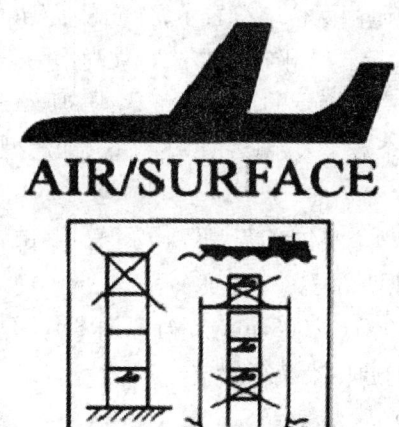

图 10-28　空陆水联运集装箱标记

（4）登箱顶触电警告标记。

该标记形式如图 10-29 所示，一般设在罐式集装箱上和位于邻近登箱顶扶梯处，以警告登箱顶者有触电的危险。标记在黄色底上标出黑色三角形和闪电箭头。

图 10-29　登箱顶触电警告标记

（二）自选标记

1. 识别标记

识别标记包括国籍代码、尺寸代码和类型代码。

（1）国籍代码。

用 2 个或 3 个阿拉伯数字表示，用来表示集装箱登记的国家或地区，如 PRC、CN 表示登记国为中华人民共和国。GBX GB 表示登记国是英国。

（2）规格尺寸和箱型代码。

集装箱的箱型尺寸代码是集装箱运输业务的需要，同时也是国际集装箱运输 EDI（电子数据交换）业务中最重要的代码之一。代码使用的是 UN/ISO 标准代码，代码库提供了 1984 年和 1995 年版本，现已逐渐使用 1995 年版的数字—字符型代码。

1）集装箱尺寸代码结构。该代码由两位字符表示：××，第 1 个字符表示箱长，即箱长代码，如 2 表示 20 ft，4 表示 40 ft，M 表示 48 ft 箱等；第 2 个字符表示箱宽和箱高，即箱高和箱宽代码，如 2 表示宽 8 ft，高 8.5 ft，5 表示宽 8 ft，高 9.5 ft 箱等。

2) 箱型代码结构。该代码由两位字符表示,分成总代码(type group code)和细代码(detailed type code)两种。总代码用于在集装箱特性尚不明确或不需要明确的场合。细代码用于对集装箱特性要有具体标示的场合。细代码的第 1 位由一个拉丁字母表示箱型,即箱型编号;第 2 位由一个数字表示该箱型的特征,即箱型标识符。在新出厂的集装箱上必须标注细代码。

箱型和尺寸代码应作为一个整体在集装箱上标识,其组配代码结构为:××××,前2 位是尺寸代码,后 2 位是箱型代码。

例如:22G1 指箱长为 20 ft(6 068 mm),箱宽为 8 ft(2 438 mm)和箱高为 8.6 ft(2 591 mm),上方有透气罩的通用集装箱。

2. 作业标记(如国际铁路联盟标记)

凡符合《国际铁路联盟条例》规定的技术条件的集装箱,可获得国际铁联标记,如图10-30 所示,该标记是在欧洲铁路上运输集装箱的必要通行标记。标记方框上部的"ic"表示国际铁路联盟(Union International del chemins de Fer),标记下方的数字表示各铁路公司代码(33 是中华人民共和国铁路的代码)。

图 10-30　国际铁路联盟标记

(三) 通行标记

集装箱在运输过程中能顺利的通过或进入它国国境,箱上必须贴有按规定要求的各种通行标志,否则,必须办理繁琐证明手续,延长了集装箱的周转时间。

集装箱上主要的通行标记有:安全合格牌照、集装箱批准牌照、防虫处理板、检验合格徽及国际铁路联盟标记等。

1. 安全合格牌照

安全合格牌照(见图 10-31)表示集装箱已按《国际集装箱安全公约》(简称 CSC)的规定,经有关部门检验合格,符合有关的安全要求,允许在运营。

图 10-31 安全合格牌照

安全合格牌照的内容主要包括以下四项:

(1) 批准国、批准证书号和批准日期。

(2) 出厂日期。

(3) 集装箱制造厂商产品号。

(4) 最大总重等。

2. 检验合格徽

集装箱上的安全合格牌照主要是确保集装箱不对人的生命安全造成威胁。此外,还必须确保在运输过程中不对运输工具的安全造成威胁。所以,国际标准化组织要求各检验机关必须对集装箱进行各种相应试验,并在试验合格时,在集装箱门上贴上代表该检验机关的合格徽。

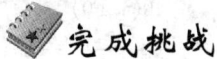 完成挑战

一、集装箱的特点

（一）集装箱具有一定的强度和刚度

因为集装箱通常是用铝合金、钢铁、玻璃钢制作而成的,所以非常坚固耐用,因此集装箱具有一定的强度和刚度。

（二）集装箱可反复周转使用

因为集装箱的材质非常坚固、耐用,集装箱就像一个巨大而又坚固的容器保护好内部的货物,所以集装箱可以反复周转使用。

（三）集装箱便于机械操作和运输

因为集装箱这种大型容器是将货物集合组装成集装单元,这样就方便运用大型装卸机械和大型载运车辆进行装卸、搬运作业和完成运输任务。

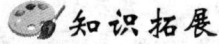 知识拓展

一、集装箱的其他叫法

（一）货主箱

SOC: ① shipper's own container. 发货人自有柜;② shipper order container. 发货人

115

指定柜。

（二）船公司箱

COC：① carrier's own container. 船公司自有柜；② Carrier Order container. 船公司指定的柜。

二、集装箱国际代码(见表 10-4)

表 10-4　　　　　　　　　　集装箱国际代码

箱　　类	英文缩写	尺寸/代码	尺寸/代码
（通用集装箱）general	GP	20 英尺/22G1	40(42G1)
冷藏集装箱（reefer container）	RF	20 英尺/25R1	40(42R1)
通风集装箱（ventilated container）		20 英尺/22V1	40(42V1)
罐式集装箱（tank container）	TK	20 英尺/22T5	40(42T0)
平台集装箱（platform container）		20 英尺/22P0	40(42P0)
敞顶集装箱（open top container）	OT	20 英尺/22U1	40(42U1)
框架集装箱flat rack	FR	20 英尺/22P1	40(42P1)

三、货物种类与集装箱类型匹配表(见表 10-5)

表 10-5　　　　　　　　　货物种类与集装箱类型匹配表

主要货物种类	集装箱类型
一般货物	普通集装箱
超长超宽货物	开顶集装箱、框架集装箱
超重货物	平板集装箱
冷藏冷冻货物	冷藏集装箱
活的动物	动物集装箱
活的植物	通风集装箱
危险品	罐式集装箱、冷藏集装箱
散装货物	散货集装箱

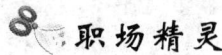

职场精灵

集装箱类型多,会选择,货安全。集装箱标记繁,牢记住,不丢失。

我思我悟

_____

_____

_____

11

项目十一　选择集装箱

 **目标**

知识目标

能列举出适合集装箱运输的货物

熟记危险品货物的分类

熟记通用集装箱尺寸及载重要求

技能目标

能根据货物特性选择合适的集装箱类型

能识别危险品货物的类型,选择合适的危险品包装

能根据货物的数量和体积,选择合适的集装箱规格

态度目标

培养学生合作学习的精神,激励学生学会合作、学会交流

培养良好的职业道德素质,如认真、敬业、规范操作等

迎接挑战

从上海出口 02003 女式套头衫 9 110 件至纽约,销售单位是 PC(件),包装单位是 CARTON(箱),每箱 20 件,每箱毛重 13 KGS,每箱净重 11 KGS,每箱体积 0.143 08 CBM。请选择合适的集装箱类型和规格。

思考

首先要清楚女式套头衫是否可以用集装箱装运,如果可以,需要什么类型的集装箱;其次根据女式套头衫重量和体积,确定集装箱的箱型和规格。

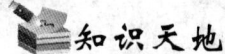知识天地

一、集装箱货物

（一）集装箱货物的定义

集装箱货物是指以集装箱为单元积载设备而投入运输的货物。并不是所有的货物都可以成为集装箱货物。适宜用集装箱装运的货物具有两个基本特点：一是能较好地利用集装箱的载货能力(重量和容积)；二是价格较高。

（二）集装箱货物的种类

集装箱货物的分类方法有：按适箱程度分类、按货运特性分类、按一批货物能否装满一个集装箱分类等。

1. 按适箱程度分类

(1) 最适合集装箱化的货物是指货价高、运费也较高的商品。

(2) 适合集装箱化的货物是指货价、运费较适合集装箱运输的商品。

(3) 边缘集装箱化的货物可用集装箱来装载，但因其货价较低，用集装箱来运输在经济上不合算，而且该类货物的大小、重量和包装也难以集装箱化，如钢锭、生铁、原木等。

(4) 不适合集装箱化的货物是不能装载集装箱运输的。

2. 按货运特性分类

按照货物本身的运输特性分，可分为普通货物、冷藏货物和危险品。

(1) 普通货物本身性质不具有危险性，是不属于危险品规则上的货物，也是不需要保温或冷冻的货物。普通货物适合于装载干货箱运输。

(2) 冷藏货物对运输的温度有较高的要求，因此必须使用冷藏集装箱运输，主要有蔬菜、水果、鲜货海产品、蜂王浆等。

(3) 危险品是危险品规则上列名的产品，在运输过程中安全要求很高，因此采用集装箱运输，通常装载于干货箱中，但在集装箱的四面外壁上必须贴上相应的危险品标志。危险品主要包括各类危险化工品、农药、黄磷、火柴、漂粉精等。

3. 按一批货物能否装满一个集装箱分类

按一批货物能否装满一个集装箱分类，可分为整箱货、拼箱货。

(1) 整箱货是以集装箱为一个单位的大批量货物，多数是由发货人装箱、计数并加铅封后运输，到目的港后交收货人，整箱货的拆箱通常由收货人办理，而且整箱货的发货人通常是一个人，而收货人通常也是一个人。承运人对整箱货，以箱为交接单位，只要集装箱外表与收箱时相似和铅封完整，承运人就完成了承运责任。

(2) 拼箱货是整箱货的相对用语，是指装不满一箱的小票货物，在集装箱货运站或内陆中转站内集中，与其他货物混装在一个集装箱内，在到达目的地后，再从集装箱货运站或内陆中转站内取出货物交给收货人。拼箱货的发货人通常是多个人，而收货人也通常是好几个人。

二、危险品货物

（一）危险品货物的概念

危险品（hazardous material）是易燃、易爆、有强烈腐蚀性的物品的总称，如汽油、炸药、强酸、强碱、苯、萘、赛璐珞、过氧化物等。运输和贮藏时，应按照危险品条例处理。

（二）危险品货物的分类

根据国际海上危险运输货物分类及中华人民共和国《危险货物品名表》（GB 12268）标准，将危险货物划分为以下 9 个大类。

1. 第 1 类爆炸品（见图 11-1）

图 11-1　爆炸品

爆炸品可划分为以下 6 项：

（1）有整体爆炸危险的物质和物品。

（2）有迸射危险，但无整体爆炸危险的物质和物品。

（3）有燃烧危险并有局部爆炸危险或局部迸射危险或这两种危险都有，但无整体爆炸危险的物质和物品。本项包括：① 可产生大量辐射热的物质和物品；② 相继燃烧产生局部爆炸或迸射效应或两种效应兼而有之的物质和物品。

（4）不呈现重大危险的物质和物品。本项包括运输中万一点燃或引发时仅出现小危险的物质和物品；其影响主要限于包件本身，并预计射出的碎片不大、射程也不远，外部火烧不会引起包件内全部内装物的瞬间爆炸。

（5）有整体爆炸危险的非常不敏感物质。本项包括有整体爆炸危险性、但非常不敏感以致在正常运输条件下引发或由燃烧转为爆炸的可能性很小的物质。

（6）无整体爆炸危险的极端不敏感物质。本项包括仅含有极端不敏感起爆物质、并且其意外引发爆炸或传播的概率可忽略不计的物品。

注：该项物品的危险仅限于单个物品的爆炸。

2. 第 2 类压缩气体和液化气体（见图 11-2）

压缩气体和液化气体可划分为以下 3 项：

（1）易燃气体。本项包括在 20℃和 101.3 kPa 条件下：① 与空气的混合物按体积分类占 13％或更少时可点燃的气体；② 不论易燃下限如何，与空气混合，燃烧范围的体积分数至少为 12％的气体。

图 11-2　压缩气体和液化气体

（2）非易燃无毒气体。在 20℃压力不低于 280 kPa 条件下运输或以冷冻液体状态运输的气体，并且是：① 窒息性气体——会稀释或取代通常在空气中的氧气的气体；② 氧化性气体——通过提供氧气比空气更能引起或促进其他材料燃烧的气体；③ 不属于其他项别的气体。

（3）毒性气体。本项包括：① 已知对人类具有的毒性或腐蚀性强到对健康造成危害的气体；② 半数致死浓度 LC50 值不大于 5 000 mL/m³，因而推定对人类具有毒性或腐蚀性的气体。

注：具有两个项别以上危险性的气体和气体混合物，其危险性先后顺序为第（3）项优先于其他项，第（1）项优先于第（2）项。

3. 第 3 类易燃液体（见图 11-3）

图 11-3　易燃液体

易燃液体按闪点高低可分为以下 3 项：

（1）低闪点液体。低闪点液体指闭杯闪点低于 −18℃的液体。

（2）中闪点液体。中闪点液体指闭杯闪点在 −18℃～23℃的液体。

（3）高闪点液体。高闪点液体指闭杯闪点在 23℃～61℃的液体。

4. 第 4 类易燃固体、自燃物品和遇湿易燃物品（见图 11-4）

易燃固体、自燃物品和遇湿易燃物品可分为以下 3 项：

（1）易燃固体。本项包括：① 容易燃烧或摩擦可能引燃或助燃的固体；② 可能发生强烈放热反应的自反应物质；③ 不充分稀释可能发生爆炸的固态退敏爆品。

（2）易于自燃的物质。本项包括：① 发火物质（与空气接触不足 5 分钟便可自行燃烧的液体、固体或液体混合物）；② 自热物质。

图 11-4 易燃固体、自燃物品和遇湿易燃物品

（3）遇水放出易燃气体的物质。与水相互作用易变成自燃物质或能放出危险数量的易燃气体的物质。

释义：固态退敏爆炸品是指用水或乙醇湿润或用其他物质稀释形成一种均匀的固体混合物，以抑制其爆炸性质的爆炸性物质。液态退敏爆炸品是指溶解或悬浮在水中或其他液态物质中形成一种均匀的液体混合物，以抑制其爆炸性质的爆炸性物质。

5. 第 5 类氧化剂和有机过氧化物（见图 11-5）

图 11-5 氧化剂

氧化剂和有机过氧化物可分为以下 2 项：

（1）氧化性物质。本身不一定可燃，但通常因放出氧或起氧化反应可能引起或促使其他物质燃烧的物质。（高锰酸钾）

（2）有机过氧化物。分子组成中含有过氧基的有机物质，该物质为热不稳定物质，可能发生放热的自加速分解。该类物质还可能具有以下一种或数种性质：① 可能发生爆炸性分解；② 迅速燃烧；③ 对碰撞或摩擦敏感；④ 与其他物质起危险反应；⑤ 损害眼睛。

6. 第 6 类毒害品和感染性物品(见图 11-6)

图 11-6　毒害品和感染性物品

毒害品和感染性物品可分为以下 2 项：

(1) 毒性物质(剧毒品和有毒品)：经吞食、吸入或皮肤接触后可能造成死亡或严重受伤或健康损害的物质。毒性物质的毒性分为急性口服毒性、皮肤接触毒性和吸入毒性。

(2) 感染性物质：含有病原体的物质，包括生物制品、诊断样品、基因突变的微生物、生物体和其他媒介，如病毒蛋白等。

7. 第 7 类放射性物品(见图 11-7)

图 11-7　放射性物品

放射性物品指含有放射性核素且其放射性活度浓度和总活度都分别超过 GB—11806 规定的限值的物质。

放射性物品可分为以下 2 项：

(1) 具有放射性。放射性物质放出的射线可分为四种：α 射线,也叫甲种射线；β 射线,也叫乙种射线；γ 射线,也叫丙种射线；还有中子流。各种射线对人体的危害都大。

(2) 许多放射性物品毒性很大不能用化学方法中和使其不放出射线,只能设法把放射性物质清除或者用适当清除或者用适当的材料予以吸收屏蔽。

8. 第 8 类腐蚀品(见图 11-8)

图 11-8　腐蚀品

通过化学作用使生物组织接触时会造成严重损伤，或在渗漏时会严重损害甚至毁坏其他货物或运载工具的物质。

腐蚀品按化学性质分为以下 3 项：

(1) 酸性腐蚀品(SO_4)。

(2) 碱性腐蚀品(OH)。

(3) 其他腐蚀品。

腐蚀品的特点包括以下 4 项：

(1) 强烈的腐蚀性。在化学危险物品中，腐蚀品是化学性质比较活泼，能和很多金属、有机化合、动植物机体等发生化学反应的物质。这类物质能灼伤人体组织，对金属、动植物机体、纤维制品等具有强烈的腐蚀作用。

(2) 强烈的毒性。多数腐蚀品有不同程度的毒性，有的还是剧毒品。（氯乙酸）

(3) 易燃性。许多有机腐蚀物品都具有易燃性。如甲酸、冰醋酸、苯甲酰氯、丙烯酸等。

(4) 氧化性。如硝酸、硫酸、高氯酸、溴素等，当这些物品接触木屑、食糖、纱布等可燃物时，会发生氧化反应，引起燃烧。

9. 第 9 类杂项危险物质和物品（见图 11-9）

图 11-9 杂项危险物质和物品

杂项危险物质和物品指有其他类别未包括的危险的物质和物品包括以下 3 项：

(1) 危害环境物质（化工废料）。

(2) 高温物质。

(3) 经过基因修改的微生物或组织。

（三）危险品货物的包装

危险品货物对包装、积载、隔离、装卸、运输条件等都有特殊而严格的要求。包装不仅能保护货物质量不受损坏和数量的完整，而且还能直接影响危险货物的安全运输，防止其在正常运输过程中发生燃烧、爆炸、腐蚀、毒害、放射性等事故的重要条件之一。它是安全运输的基础。

危险货物包装按其适用范围，可分为通用包装和专用包装两类。通用包装适用于第 3 类、第 4、第 5(1)组、第 6(1)组的大部分货物和第 1、第 8 类中的部分货物。其余货物由于各自特殊危险性质，只能采用专用包装。

1. 危险货物的通用包装

通用包装分为以下三个等级，其含义分别为：

（1）Ⅰ类包装——能盛装高度危险性的货物；

（2）Ⅱ类包装——能盛装中度危险性的货物；

（3）Ⅲ类包装——能盛装低度危险性的货物。

2. 危险货物的专用包装

第1类危险货物（爆炸物），因对火、防震、防磁等有特殊要求，其中部分爆炸物，需选用主管部门批准的包装材料、规格和类型的专用包装。

第2类危险货物（气体）均需采用耐压容器的专用包装。

第7类危险货物（放射性物质）的包装设计及试验必须符合国际原子能机构有关文件的专门规定。

第3、第4、第5、第8类中的某些特殊危险货物也必须采用专用包装。

（四）危险品货物的标志

危险品货物标志是用来表示危险品的物理、化学性质，以及危险程度的标志。它可提醒人们在运输、储存、保管、搬运等活动中引起注意。

根据国家标准 GB190—73 规定，在水运、陆运及空运危险货物的外包装上拴挂、印刷或标打不同的标志，如爆炸品、遇水燃烧品、有毒品、剧毒品、腐蚀性物品、放射性物品等。

危险品货物的标志由危险货物的标记、图案标志和标牌组成。

（1）标记是指标识在危险货物包装外表的简短文字或符号。

（2）图案标志是指以危险货物运输规则中规定的颜色、图案和符号绘制成的菱形标志，用于醒目地标识包装危险货物的性质。

（3）标牌是指放大的图案标志（250 mm×250 mm）。适用于较大的运输单元，如集装箱、可移动的罐装集装箱。

三、通用集装箱尺寸及载重(见表 11-1)

表 11-1　　　　　　　　　　　通用集装箱尺寸及载重

箱型	容积	有效容积	一般载重	长×宽×高
10 英尺	14.9 m³	12 m³	9 t	
20 英尺	33 m³	25 m³	17.5 t	5.69 米×2.13 米×2.18 米
40 英尺普柜	68 m³	55 m³	22 t	11.8 米×2.13 米×2.18 米
40 英尺高箱	76 m³	68 m³	22 t	11.8 米×2.13 米×2.72 米
45 英尺高箱	96 m³	86 m³	29 t	13.58 米×2.34 米×2.70 米

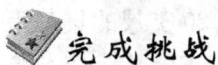 完成挑战

1. 计算毛重、体积

（1）毛重的计算。

包装箱数＝9 110÷20＝455.5(箱)，进位取整 456 箱

箱子重量＝13－11＝2 KGS

单件的净重＝11÷20＝0.55 KGS

总净重＝0.55×9 110＝5 010.5 KGS

总毛重＝总净重＋箱子总重量＝5 010.5＋2×456＝5 922.5＝5.922 5 TNE

(2) 体积的计算。

总体积＝每箱体积×箱数＝456×0.143 08＝65.244 48 CBM

2. 如果用整箱装

(1) 根据毛重、体积计算需要几个集装箱。

查到普通每 20'集装箱可装体积为 25 CBM,限重 17.5 TNE(17 500 KGS),每 40'集装箱可装体积为 55 CBM,限重 22 TNE(22 000 KGS),1 TNE＝1 000 KGS。

按重量：总毛重＜25 TNE,所以如果按重量算,只要 1 个 20'集装箱。

按体积：20'集装箱：65.244 48÷25＝2.61,进位取整得 3 个 20'集装箱

40'集装箱：65.244 48÷55＝1.19,进位取整得 2 个 40'集装箱

所以,可以选择 3 个 20'集装箱或者 2 个 40'集装箱。

(2) 计算海运费,取较低者。

在货运公司网站中的"航线及运费查询"查得上海至纽约海运费为：20'集装箱 USD 2 366,40'集装箱 USD 2 954。

如果选择 3 个 20'集装箱,海运费为 2 366×3＝USD 7 098;

如果选择 2 个 40'集装箱,海运费为 2 954×2＝USD 5 908;

因此,选择 2 个 40'集装箱,海运费为 USD 5 908。

知识拓展

一、TEU 的定义

TEU 是英文 twenty-feet equivalent unit 的缩写,是以长度为 20 英尺的集装箱为国际计量单位,也称国际标准箱单位。通常用来表示船舶装载集装箱的能力,也是集装箱和港口吞吐量的重要统计、换算单位。

TEU＝twenty feet equivalent unit 20 英尺标准集装箱(即：长 20 英尺×宽 8 英尺×高 8 英尺 6 吋,内容积为 5.69×2.13×2.18 米,配货毛重一般为 17.5 吨,体积为 24～26 立方米)。

二、集装箱换算

twenty-feet equivalent unit 标准箱(系集装箱运量统计单位,以长 20 英尺的集装箱为标准)一个 TEU 就是一个 20 英尺集装箱,40GP 和 40HQ 都是两个 TEU,海运集装箱按 TEU 作为基本单位计算箱量。

一个 10 英尺、20 英尺、35 英尺、40 英尺和 45 英尺的集装箱分别相当于 0.50 TEU、1.00 TEU、1.75 TEU、2.00 TEU 和 2.25 TEU。

职场精灵

> 危险货物,罐来装;
>
> 集装货物,箱来装;
>
> 货多少,箱多少,成本低,客户开怀笑!

我思我悟

_____

_____

_____

12

项目十二　制定装箱方案

 **目标**

知识目标

熟记整箱货和拼箱货的含义、基本特征以及拼箱货装箱的前提条件

熟悉整箱货与拼箱货的流转程序

了解拼箱货混装的合理性

技能目标

能清晰阐述整箱货和拼箱货的含义、基本特征以及拼箱货装箱的前提条件

能简单阐释整箱货与拼箱货的流转程序并指出两者之间在流转程序方面存在的本质区别

能整理归纳整箱货与拼箱货的根本区别

能简单讲述拼箱货混装的合理性

态度目标

培养学生们仔细、认真、严谨的工作态度

锻炼学生们独自思考、分析、解决问题的能力

提高学生们独立完成实践操作的技能水平

提升学生们实事求是、认真负责、稳中求进的道德素养

迎接挑战

案例一　上海锦海捷亚国际货运代理有限公司整箱部的操作员李涛接到客户上海机械进出口有限公司的委托出口 5 台小型机床,该批货物运往日本横滨,收货人是日本东阳机械进出口有限公司。

案例二 上海锦海捷亚国际货运代理有限公司拼箱部的操作员陈枫接到三位不同货主委托的货物,分别是:上海天涯服饰有限公司出运 10 箱男士西服、上海元祥服装辅料有限公司出口 5 箱拉链、上海恒津服饰有限公司出口 20 匹纺织面料,这三批货物全部都运往美国西雅图,实际收货人分别是:美国雅乐服饰进出口有限公司、美国森森服饰进出口有限公司、美国施华服饰进出口有限公司。

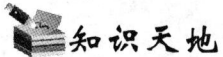 **思考**

上述案例中两种不同性质的货物,分别是什么货? 这两种不同性质货物的含义、基本特征、流转程序又是怎样的呢? 它们之间又有着怎样的区别呢? 你能阐述清楚吗?

知识天地

一、集装箱货物交接的两种形态:整箱货和拼箱货

(一)整箱货

(1)含义:一个集装箱装满一个托运人同时也是一个收货人的货物。

(2)两个基本特征:① 箱内货物属于一个托运人;② 货物的装、拆箱作业由货主自理。

(二)拼箱货

(1)含义:一个集装箱装入多个托运人或多个收货人的货物。

(2)两个基本特征:① 箱内货物属于多个托运人;② 货物的装、拆箱作业由承运人负责。

(3)两个前提条件:① 运往同一目的地;② 货物性质兼容。

(三)拼箱货混装应合理

(1)危险货物之间不得混装。

(2)避免干、湿货物的混装。

(3)包装不同的货物要分别装载。

(4)尽可能不与粉末类货物混装。

(5)尽可能不与强臭货物或气味强烈的货物混装。

(四)整箱货与拼箱货的流转程序

1. 整箱货的流转程序

(1)发货人在自己工厂或仓库装箱地点配置集装箱并将货物进行装箱。

(2)通过内陆运输或内河运输将集装箱货物运至装运港集装箱码头。

(3)在装运港集装箱码头堆场办理交接,根据堆场计划在堆场内暂存集装箱货物,等待装船。

(4)根据装船计划将集装箱货物运到目的港。

(5)根据卸船计划从船上卸下集装箱货物。

(6) 根据堆场计划在堆场内暂存集装箱货物。

(7) 通过内陆运输将集装箱货物运至收货人工厂和仓库。

(8) 收货人在自己工厂或仓库拆箱地点拆箱。

(9) 集装箱空箱回运。

2. 拼箱货的流转程序

(1) 发货人自己负责将货物运至集装箱货运站。

(2) 集装箱货运站负责配箱、装箱(将不同托运人的货物拼装入内)。

(3) 集装箱货运站负责将运载货物的集装箱运至集装箱码头。

(4) 根据堆场计划将集装箱暂存堆场,等待装船。

(5) 根据装船计划将集装箱货物装上船舶。

(6) 通过水上运输将集装箱货物运抵卸船港。

(7) 根据堆场计划在堆场内暂存集装箱货物。

(8) 将集装箱货物运到集装箱货运站。

(9) 集装箱货运站拆箱交货(拆箱分拨给收货人 A、收货人 B、收货人 C)。

(10) 集装箱空箱回运。

📒 完成挑战

结合上述案例,案例一中的货物是整箱货,案例二中的货物是拼箱货。

整箱货(FCL):整个集装箱/货柜内的货品都由一个托运人发运,或由一个收货人接收。

拼箱货(LCL):集装箱/货柜内的货品由多个托运人发运,或由多个收货人接收。

根据集装箱货物装箱数量和方式可分为整箱货和拼箱货两种。

(1) 整箱货(full container load, FCL),是指货方自行将货物装满整箱以后,以箱为单位托运的集装箱。这种情况通常在货主有足够货源装载一个或数个整箱时采用,除有些大的货主自己置备有集装箱外,一般都是向承运人或集装箱租赁公司租用一定的集装箱。空箱运到工厂或仓库后,在海关人员的监管下,货主把货装入箱内、加锁、铝封后交承运人并取得站场收据,最后凭收据换取提单或运单。

(2) 拼箱货(less than container load, LCL),是指承运人(或代理人)接受货主托运的数量不足整箱的小票货运后,根据货物性质和目的地进行分类整理。把去同一目的地的货,集中到一定数量拼装入箱。由于一个箱内有不同货主的货拼装在一起,所以叫拼箱。这种情况在货主托运数量不足装满整箱时采用。拼箱货的分类、整理、集中、装箱(拆箱)、交货等工作均在承运人码头集装箱货运站或内陆集装箱转运站进行。

🔖 知识拓展

1. 整箱货出口货运代理业务流程

业务流程委托代理→订舱→提取空箱→货物装箱→整箱货交接签证→换取提单→装船。

2. 整箱货出口货运代理业务流程图(见图 12-1)

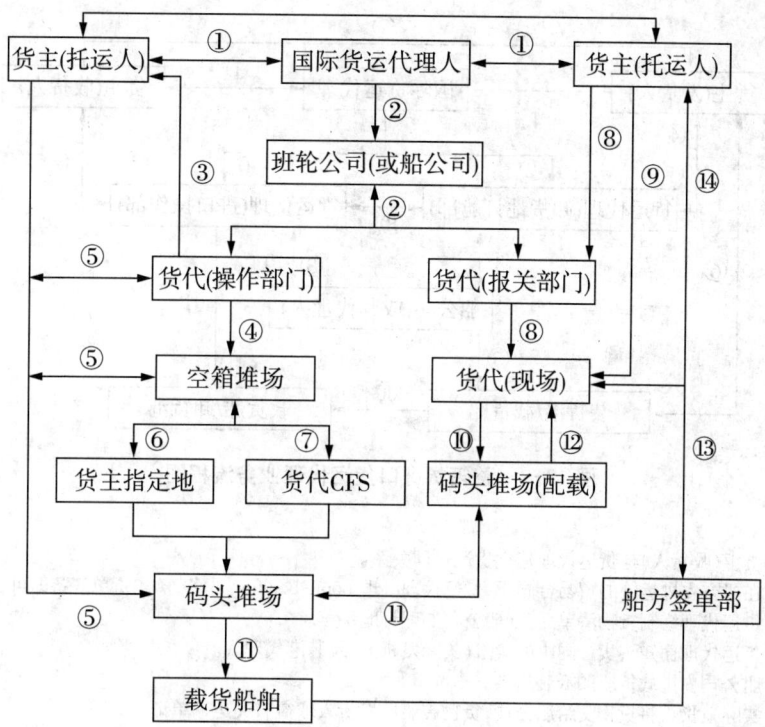

图 12-1 整箱货出口货运代理业务流程图

图注:

(1) 货主与货运代理建立货运代理关系。

(2) 货运代理填写托运单证,及时订舱。

(3) 订舱后,货运代理将有关订舱信息通知货主或将"配舱回单"转交货主。

(4) 货运代理申请用箱,取得 EIR 后就可以凭此到空箱堆场提取所需的集装箱。

(5) 货主"自拉自送"时,先从货运代理处取得 EIR,然后提空箱,装箱后制作 CLP,并按要求及时将重箱送码头堆场,即集中到港区等待装船。

(6) 货运代理提空箱至货主指定地点装箱,制作 CLP,然后将重箱"集港"。

(7) 货主将货物送到货运代理 CFS,货运代理提空箱,并在 CFS 装箱,制作 CLP,然后"集港"。

注:(5)(6)(7)在实践中只选其中一种操作方式。

(8) 货主委托货运代理报关、报检,办妥有关手续后将单证交货运代理现场。

(9) 货主也可自行报关,并将单证交货运代理现场。

(10) 货运代理现场将办妥手续后的单证交码头堆场配载。

(11) 配载部门制定装船计划,经船公司确认后实施装船作业。

(12) 实践中,在货物装船后可以取得 D/R 正本。

(13) 货运代理可凭 D/R 正本到船方签单部门换取 B/L 或其他单据。

(14) 货运代理将 B/L 等单据交货主。

注:为方便图示,用两个方框表示同一个货主。

3. 整箱货进口货运代理业务流程

货运代理人接受委托→卸货地订舱→接运工作→报检报关→监管转运→提取货物。

4. 整箱货进口货运代理业务流程图(见图 12-2)

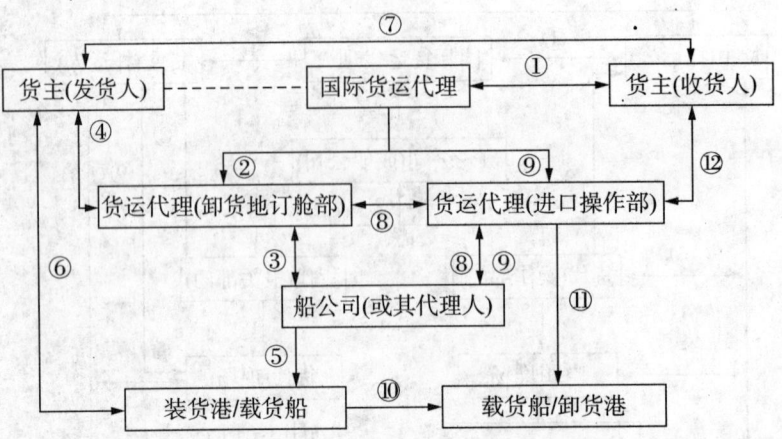

图 12-2 整箱货进口货运代理业务流程图

图注：

(1) 货主(收货人)与货运代理建立货运代理关系。

(2) 在买方安排运输的贸易合同下，货运代理办理 home booking 业务，落实货单齐备即可。

(3) 货运代理缮制货物清单后，向船公司办理订舱手续。

(4) 货运代理通知买卖合同中的卖方(实际发货人)及装港代理人。

(5) 船公司安排载货船舶抵装货港。

(6) 实际发货人将货物交给船公司，货物装船后发货人取得有关运输单证。

(7) 货主之间办理交易手续及单证。

(8) 货运代理掌握船舶动态，收集、保管好有关单证。

注：在卖方安排运输的贸易合同下，前(2)至(7)项不需要。

(9) 货运代理及时办理进口货物的单证及相关手续。

(10) 船抵卸货港卸货，货物入库、进场。

(11) 在办理了货物进口报关等手续后，就可凭提货单到现场提货，特殊情况下可在船边提货。

(12) 货运代理安排将货物交收货人，并办理空箱回运到空箱堆场等事宜。

职场精灵

在实际工作中，拼箱货应注意的问题

随着国际贸易的迅速发展和运输服务的不断延伸，集装箱的拼箱运输被广泛地采用，但拼箱运输不同于整箱运输，它的运输要求有其特殊性，独立性，现将在实际操作过程中遇到的一些问题在这里提出和大家共商讨。

(1) "consolidate"是拼箱的英文，在国际贸易和运输中简称"consol"。

(2) 拼箱货一般不能接受指定某具体船公司，船公司只接受整箱货物的订舱，而不直接接受拼箱货的订舱，只有通过货运代理(个别实力雄厚的船公司通过其物流公司)将拼箱货拼整后才能向船公司订舱，几乎所有的拼箱货都是通过货运代理公司"集中办托，集中分拨"来实现运输的。

（续上）

(3) 与客户洽谈成交时,应特别注意相关运输条款,以免对方信用证开出后在办理托运时才发现无法满足运输条款。日常操作中我们时常遇到 L/C 规定拼箱货运输不接受货运代理的提单,因船公司不直接接受拼箱货的订舱,船公司的海运提单是出给货运代理的,而由货运代理再签发 house B/L 给发货人,如果 L/C 规定不接受货运代理 B/L,那么实际运输办理时就无选择空间,就会造成 L/C 的不符。

(4) 拼箱货的计费吨力求做到准确。拼箱货交货前,应要求工厂对货物重量和尺码的测量要尽可能地准确,送货到货运代理指定的仓库存放时,仓库一般会重新测量,并会以重新测量的尺码及重量为收费标准。如遇工厂更改包装,应要求工厂及时通知,不要等到货送到货运代理仓库时,通过货运代理将信息反馈回来,往往时间已经很紧,再更改报关单据,很容易耽误报关,或产生加急报关费和冲港费等。

(5) 各地海关对敏感性和受商标产权保护的商品将重点查验。对于涉及知识产权的货物,应提前填妥"知识产权申报表",无论有无品牌,也无论是本公司或工厂注册的商标,还是客户定牌,都应事前备妥相关的注册商标的资料或客户的授权书;对于货物品种繁多,一票托单中有多种不同类型的商品,制单时应详尽罗列各种货名及货号,不要笼统用一个大类商品编码代替,报关时会引起海关的疑问,被查验时发现与实际货物不符,带来不予放行的麻烦。

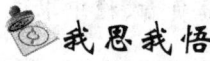 我思我悟

项目十三 探究集装箱的检查方法

 **目标**

知识目标
熟记集装箱检查的具体内容
熟记集装箱清理的具体工作

技能目标
能整理归纳集装箱检查的具体内容
能清晰阐述集装箱清理的具体工作

态度目标
培养学生们仔细、认真、严谨的工作态度
锻炼学生们独自思考、分析、解决问题的能力
提高学生们独立完成实践操作的技能水平
提升学生们实事求是、认真负责、稳中求进的道德素养

迎接挑战

2004 年 2 月,中国服装进出口公司委托远东贸易运输公司(简称 E 公司)办理 600 只纸箱的男士服装出口手续。E 公司将货装上 MSC(地中海航运有限公司)所属的"红海"轮,并签发了远东贸易运输公司的联运提单,提单上标明货物数量 600 只纸箱,分装 6 只 40 英尺集装箱。2004 年 2 月 27 日,该轮抵达目的港日本神户,同日,集装箱驳卸到岸。2004 年 3 月 4 日,日方收货人 Fast Co,. Ltd. 在港口开箱,由日本诚信公司出具的"拆箱报告"称,箱号为 MSCU3784217 的集装箱中,有 15 只纸箱严重湿损,30 只纸箱轻微湿损。2004 年 3 月 6 日,6 只集装箱由卡车运至东京某仓库,同日由新日本商检协会检验。该协会于同月 11 日出具商检报告称:51 只纸箱有不同程度的湿损,将湿损衣物的残值冲抵后,实际货损约为 32 000 美元,湿损系集装箱里档左侧顶部破损所致。在东京进行货损检验时,商检协会曾邀 MSC 派人共同勘察,但 MSC 以"出港后检验无意义"为由拒绝。Fast Co,. Ltd. 依据商检报

告从货物保险公司得到赔偿,随后保险公司取得代位求偿权,先后通过其在香港、北京的代理人与 E 公司联系,而 E 公司未提出赔偿处理意见。2004 年 9 月 25 日,保险公司将 E 公司和实际承运人 MSC 为被告,向上海海事法院提起诉讼。

保险公司诉称:作为全程承运人的 E 公司,尽管 MSC 因过错造成其承运的集装箱内服装湿损,并发生在承运人的责任期间。但根据 E 公司签发的清洁提单,请求判令两位被告赔偿损失 32 000 美元及利息,并承担律师费,诉讼费等。

E 公司称:服装是由实际承运人 MSC 承运,货损的原因是集装箱有裂痕,雨水进入箱内造成服装损坏。根据 E 公司与 MSC 的集装箱运输协议规定:"MSC 应提供清洁、干燥、无味、完好无损的集装箱,如铅封脱落或箱体破损,集装箱内货物发生损坏,则由 MSC 承担一切责任。"因此,MSC 应对货损承担全部责任。

MSC 辩称:在正常情况下,E 所属船舶,由 E 船代公司签发提单,E 公司在没拿到场站收据及在未经授权条件下签发提单,应由 E 公司承担其后果和责任。

两被告在诉讼中均提出:"红海"轮抵神户港卸货,前后共 7 天,日方商检是在东京进行,即使集装箱有裂痕漏水,也不可能在短时间内造成箱内有良好包装的衣服损坏到如此程度。故要求原告进一步举证采取减少货损的合理措施。如果赔付,要求根据 MSC 提单条款,享受提单责任限制。

思考

结合上述案例,如果你是法官,你会作出怎样的判决呢?

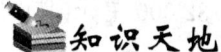

知识天地

一、集装箱的检查

(一)集装箱检查的内容

对集装箱的检查是货物安全运输的基本条件之一。

1. 集装箱的外部检查

对集装箱外部的检查,主要是看其外表有无损伤。如发现有弯曲、凹痕、擦伤等痕迹时,应在其损伤周围进行仔细检查,同时对该损伤处的内侧也应进行检查。有时,因铆钉松动和断裂,箱顶部分有气孔等原因容易引起货物污损事故,对于经过修理的地方也要进行检查。

2. 集装箱的内部检查

在对集装箱的内部进行检查时可将集装箱关闭,在其内部察看有无漏光现象,以确认是否存在破孔。也可通过内衬板上有无水湿痕迹判断其有无破孔现象。其中,对集装箱的内表面进行检查时,应注意检查其有无凸出物,以免对货物造成伤害。

3. 集装箱箱门的检查

在对集装箱检查时候还要对其箱门进行必要的检查,主要是检查其门锁装置是否处于正常状态,箱门周围的风雨密封是否完整。

4. 属件、附件的检查

属件、附件的检查是指对货物的加固环节状态,如板架式集装箱的支柱状态,平板集装箱、敞棚集装箱上部延伸用加强结构的状态等,这些都必须进行检查。

（二）集装箱的清理

在集装箱使用前,除检查其有无破损情况外,还应对集装箱进行必要清理,这也是保证装载货物不被污染的一个必要环节,其主要清理工作包括：

(1) 清洁、除湿。

(2) 除臭、除污染。

(3) 清除检疫对象的残留物。

 完成挑战

对上述案例判决如下。

上海海事法院认为：根据两位被告签订的集装箱运输协议"若造成对货方的损害,先对外赔偿,后再内部分担责任",两位被告对纸箱服装的湿损有责任牵连。但 Fast Co,. Ltd. 与 MCS 在开箱交货时交割不清,聘请的商检又在港口外进行,故原先对货损索赔及所损害的确切数额的请求举证不力。

上海海事法院在查明事实、分清责任的基础上主持调解。2004 年 10 月 28 日,三方达成协议：

(1) 被告 E 公司和 MSC 根据损害事实及提单条款规定,赔付原告 32 000 美元(其中 3 000 美元为原告诉讼费补偿)。

(2) 赔偿由契约承运人 M 公司先行给付,再与实际承运人 MSC 自行协商解决。

(3) 本案受理费 3 000 美元由原告保险公司负担。

案例分析

1. 货损货差

货损货差是对外贸易运输中经常发生的。随着集装箱化的进一步展开,集装箱运输对提高货运质量有明显的保证,但并不能完全消除运输过程中的货损货差事故。本案中,根据清洁提单及目的港收货人聘请的日本商检协会作出的商检证书结论中可知,货损的原因是由于该集装箱前面顶部有裂痕,雨水进入箱内造成纸箱内衣服损坏。此外,还可以从进出神户港场站的集装箱设备交接单上得到佐证,在其 Inspection of Contianer 栏中,均有集装箱前面左侧顶部 Broken(破损)的批注。按照索赔、理赔的近因原则,本案货损的近因——集装箱箱体的裂痕,可以推断造成裂痕有以下两种可能性：

(1) 该集装箱在港装货前就存在裂痕,船方未提供适载集装箱。

(2) 该集装箱的裂痕是因为船方在海上运输过程中未能恪尽职责,由管货过失造成的,因此,船方应对货损承担赔偿责任。

2. 理赔

理赔是一项涉及面广、情况复杂、政策性很强的工作。理赔须细心研究案情,熟悉国际贸易合同条款、国际货运法规、提单条款内容、货物保险合同、商品检验法规、国际航运惯例等,这样才可作出正确处理。本案中,由于保险公司的索赔是依据新日本商检协会作出的残损鉴定,我方律师在诉讼中认真仔细地研究了对该案起关键作用的商检证书,发现日方申请商检验残的时间和地点存在缺陷。按商检惯例,日本 Fast Co.,Ltd. 发现有批注集装箱设备交接单和载明货物湿损的拆箱报告后,就应及时在卸货港当地申请神户口岸商检机关鉴定,而不应把货运到东京,再向商检机构申请鉴定。因此,可以得出这样的结论:日方收货人对容易扩大损失的服装没有立即申请鉴定检验,也没有采取有效合理的施救以减少货损。日方收货人对扩大残损应自负责任。

3. 集装箱交接

从发生的集装箱货损事故看,由于集装箱本身的原因,如自身不水密、箱体老化等而造成货物污损、污染、泄漏等有上升趋势。特别是在集装箱多式联运过程中,尽管最终承运人交付给收货人的是一个外表状态良好、铅封完整的集装箱,但有时却发现箱内货物已经受损,且难以确定货损区段及货损原因。我国有关集装箱管理规则规定:"用于海上国际集装箱运输的集装箱,应当符合国际集装箱标准化组织规定的技术标准和有关国际集装箱公约规定。集装箱所有人、经营人应当做好集装箱的管理和维修工作,定期进行检验,以保证提供适宜于货物运输的集装箱。"同时又规定:"托运人或承运人在货物装箱前应当认真检查箱体,不得使用影响货物运输、装卸安全的集装箱。"据此,集装箱运输各有关业务环节应依法行事,把好集装箱交接关,同时有关方在进行集装箱交接手续应注意以下几点:

(1) 重箱:箱体完好,箱号清晰,封志完整无误。

(2) 空箱:箱体完好,水密,无漏光,清洁、干燥、无味,箱号及装载规范清晰。

(3) 凡箱号及装载规范不明、不全、封志破损、脱落、丢失、无法辨认或进出口文件记载不符,箱体结构不符 ISO 标准,擦伤、割伤、破洞、漏光、不水密、箱门无法关启等,均应在《进出场集装箱设备交接单》上注明。只要业务人员依照规范操作,在一定范围内可减少和避免集装箱货损事故发生。

4. 事故原因

集装箱运输业务中发生事故的原因是多方面的,现将本案结合有关责任方分析如下:

(1) 装箱、封箱不当。集装箱运输必须做到安全积载、堆装,适当封箱,操作不当会造成货损,如货物在箱内应均匀分布,不同性质货物应避免混装等。如果是 CY 交付或整箱交付的,装、封箱不当应由发货人或其代理负责;如果是 CFS 交付的,装、封箱不当应由集装箱运输经营人或其代理人指定的货运站负责(当然,如果发货人委托代理人办理 CFS 交付的除外)。

(2) 装卸、搬运等不当。集装箱的装卸、搬运操作必须谨慎小心,若违章操作,粗暴搬运,使用工具不当等原因造成箱内货物残损的,属"工残",其货损责任由装卸人员承担。

(3) 堆放、保管不当。指卸货港的码头、仓库(场、站)对集装箱及拆箱后箱内货物的

堆放、保管不善，造成货损，属"港残"，是港方责任范围。

（4）船方积载不当。集装箱船舶的结构要求是将大量的箱子装载甲板运输，风险较大。若承运人没有牢固的装置设备或没有科学的积载，或者在航行中船方未对载运货物谨慎处理，使集装箱被海浪打入大海或打破造成货物灭失、损害的事故，属"船残"，由船方负责赔偿。

（5）集装箱不适载货。在箱子交接方面，船方提供给发货人的箱子应完整无损，清洁干燥，并且有合格的检验证书，如果船方提供的自有箱或租箱不适载货，则货损属"船残"，也由船方负责。除此之外，还有其他原因，如提单上已有注明的残损，属"原残"，由发货人负责。

知识拓展

集装箱检查应注意的事项：

（1）首先必须有适航性，具有适航书。检验集装箱各部分适航的要求如下：① 站在箱内关紧后，目测检查封闭程度，有无漏光处，箱门橡皮垫应当水密；② 骨梁焊接处应完好；③ 四柱、六面、八角完好无损，没有进水孔，接缝处无裂缝；④ 箱门不变形，随时能承受加速负荷；⑤ 箱内没有突出的钉子和容易造成货损的突出物。

（2）箱内完全清洁、干燥，没有气味、灰尘。洗箱时，不能用烈性去污粉，如使用烈性去污粉就应冲净，冲净的集装箱必须彻底干燥后，才能装货。

（3）不同货种，要选择相应的集装箱来装，不同数量的货应配装不同规格的集装箱。

职场精灵

集装箱检验检疫要求与检验方法

（一）集装箱检疫要求

（1）装箱箱体表面标有集装箱所用裸露木材已按照有关规定进行免疫处理的免疫牌（标识）。

（2）集装箱未携带啮齿动物及蚊、蝇、蟑螂等病媒昆虫。

（3）集装箱未被人类传染病和国家公布的一、二类动物传染病、寄生虫病病原体污染。

（4）集装箱未携带植物危险性病、虫、杂草以及其他有害生物。

（5）集装箱未携带土壤、动物尸体、动植物残留物。

（二）集装箱检验方法

1. 箱体外表检疫查验

（1）以目视方法核查集装箱箱号，查看集装箱箱体是否完整。

（续上）

（2）检查集装箱箱体是否有免疫牌。

（3）检查集装箱外表是否带有土壤、非洲大蜗牛等。携带土壤的，清除土壤并进行卫生除害处理。

2. 箱内检疫查验

（1）检查箱内有无啮齿动物、病媒昆虫或其粪便、足迹、咬痕、巢穴以及其他有害生物等，若有要采样。

（2）检查箱内有无植物危险性病、虫、杂草、土壤、动物尸体、动植物残留物等，若有要采样并进行卫生除害处理。

（3）检查箱内有无被病原微生物或理化因子污染的可能，如发现，采样送实验室检验，并作消毒处理。

针对易腐烂变质食品、冷冻品（即易发生安全卫生质量问题）这一货物特性，对装运该类货物的船舱和集装箱等运载工具规定实施强制性检验是非常必要的，而且也是法律、法规规定的，检验检疫机关及工作人员、进出口贸易的当事人都应当遵守。《中华人民共和国进出口商品检验法》第十八条规定"对装运出口易腐烂变质食品的船舱和集装箱，承运人或者装箱单位必须在装货前申请检验。未经检验合格的，不准装运"，实施条例中第 30 条规定"对装运出口的易腐烂变质食品、冷冻品的集装箱、船舱、飞机、车辆等运载工具，承运人、装箱单位或者其代理人应当在装运前向出入境检验检疫机构申请清洁、卫生、冷藏、密固等适载检验。未经检验或者经检验不合格的，不准装运"。

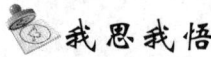 我思我悟

项目十四　探究集装箱交接地点

目标

知识目标

熟记集装箱交接地点的具体分类

熟悉集装箱不同交接地点的功能

熟悉集装箱不同交接地点的用途

技能目标

能阐述集装箱不同交接地点的分类、功能及用途

能整理归纳集装箱不同交接地点的区别

态度目标

培养仔细、认真、严谨的工作态度

锻炼独自思考、分析、解决问题的能力

迎接挑战

案例一　上海恒洋电子产品进出口有限公司有 20 箱电子产品要出口到美国西雅图,于是恒洋公司委托上海东日物流有限公司办理此批电子产品的出运手续,当东日物流公司操作员王刚接到客户委托时,他立刻派车队前去恒洋公司仓库提取 20 箱电子产品并将货物运送到集装箱堆场(CY)交给承运人马士基船公司,并由马士基在集装箱堆场(CY)负责货物的装箱操作。

案例二　黄敏、张广、李亮三位货主同时委托上海友朋国际货运代理有限公司办理货物的出运手续,三位货主委托友朋货运代理公司出运的货物分别是 6 箱女士短裙、8 箱儿童绒毛玩具和 10 箱纺织面料,并且这三批货物都运往日本横滨,当友朋货运代理公司拼箱部的操作员程峰同时接到三位货主的委托时,他开始思考起来:这三批货物虽然来自不同货主,但货物性质相同且同时运往日本横滨,凭他多年从事进出口业务的经验,于是他决定将这三批货物以拼箱的方式进行出运,因此他立刻派出车队分别前去三位货主那里提取货物并将货物送往集装箱货运站(CFS)交由承运人中海集运,由中海集运在集装箱货运站(CFS)负责三批货物的拼箱操作。

案例三 上海霍尼韦尔进出口有限公司现有 20 箱三极管要出口到法国马赛港,于是霍尼韦尔公司委托上海兴亚国际货运代理有限公司办理此批三极管的出运手续,当兴亚货运代理公司操作员卞晓雯接到货主委托时,根据货物实际情况,她决定以整箱货形式出口,于是她派出集卡车队前去霍尼韦尔公司仓库(发货人仓库)提取货物并在发货人仓库将 20 箱三极管装入一个 40 英尺的集装箱内,装箱完毕后运往集装箱堆场等待出运。

 **思考**

在以上三个案例中,提到了三种不同的集装箱货物交接地点,你们知道分别是什么吗? 不同的集装箱货物交接地点究竟具有哪些功能和用途呢?

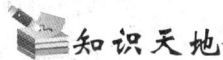 **知识天地**

一、集装箱货物的交接地点

(1) 集装箱码头堆场(container yard,简称 CY)。

(2) 集装箱货运站(container freight station,简称 CFS)。

(3) 发货人或收货人的工厂或仓库(DOOR,即门)。

二、三大集装箱货物交接地点的不同用途及功能

1. 集装箱码头堆场

集装箱码头堆场(CY)主要处理整箱货,所有货物都是整箱交接,集装箱堆场分为集装箱前方堆场和集装箱后方堆场(见图 14-1)。

图 14-1 集装箱堆场

集装箱前方堆场在集装箱码头的前方,是为了加速船舶装卸作业暂时堆放集装箱的场地。其作用是:当集装箱船到港前,有计划、有次序地按积载要求将出口集装箱整齐地集中堆放,卸船时将进口集装箱暂时堆放在码头前方,以加速船舶装卸作业。

集装箱后方堆场是指用来堆存与船舶装卸作业没有直接关系的集装箱的堆场，一般后方堆场远离集装箱码头甚至有的后方堆场设在港区范围之外，简单地讲就是重箱或空箱进行交接、移管和堆存的场所。

2. 集装箱货运站

集装箱货运站(CFS)是指承运人接受货主的委托进行装箱、拆箱工作，并完成货物的交接、分类和短时间保管等辅助工作的场地和仓库。

集装箱货运站主要是处理拼箱货，所有货物都是拼箱交接，它实际上起到了货物的集中、疏散的作用。

集装箱货运站应当满足以下五点要求：

(1) 便于货物进行装箱和拆箱作业。

(2) 便于对货车进行非成组货的装卸。

(3) 为了便于货物的疏运和分类应有充分的操作面积。

(4) 为暂时保管进出口货物应有适当的堆存保管设施。

(5) 要有海关、检验检疫等机构的办公室及其附属设备。

集装箱货运站的主要作用如下：

(1) 设置于集装箱码头内的集装箱货运站。它的作用主要是拼箱货的拆箱和装箱，同时要负责出口拼箱货的集货和进口拼箱货拆箱后的暂时储存工作。

(2) 设置于集装箱码头附近的集装箱货运站。它的作用除与设在码头内的集装箱货运站相同外，通常还可能有以下作用：① 作为集装箱码头的缓冲堆箱场，在出口箱大量到达与进口箱集中卸船、码头堆场难以应付的时候，作为码头的第二堆场。② 代理船公司与租箱公司，作为空箱提箱与交箱的场所。

(3) 内陆集装箱货运站：除进行集装箱拼箱货的装箱与拆箱外，还充当联系经济腹地的纽带和桥梁，作为某一地区的集装箱集散点，进行一些箱务管理业务和空箱调度业务，加速箱子周转，提高整个地区集装箱多式联运的效率。

集装箱货运站的主要任务如下：

(1) 集装箱货物的承运、验收、保管和交付。

(2) 拼箱货的装箱和拆箱作业。

(3) 整箱货的中转。

(4) 重箱和空箱的堆存和保管。

(5) 货运单的处理，运费、堆存费的结算。

(6) 集装箱及集装箱车辆的维修、保养。

集装箱货运站主要可分成三类：

(1) 设置于集装箱码头内的集装箱货运站。它主要处理各类拼箱货，进行出口货的拼箱作业和进口货的拆箱作业。货主托运的拼箱货，凡是出口的，均先在码头集装箱货运站集货，在货运站拼箱后，转往出口堆箱场，准备装船；凡是进口的，均于卸船后，运至码头集装箱货运站拆箱，然后向收货人送货，或由收货人提货。一般的集装箱码头，均设有集装箱货运站。

（2）设置于集装箱码头附近的集装箱货运站。这类集装箱货运站设在码头附近，独立设置，不隶属于集装箱码头，之所以这样设置，一般有两种原因：① 缓解码头的场地紧张，作为集装箱码头的一个缓冲地带。有的集装箱码头业务繁忙，自身集装箱货运站规模有限，或堆场紧张。有些拼、拆箱作业就拉到码头外集装箱货运站进行。有些拼箱货卸船后，直接拉到码头外集装箱货运站，可提高码头堆场的利用率。上海与香港由于码头狭小，经常有这类集装箱货运站。② 集装箱码头内不设集装箱货运站，在集装箱码头外设独立的货运站。中国台湾的一些集装箱码头，存在这样的集装箱货运站。

（3）内陆集装箱货运站。这类集装箱货运站设于内陆，既从事拼箱货的拆箱、装箱作业，也从事整箱货的拆箱、装箱作业。有的还办理空箱的发放和回收工作，代理船公司和租箱公司，作为空箱的固定回收点。内陆的拼箱货或整箱货，可先在这类集装箱货运站集货、装货，然后通过铁路和公路运输，送往集装箱码头的堆场，准备装船。从口岸卸下的进口箱，经铁路和公路运输，到内陆集装箱货运站拆箱，然后送到收货人处。

集装箱铁路基地站或办理站，有的要从事一些拆箱和拼箱的业务，所以通常兼有集装箱货运站的性质。集装箱公路中转站一般都要进行拼箱货的拆装箱，所以，同时都是集装箱货运站。

3. 发货人或收货人的工厂或仓库

如果是在"门"交货，就表示在发货人或收货人的工厂或仓库交接的货物，这种一般都是以整箱交接，发货人或收货人自行负责装箱或拆箱。

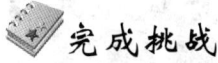

完成挑战

结合上述三个案例，不难发现三种不同的集装箱货物交接地点分别是：集装箱码头堆场(CY)、集装箱货运站(CFS)、发货人或收货人的工厂或仓库。

不同集装箱货物交接地点的功能和用途分别是：

集装箱码头堆场处理的是整箱货，所有货物都是整箱交接；集装箱货运站处理的都是拼箱货，所有货物都是拼箱交接；发货人或收货人的工厂或仓库是在发货人或收货人的工厂或仓库交接货物，这种一般都是以整箱交接，发货人或收货人自行负责装箱或拆箱。

知识拓展

集装箱货运站的业务流程，可以分成进口业务流程和出口业务流程两大部分。

（一）进口业务流程

1. 取得进口箱相关信息

集装箱货运站在船舶到港前几天，从船公司或其代理人处取到以下单证：

（1）提单副本或场站收据副本。

（2）货物舱单。

（3）集装箱装箱单。

（4）装船货物残损报告。

（5）特殊货物表。

货运站根据以上单据做好拆箱交货准备工作。

2. 发出交货通知

货运站根据船舶进港时间及卸船计划等情况，联系码头堆场决定提取拼箱集装箱的时间，制定拆箱交货计划，并对收货人发出交货日期的通知。

3. 从码头堆场领取重箱

货运站经与码头堆场联系后，即可以从码头堆场领取重箱，双方应在集装箱单上签字，对出堆场的集装箱应办理设备交接手续。

4. 拆箱交货

货运站从堆场取回重箱后，即开始拆箱作业，拆箱后，应将空箱退回码头堆场。收货人前来提货时，货运站应要求收货人出具船公司签发的提货单，经单货核对无误后，即可交货，双方应在交货记录上签字。如发现货物有异常，则应将这种情况记入交货记录的备注栏内。

5. 收取有关费用

集装箱货运站在交付货物时，应检查保管费及有无再次搬运费，如已发生有关费用，则应收取费用后再交付货物。

6. 制作报告

制作交货报告或未交货报告交送船公司，以便船公司据此处理有关事宜。

（二）出口业务流程

（1）出口拼箱货的集货与配货为拼箱做好各种前期准备工作。

（2）拼箱货装箱应根据货物的积载因数和集装箱的箱容系数，尽可能充分利用集装箱的容积，并确保箱内货物安全无损。

（3）制作装箱单货运站在进行货物装箱时，应制作集装箱装箱单。制单应准确无误。

（4）将拼装的集装箱运至码头堆场货运站在装箱完毕后，在海关监管下，对集装箱加海关封志，并签发场站收据。同时，应尽快联系码头堆场，将拼装的集装箱运至码头堆场。

 职场精灵

集装箱堆场的主要业务工作是办理集装箱的装卸、转运、装箱、拆箱、收发、交接、保管、堆存、搬运以及承揽货源等。此外，还有集装箱的修理、冲洗、熏蒸和有关衡量等工作。

特殊集装箱的处理：对堆存在集装箱堆场内的冷藏集装箱应及时接通电源，每天还应定时检查冷藏集装箱和冷冻机的工作状况是否正常，箱内温度是否保持在货物所需要的限度内，在装卸和出入场内时，应及时解除电源。

（续上）

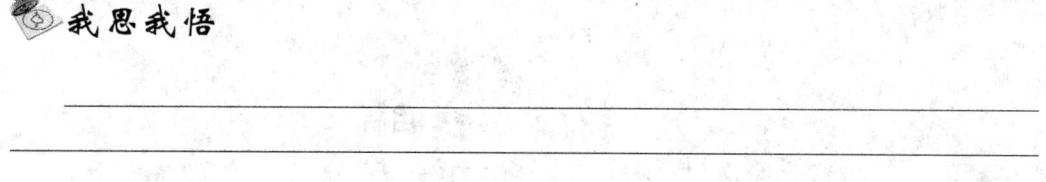

対于危险品集装箱,应根据可暂时存放和不能暂时存放两种情况分别处理。能暂存的货箱应堆存在有保护设施的场所,而且堆放的数量不能超出许可的限度。对于不能暂存的货箱应在装船预定时间内,进场后即装上船舶。

🖋 **我思我悟**

_____

_____

_____

项目十五　探究集装箱交接方式

目标

知识目标

熟记集装箱货物交接方式的不同种类

熟悉集装箱货物不同交接方式的具体流程

技能目标

能整理归纳不同类型的集装箱货物交接

方式

能画出集装箱货物不同交接方式的具体流

程图

态度目标

培养仔细、认真、严谨的工作态度

锻炼独自思考、分析、解决问题的能力

提高独立完成实践操作的技能水平

提升实事求是、认真负责、稳中求进的道德

素养

迎接挑战

　　李明、王强、张雯三位货主同时委托上海航联国际货运代理有限公司办理货物的出运手续,三位货主委托航联货运代理公司出运的货物分别是 5 箱羽绒服、8 箱男士西装和 6 箱女士风衣,并且这三批货物都是运往美国西雅图,不同的是实际收货人分别是:美国卓越服装公司、美国恒源服装公司和美国森森服装公司。

　　当航联货运代理公司拼箱部的操作员杨涛同时接到这三批货物时,他心中琢磨着:能不能将这三批货物合并成一整批装入一个集装箱进行集中托运呢? 如果可以进行集中托运,那么这种集装箱货物的交接方式究竟属于哪一种呢?

 思考

你们知道这种集装箱货物的交接方式究竟属于哪一种吗？集装箱货物的交接方式究竟有哪几种呢？不同的交接方式具体流程是怎样的呢？

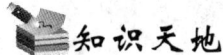 知识天地

集装箱货物的交接方式

一、按货物的装箱方式不同，可分为以下四种

（一）整箱交，整箱接（见图15-1）

货主在工厂或仓库将整箱交给承运人，承运人在收货人的工厂或仓库将整箱交给收货人。承运人以整箱为单位负责交接，货物的装箱和拆箱都由货主负责。

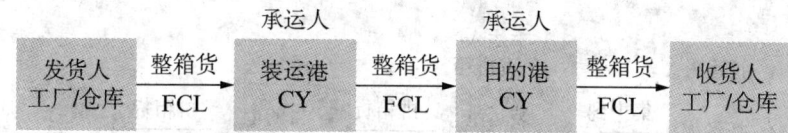

在整个运输过程中，承运人以整箱货为单位负责交接，货物的装箱和拆箱都由货主负责。

图15-1　整箱交，整箱接的流程图

（二）拼箱交，拆箱接（见图15-2）

货主将不足整箱的小票托运货物在集装箱货运站交给承运人，由承运人负责拼箱和装箱，运到目的地集装箱货运站后，承运人负责拆箱将货物分拨给收货人，收货人凭单接货。货物的装箱和拆箱都由承运人负责。

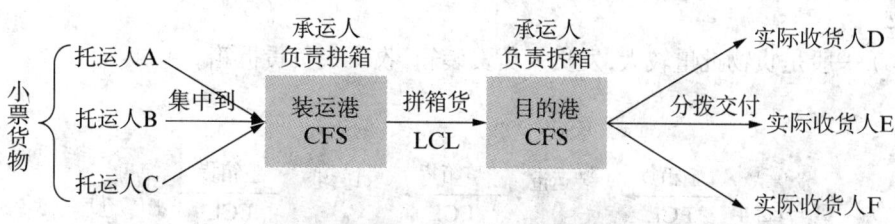

在整个运输过程中，承运人以拼箱货为单位负责交接，货物的装箱和拆箱都由承运人负责。

图15-2　拼箱交，拆箱接

（三）整箱交，拆箱接（见图 15-3）

货主在工厂或仓库将整箱交给承运人，在目的地的集装箱货运站由承运人负责拆箱，将货物分拨给收货人，各收货人凭单接货。

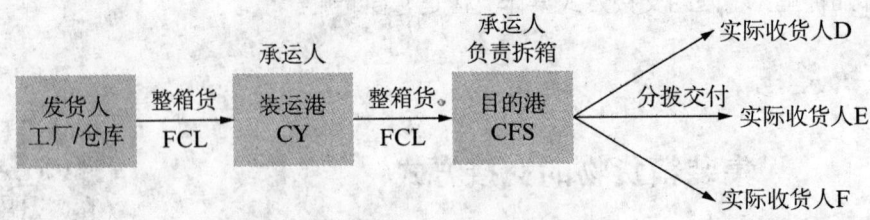

图 15-3　整箱交，拆箱接流程图

（四）拼箱交，整箱接（见图 15-4）

货主将不足整箱的小票托运货物在起运地的集装箱货运站交给承运人，由承运人将同一收货人的货物集中拼装成整箱，运到同一目的地后，承运人以整箱交货，收货人整箱接货。

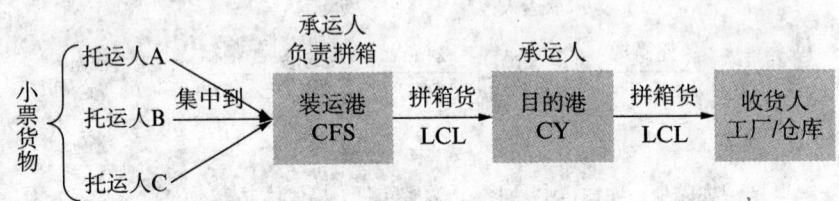

图 15-4　拼箱交，整箱接流程图

上述各种交接方式中，以整箱交、整箱接效果最好，也最能发挥集装箱的优越性。

二、按交接地点不同，可分为以下九种

（一）门到门交接（见图 15-5）

（1）一种整箱货运方式，整箱接货，整箱交货。

（2）交接方式：承运人在发货人的工厂、仓库接受货物，直到收货人的工厂、仓库交付货物。

（3）一般是货物批量较大，发货人负责装箱，收货人负责拆箱。

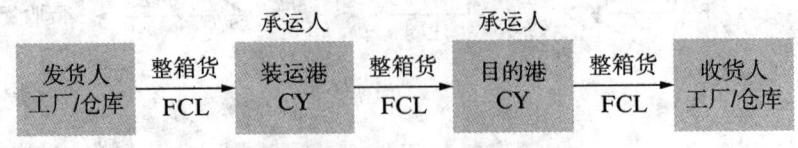

图 15-5　门到门交接

（二）门到场交接（见图 15-6）

（1）一种整箱货运方式，整箱接货，整箱交货。

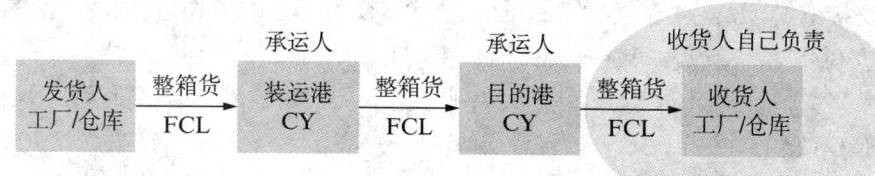

图 15-6 门到场交接

（2）交接方式：承运人在发货人的工厂、仓库接受货物,直到目的港的集装箱码头堆场交付货物。

（3）发货人负责装箱,收货人负责拆箱。

（4）与"门到门"方式不同：承运人负责的范围变小了,从目的港码头堆场到收货人工厂、仓库的内陆运输由收货人负责。

（三）场到门交接（见图 15-7）

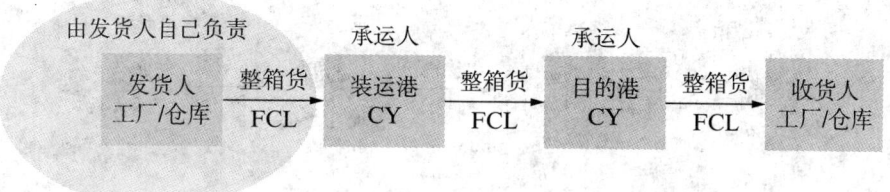

图 15-7 场到门交接

（1）一种整箱货运方式,整箱接货,整箱交货。

（2）交接方式：承运人在装运港的集装箱码头堆场接受货物,直到收货人的工厂、仓库交付货物。

（3）发货人负责装箱,收货人负责拆箱。

（4）与"门到门"方式不同：从发货人的工厂、仓库到装运港集装箱码头堆场的内陆运输由发货人负责。

（四）门到站交接（见图 15-8）

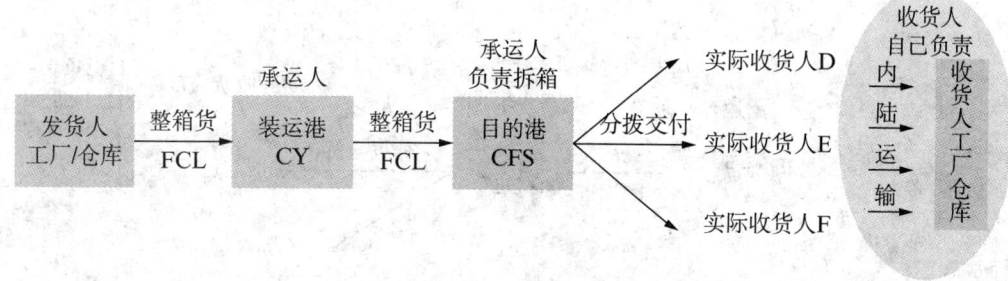

图 15-8 门到站交接

（1）一种整箱—拼箱货运方式,整箱接货,拼箱交货。

（2）交接方式：承运人在发货人的工厂、仓库接受所托运的货物，直到目的港的集装箱货运站交付货物。

（3）发货人负责装箱，承运人负责拆箱，即承运人要在目的港集装箱货运站拆箱后并将货物交付给收货人。

（4）从目的港集装箱货运站将货物运到收货人工厂、仓库的内陆运输由收货人负责。

（五）场到场交接（见图15-9）

（1）一种整箱货运方式，整箱接货，整箱交货。

（2）交接方式：承运人在装运港的集装箱码头堆场接受货物，直到目的港集装箱码头堆场交付货物。

（3）发货人负责装箱，收货人负责拆箱。

（4）从发货人工厂、仓库到装运港集装箱码头堆场的内陆运输，从目的港集装箱码头堆场到收货人工厂、仓库的内陆运输分别由发货人和收货人负责。

图15-9 场到场交接

（六）场到站交接（见图15-10）

（1）一种整箱—拼箱货运方式，整箱接货，拼箱交货。

（2）交接方式：承运人在装运港的集装箱码头堆场接受货物，直到目的港的集装箱货运站交付货物。

（3）发货人负责装箱，承运人负责拆箱，即在目的港的集装箱货运站拆箱，并将货物交给收货人。

（4）从发货人工厂、仓库到装运港集装箱码头堆场的内陆运输，从目的港集装箱货运站到收货人工厂、仓库的内陆运输分别由发货人和收货人负责。

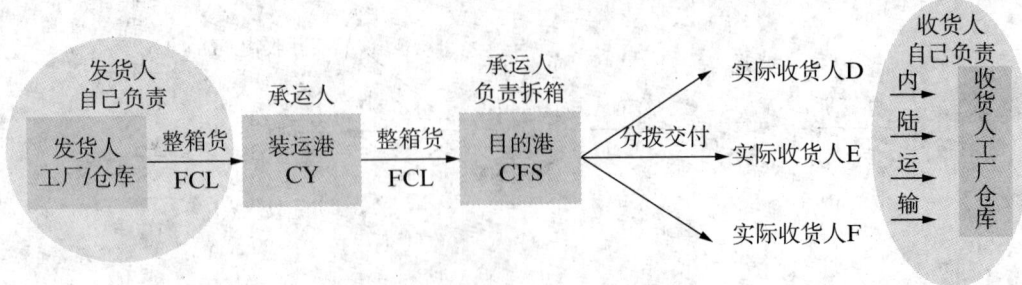

图15-10 场到站交接

（七）站到门交接（见图15-11）

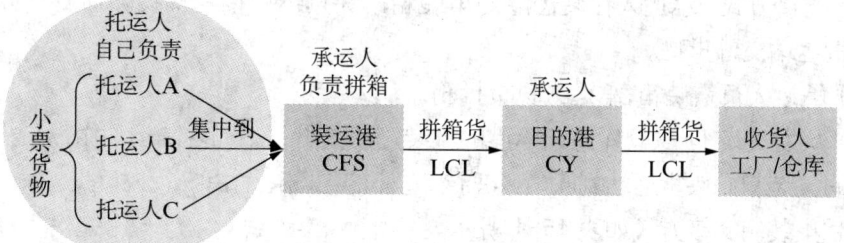

图 15-11 站到门交接

（1）一种拼箱—整箱货运方式，拼箱接货，整箱交货。

（2）交接方式：承运人在装运港的集装箱码头货运站接受所托运的货物，直到收货人的工厂、仓库交付货物。

（3）承运人负责装箱，收货人负责拆箱。

（4）从发货人工厂、仓库到起运港的集装箱码头货运站的内陆运输由发货人负责。

（八）站到场交接（见图15-12）

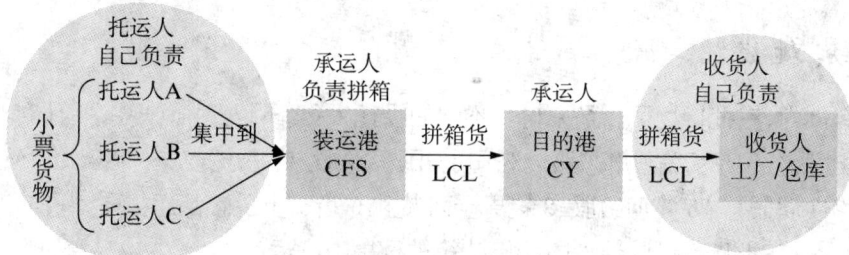

图 15-12 站到场交接

（1）一种拼箱—整箱货运方式，拼箱接货，整箱交货。

（2）交接方式：承运人在装运港的集装箱码头货运站接受所托运的货物，直到目的港集装箱码头堆场交付货物。

（3）承运人负责装箱，收货人负责拆箱。

（4）从发货人工厂、仓库到起运港的集装箱码头货运站的内陆运输由发货人负责，从目的港的集装箱码头堆场到收货人工厂、仓库的内陆运输由收货人负责。

（九）站到站交接（见图15-13）

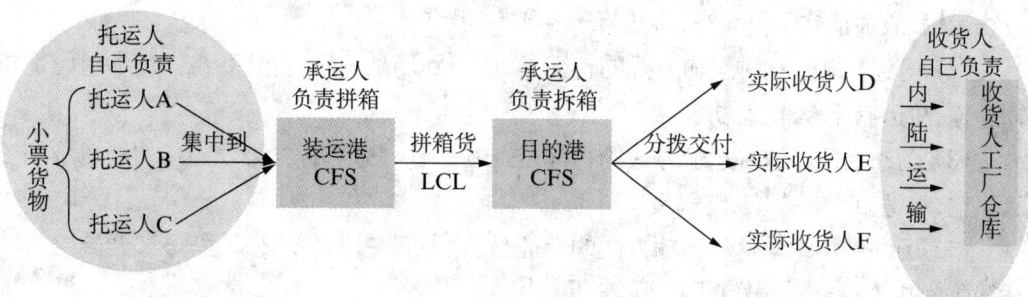

图 15-13 站到站交接

(1) 一种拼箱货运方式。

(2) 交接方式：承运人在装运港的集装箱码头货运站接受货物，直到目的港的集装箱码头货运站交付货物。

(3) 承运人负责装箱，承运人负责拆箱。

(4) 从发货人工厂、仓库到起运港的集装箱码头货运站的内陆运输由发货人负责，从目的港的集装箱码头货运站到收货人工厂、仓库的内陆运输由收货人负责。

九种集装箱交接方式如表 15-1 所示。

表 15-1　　　　　九种集装箱交接方式

出口	进口	交货方式
FCL	FCL	Door-Door，CY-CY，Door-CY，CY-Door
FCL	LCL	Door-CFS，CY-CFS
LCL	LCL	CFS-CFS
LCL	FCL	CFS-Door，CFS-CY

完成挑战

本案例中，三批货物虽然是来自于不同的委托人：李明、王强、张雯，并且实际收货人也各不相同，分别是：美国卓越服装公司、美国恒源服装公司和美国森森服装公司，但是三批货物性质兼容：5 箱羽绒服、8 箱男士西装和 6 箱女士风衣都运往同一目的港美国西雅图，因此这三批货物可以装入同一集装箱进行集中托运。

这种集装箱货物交接方式为拼箱交，拆箱接：货主将不足整箱的小票托运货物在集装箱货运站交给承运人，由承运人负责拼箱和装箱，运到目的地集装箱货运站后，承运人负责拆箱将货物分拨给收货人，收货人凭单接货。货物的装箱和拆箱都由承运人负责。

知识拓展

九种交接方式，进一步可归纳为以下四种方式：

(1) 门到门。这种运输方式的特征是，在整个运输过程中，完全是集装箱运输，并无货物运输，故最适宜于整箱交，整箱接。

(2) 门到场站。这种运输方式的特征是，由门到场站为集装箱运输，由场站到门是货物运输，故适宜于整箱交、拆箱接。

(3) 场站到门。这种运输方式的特征是，由门至场站是货物运输，由场站至门是集装箱运输，故适宜于拼箱交、整箱接。

(4) 场站到场站。这种运输方式的特征是，除中间一段为集装箱运输外，两端的内陆运输均为货物运输，故适宜于拼箱交、拆箱接。

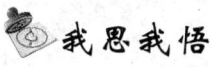

职场精灵

问题：在海运实践中，常用的集装箱交接方式是哪两种？各适用于怎样的运输？

回答：CY-CY：班轮公司通常承运整箱货，并在集装箱堆场交接，CY-CY是班轮公司通常采用的交接方式。

CFS-CFS：集拼经营人则承运拼箱货，并在集装箱货运站与货方交接货物。CFS-CFS是集拼经营人承运拼箱货时通常采用的交接方式。

我思我悟

模块四
防患未然：货运代理风险防范

项目十六　　认清货运代理的风险

目标

知识目标

了解货损与遗失、客户拒付运费的风险

了解目的港清关难、运输延迟的风险

了解海关查验费用的风险

技能目标

会分析货损与遗失、运输延迟、客户拒付运费等产生的原因

态度目标

树立未雨绸缪的风险防范意识

迎接挑战

货运代理业务员 A 受客户委托出运一票拼箱货物,客户要求 A 帮忙提货。A 就让司机去提货送到港口指定仓库。由于小东西用的包装类似一些小托盘,结果仓库计费按照托盘货物进行收费,如不付费就不能进仓,于是司机直接垫付了一笔费用后将货物送进仓库了。等到货物安全出运后,货运代理业务员 A 和客户确认费用时,客户认为垫付的费用太高了,拒绝支付。货运代理业务员 A 与客户进行多次沟通后客户只愿意付一半的代垫进仓费。货运代理公司因此遭受了经济损失,还让客户感觉有被欺骗的感觉。

(1) 请问客户为什么会拒付货运代理的代垫费用?

(2) 货运代理公司今后要如何避免客户拒付费用?

思考

客户拒付货运代理的代垫费用是货运代理公司的一种风险。要想避免货运代理的风险,就必须了解货运代理风险产生的原因,并能提前做好风险防范措施。

知识天地

一、货损与遗失

（一）货损与遗失概述

1. 货损、遗失的含义

货损就是货物在运输途中发生损坏、散落、包装破损、货物变质等有关货物本质或者包装的损坏。

遗失就是货物在运输途中出现丢失、遗漏、短缺等情况。

2. 发生货损与遗失的风险

（1）造成经济损失。如果货物发生货损或遗失，如果货运代理有责任就必须给予托运人与收货人一定的赔偿。但是船公司的赔偿都会有一个最高额度，很少能达到货物本身的价值。遇到货值很高的货物，之间的差价会很大。货运代理从船公司或物流公司等真正的责任人获得的赔偿金额与自身赔偿给托运人与收货人的金额有可能存在较大的差距，造成自身的经济损失。

（2）丢失客户。如果出现货损与遗失，托运人与收货人多少会对货运代理的服务质量产生质疑，如果处理不当也可能导致客户投诉，丢失客户，影响企业声誉。

货物短缺、遗失的风险主要发生在拼箱货物上，由于运输途中种种原因导致到达目的地以后货物数量与原来不符，甚至直接消失不见的情况。在海运装运过程中最容易发生货损与遗失的现象，最为严重的是货值很高的货物，在运输途中被人为遗失。但是运输环节过多，很难追查，最终结果不仅要赔偿给客户，而且很多时候会丢失客户。

（二）货损与遗失产生的原因

1. 自然原因

由于船舶遭遇恶劣天气而造成货损货差，如船舶遭遇热带风暴和飓风，造成集装箱掉海导致货物损失，系泊在码头的船舶突遇飓风，船舶挣断缆绳与其他船碰撞，从而导致货损与遗失等。

2. 人为原因

（1）航程中断。船舶所有人、经营人、光船租赁人、期租船人因经济困难，如无力支付船员工资或油款使航程中断而造成货损与遗失。如豆粕的保质期为6个月，船舶因各种原因航行中断，到目的港后已超过6个月等。

（2）发生碰撞、火灾或爆炸：① 船舶碰撞：如两船相碰、无接触碰撞、船舶触碰码头而造成船载货物发生货损与遗失。② 货物碰撞：承运人未合理安排运输，货物在运输期间发生碰撞、火灾或爆炸而造成货损与遗失。

（3）装箱、装载不当：① 承运人负责装箱的，由于疏忽大意将集装箱冷冻箱误作为非冷冻箱装运，从而引起箱内货物发生货损。② 托运人负责装箱的，未选择完好、适当的集装箱装运货物，或者没有按照装箱规定以规范、安全、文明地进行合理装载，如不遵守大不压小、重不压轻的规则、包装层数超限等情况。

（4）包装不良或未提出包装要求：① 包装不良主要是包装材料不当没有起到保护货物的作用、包装容量（尤其是液体货）超过标准、包装松散等情况。包装标签错误主要包括双标签、目的站错、单号错、贴错标签、未使用标签等。其中，最常见的错误是双标签、目的站错、单号错、贴错标签等四种情况。标签错误一般发生在企业作业人员接收用户货物并签单的环节，属于典型的经营差错。发生标签错误的原因主要有标签读取设备响应度不高、作业人员素质不高以及仓储、装卸搬运、运输等运输环节交接不利等。② 托运人在托运特殊货物未向承运人提示货物储运包装或条件特殊要求，从而造成承运人在储运过程中未保护好货物。如在运输途中需要通电降温或恒温，但承运人不知情没有降温或恒温造成货损。

（5）收货人没有及时提货，或提货时未做好检验和交接：① 收货人明知货物已到港，但收货人没有及时提货使货物质量发生变化而造成货损，如对到港的油菜籽未及时提货而产生霉变。② 收货人疏于对货物的重量和质量检验和交接，由此不能明确货损与遗失的责任人和发生区段而自担责任。

二、客户拒付运费

（一）客户拒付运费概述

1. 客户拒付运费的类型

客户拒付运费从费用类型上主要包括客户拒付应付账款（如货运代理服务费）、客户拒付代垫费用（如运费、出口报关费、进口换单费等）；从客户类型上主要包括始发地托运人拒付货运代理垫付的一些运费和杂费、目的地收货人拒付到付运杂费。

2. 客户拒付运费的风险

（1）客户拒付应付账款的风险。应收账款是货运代理公司利润的主要依托点。对于作为纯粹代理人的货运代理而言，客户所付的代理费（即货运代理服务报酬）是公司的利润来源。对于作为契约承运人的货运代理而言，公司的利润来源主要是公司付给承运人的运费和收取客户的运费之间的差额，即运费差价。货运代理公司如果不能从客户那里收取服务报酬或运费，公司就会造成巨大损失。如果客户拒付运费频率高，公司甚至入不敷出，会面临经济危机与公司倒闭的危机。

（2）客户拒付垫付费用的风险。货运代理在整个货物运输过程中，多多少少会产生一些代垫的费用，比如出口的报关费，港口的港杂费用，进仓时有时会帮助客户代垫进仓费，进口的代垫费用更多（如换单费、报关费、报检费、堆存费、过磅费），甚至有时还会帮助客户代垫进口的税金，资金是代垫的，而且很多代垫的杂七杂八的费用不会有正规的货运发票，如果遇到一些不明晰的肯定就会存在风险，需要客户愿意承认这个费用是实际发生的，否则货运代理业务员只有"哑巴吃黄连，有苦说不出"了。

（二）客户拒付运费的常见原因

1. 货运代理办理业务时自作主张

货运代理在办理业务时没有根据客户的委托要求办理，或者货运代理在遇到异常情况时没有征询客户的建议，没有与客户确认异常情况处理的决定，从而导致客户不认可货运代理的做法，从而拒付运费。

2. 货运代理为了接货向客户乱保证

货运代理为了接货乱保证，最为明显的是保证什么时候能到。海上运输因受天气影响特别大，运输时间很难控制。首先，船舶在海上漂受水流、天气影响很大，晚几天、早几天都有可能。另外，船舶在中途的装卸港有时因为港口或者天气原因有可能造成装卸时间超过预计时间，从而延误船期。如果货运代理乱保证，而货物却不能如期到达，对于一些时效性强的货物有可能因为过期或变质，货物就毫无价值。

3. 信用证条款的问题

贸易合同是买卖双方经磋商后共同签订的合同。信用证是根据贸易合同开立的，但有时信用证条款可能因为缮制错误或其他人为因素出现与合同不相符的情况。如果信用证条款未能达到收货人要求，收货人就会拒付货款。发货人会因为收货人的拒付货款而拒付运费。

4. 运费超过货物价值造成收货人弃货

货值太低，目的港费用远远超过货值。这个在拼箱货物出口商最为常见。到了目的港，收货人一看，拼箱公司最低收费比货物价值都贵好几倍，收货人就很有可能弃货，导致货运代理收不到运费。

5. 恶意拒付运费

在货运代理中也不乏出现客户恶意拒付运费的情况。

以上这些是基本会遇到的几个导致拒付运费的原因，在实际操作中可能还会有更多，需要货运代理自己擦亮双眼去辨别、区分。

三、海关查验费用

1. 海关查验费用的含义

海关查验是指海关对进出港货物进行查验。货物被查验就会产生一定费用，主要是在码头具体操作过程的费用，习惯称海关查验费。查验费一般由倒箱费、堆存费、吊机费、过磅费、移箱费、铅封号费、代办费等组成。

查验费是实收实付，实报实销的。一般价格在 1 000～2 000 元人民币元，当然这只是对一般货物的查验而言。另外，各地海关的费用也有区别。

根据规定，海关在监管区内实施查验不收取费用。对集装箱、货柜车或者其他货物加施海关封志的，按照规定收取封志工本费。因查验而产生的进出口货物搬移、开拆或者重封包装等费用，由进出口货物收发货人承担，具体收费标准可向港区等物流单位确认。

2. 海关查验费用的风险

海关查验是不收取任何费用的。相关的地面代理或查验场地经营企业负责实施调箱、开箱等业务操作，会收取相应的费用，相关的收费内容是公开的。

如果真的遇到海关查验，可能会导致后续一整段环节出现问题，上不了船、产生改配、很多滞港费用,严重的情况是货物与海关认定的不相符,会被扣货,需要工厂去海关解释等。这些因为查验产生,只要有时间的延误,肯定会多出不少费用,这些费用都会有收不回来的风险。

四、目的港清关难

1. 清关

清关(customs clearance)即结关,是指进口货物、出口货物和转运货物进入或出口一国海关关境或国境必须向海关申报,办理海关规定的各项手续,履行各项法律规定的义务。只有在履行各项义务,办理海关申报、查验、征税、放行等手续后,货物才能放行,货主或申报人才能提货。同样,载运进出口货物的各种运输工具进出境或转运,也均需向海关申报,办理海关手续,得到海关的许可。货物在结关期间,不论是进口、出口或转运,都处在海关监管之下,不准自由流通。

目的港收费一般包括船公司收费(如换单费、THC)、码头收费(如港务、港建、封识鉴定、堆存费、搬移费、码头内拖车费、吊箱费、铅封费等)、清关代理收费(如报关费、报检费、海关或商检验货费、货运代理的操作费、进口关税、陆运费等)。

2. 目的港清关难的风险

目的港清关难主要是针对有些需要办理比较繁琐的,或明令禁止运输的物品,客户为了节省申办流程,或者蒙混过关用其余的品名来申报出口或者进口对货运代理公司所产生的风险。这类物品一旦被查验出来,将会引发严重的后果,货运代理公司是摆脱不了责任的。

目的港清关难的原因有很多,如货运代理能力不行、单据不齐全或者单据有错误、货物有问题等原因。

五、运输延迟

(一) 运输延迟概述

1. 运输延迟的含义

我国《合同法》第290条规定:"承运人应当在约定期间或者合理期间内将旅客、货物安全运输到约定地点。"我国《海商法》第50条规定:"货物未能在明确约定的时间,在约定的卸货港交付的,为延迟交付。"

可见,运输延迟是指承运人无正当理由,致使货物未在约定期间、合理期间或法定期间内交付收货人的行为。

2. 运输延迟的风险

(1) 赔偿客户损失。依照我国《海商法》第50条的规定:① 承运人不负赔偿责任的情形外,由于承运人的过失,致使货物因迟延交付而灭失或者损坏的,承运人应当负赔偿责任。② 承运人不负赔偿责任的情形外,由于承运人的过失,致使货物因迟延交付而遭受经济损失的,即使货物没有灭失或者损坏,承运人仍然应当负赔偿责任。③ 承运人未能在规定的时间届满 60 日内交付货物，有权对货物灭失提出赔偿请求的人可以认为货物已经灭失。

（2）导致客户的不信任，甚至丢失客户。运输过程中的每一段，都有可能延迟，不管由于什么原因都会导致一些风险的产生。集装箱内陆托运时由于前一个柜子装货缓慢导致后一个柜子到工厂时工人已经下班，没有人装柜；海上运输展品时由于航行时间延缓了两天错过了展会；国外段由于代理错估时间，预报发送比预期早了一周等，这些延迟直接会导致客户对货运代理业务员的不信任，要求更换新的货运代理业务员，甚至可能丢失客户。

（二）运输延迟的原因

导致运输延迟的原因五花八门，最主要的由下列几个方面：

（1）天气原因造成运输延迟。由于海运受天气影响大，在海运期间有可能遭遇各种不可预测的不可抗力的自然灾害，从而影响船舶航行造成运输延迟。

（2）承运人或船长在装货港或中途港的不合理长时间滞留，或在航行途中未合理遣速。

（3）船舶不适航造成事故或航行途中修理，及至不及时修理。

（4）船舶未按正常地理航线行驶，即绕航。但对于绕航，海商法已经另有专门规定。

（5）其他原因，如目的港清关难、目的港拥挤、罢工等延误停泊。

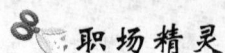 完成挑战

（1）客户之所以拒付货运代理的代垫费用，是因为司机在代垫费用时没有与货运代理业务员 A 进行沟通，没有让货运代理业务员 A 与客户进行进仓费的确认。

（2）货运代理在办理客户委托事宜时，不能自作主张，要征询客户的建议，尊重客户的决定；同时货运代理要实事求是，要将可能出现的异常情况告知客户。

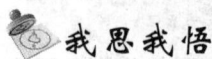 职场精灵

　　值得注意的是：当客户拒付运费时，货运代理无论如何不能扣提单、扣货，这些做法都是错误的；因为物权不属于货运代理公司，从法律的角度，扣货是没有任何道理的。

我思我悟

项目十七　制定货运代理的风险防范措施

 **目标**

知识目标

了解货损与遗失的防范措施

了解客户拒付运费的防范措施

了解减免海关查验费用的措施

了解目的港清关难的防范措施

了解减免运输延迟的措施

技能目标

能提前预测货运代理的各种风险,并采取一些风险防范措施

态度目标

树立未雨绸缪的风险防范意识

迎接挑战

李明作为货运代理公司的一名新进员工,经常会从他的师傅口中听到形形色色的风险,逐步了解到一些防范的措施。你能讲出哪些防范风险的措施呢?

思考

客户拒付货运代理的代垫费用是货运代理公司的一种风险。要想避免货运代理的风险,就必须了解货运代理风险产生的原因,并能提前做好风险防范措施。

知识天地

一、货损与遗失的防范措施

(一)充分举证

对自然原因造成的货损与遗失,承运人必须进行充分举证,证明自己在恶劣天气到

来之前,已经合理采取谨慎的措施来履行管理货物的责任,如此,才能依靠法律规定承担相应责任或不承担责任。

(二)确保良好的包装

在装运货物的时候在货物的包装和加固上面多注意,一些特殊物品一定要在箱子上打上提醒标签,把自己能控制的货物损失控制好,在货物装完出厂前有条件的话,最好能拍好照片。

(三)购买保险

对于不可控的,如在运输途中颠簸,海上被海水打湿等非主观因素引起的货损,需要货运代理自身购买承运保险,同时提醒客户对货物也购买货物保险。

(四)主动、充分提醒与告知

1.主动、充分提醒托运人

货运代理在接单时一定要主动、充分提醒托运人是否有特殊包装、储运要求,并要备注在单据中,要积极、主动地提供良好的接单服务。

2.主动、充分告知承运人储运要求

货运代理要将托运人的储运要求主动、完整、准确地告知给承运人,以便承运人能合理进行储运。

(五)合理拼箱、装箱

货运代理负责拼箱、装箱,应当充分考虑货物、集装箱等情况,做到科学合理拼箱、安全文明合理装箱,衬垫充分。

(六)催促收货人尽快提货

收货人对到港的集装箱货物要及时提货,对必要的货物在提货前要进行检验。货运代理应该在货物到港后多次、尽快通知收货人提货、验货,并做好详细记录。

二、客户拒付运费的防范措施

(一)货运代理不能自作主张,办理委托事宜要经客户确认

作为代理人的货运代理在办理客户委托事宜时是以客户的名义办理的,一定要按客户委托的要求办理业务,如遇特殊情况一定要征得客户的同意,与客户确认好,千万不能自作主张。作为承运人的货运代理在办理运输事宜时,也要根据运输合同办理业务,如遇异常情况要第一时间告知客户,为客户提供一些专业的建议,但要尊重客户的决定。

(二)货运代理要实事求是,要将可能出现的异常情况告知客户

首先,货运代理不能为了揽货接货就向客户乱承诺、乱保证。货运代理要实事求是,告知客户如果没有特殊情况的运输时间,也要告知如果出现一些异常情况(如天气影响、报关影响等)下的延迟,要根据货运代理自身的经验将所有可能出现的情况向客户说明。其次,海运时间一般不要规定在某个具体的日期,一般会根据情况规定一定的日期范围。

(三)明确信用证的条款尤其是与货运代理相关的一些条款

货运代理要明确信用证的条款,尤其是要对与自身相关的一些条款深入辨析。经验不足的货运代理更要特别注意,涉及信用证的一定要找懂行的人把需要货运代理做的条款解释清楚,确认自己所订的船公司都能做到,然后再去接这票货物,否则尽量不要去盲目接货。

（四）明确货物运费负担能力,提醒销售

为避免或减少运费超过货物价值导致的收货人弃货的风险,货运代理操作在报关前核对好客户的货物价值,分析并明确货物运费负担能力,如果货值很低,要提醒相关销售,尽量避免出现目的港弃货。

（五）建立客户信用档案,最好先收费再交单

对于客户的恶意拒付运费,货运代理不仅要靠对客户的了解与自身的经验去判断,还要建立比较真实、完整的客户档案,记录客户每票货物付费的详细情况,能为分析客户信用提供充分的信息。

对于长期合作并且信用较高的客户可以适当根据客户的实际情况进行一些付费的优惠政策(如延期付费),因为如果一直合作的货运代理完全可以在以后的运费中追加回来。但对于不熟悉的客户,尽量不要进行月结,等收到运费再把物权凭证(即提单)给客户。

三、减免海关查验费用的措施

海关对进出口货物实施一定比例的查验,按具体的货物在实际监管过程中不同环节的具体监管需求,实施人工布控查验和系统随机抽查。应不会存在对同一批次的货物无目的地反复查验的情况。

对于一般正常出口企业来讲,1年下来可能就会被查验几次,有些出口量不是很大的企业,1年可能都不会被查一票,所以企业一般都不会把查验费算进物流成本中去,这个是一个概率问题,不是必然会发生的。

（一）报价时备注

货运代理要防范这部分费用的产生,在对企业报价的时候一定要备注好,查验这些费用实报实销,避免被动承担后果。

（二）提前告知客户可能出现的问题和产生的费用

如果真的遇到查验,可能会导致后续一整段环节出现问题,会产生一些费用,提前告知客户来降低自己承担风险是最好的方法。

四、目的港清关难的防范措施

（一）从源头控制,清楚客户的产品

防范这类风险需要从源头和环节上控制好,首先了解清楚客户的出口产品,在运输或者装箱过程中,发现有异常的情况需要及时检查,避免给自身带来更大的损失。

（二）熟悉各国的清关流程和管制措施

要防范目的港清关难,货运代理需要熟悉世界上各个国家的一些清关流程和即时的管制措施以及由于这些国家和中国的关系而引起的中国货物进口上的种种问题。比如,俄罗

斯因为本国的一些法规，导致进口清关的时候要求很严格，清关很难；埃及进口清关都需要提供 CIQ(监装证明)；巴西进口清关的货物一定要在提单上标明税号；美国进口清关的货物都要提前发送货物的清单、船期等信息给美国海关，否则到了目的港根本不能清关等。

（三）提前告知客户并且和目的港收货人确认好

货运代理需要提前告知客户目的港清关的一切信息，将所有目的港清关的风险告知客户。同时，货运代理还需要与目的港收货人确认好，从而控制或避免目的港清关难的风险。

五、减免运输延迟的措施

（一）充分举证，耐心解释

如果因天气等自然灾害引起的运输延迟，承运人要充分举证，证明运输延迟是因不可抗力造成的，并要证明自己已经作出了合理的补救措施。同时，承运人应该耐心向客户解释运输延迟的原因，获得客户的理解。

（二）及时了解货运情况，及时进行异常情况处理

货运代理应该及时了解货运运输过程中的情况，对货物进行实时跟踪，一旦发现异常情况，应第一时间进行处理，争取避免或减少运输延迟发生。

（三）实时掌握目的港国家动态，提前做好防范措施

货运代理应该通过这种渠道和途径实施掌握进口清关或管制措施特殊、政局不稳、社会不稳定等目的港国家的动态，要事先考虑到有可能发生的异常情况，提前做好防范措施。

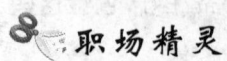 **完成挑战**

防范货运代理公司的风险需要从日常工作的方方面面入手。可以采取诸如货损与遗失的防范措施、客户拒付运费的防范措施、减免海关查验费用的措施、目的港清关难的防范措施、减免运输延迟的措施等。

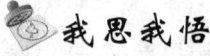 **职场精灵**

> 作为货运代理公司的员工，防范货运代理公司的风险需要从日常工作的方方面面入手，养成认真仔细的工作态度。

我思我悟

_____

_____

模块五
货运代理实操：集装箱班轮出口与进口

项目十八　集装箱班轮出口

集装箱班轮运输占据海运业务的 80% 以上,因此,掌握集装箱班轮运输的业务操作对学生未来就业有着极其重要的作用。本项目以集装箱班轮出口业务的操作流程为主线,把整个项目按照工作流程分为 10 个任务(见图 18-1、表 18-1),以此组织教与学。

图 18-1　集装箱班轮出口业务

表 18-1　　　　　　　　　　　集装箱班轮出口任务列表

任务编号	任务名称
1	揽货接单
2	理单制单
3	办理订舱
4	提取空箱
5	装箱集港
6	代理报关
7	货物装船
8	付费取单
9	代办保险
10	费用结算

任务一　揽货接单

任务要求

知识要求

1. 掌握运费结构
2. 熟记常用附加费的缩写

技能要求

1. 会解读航线表
2. 会依据运价表进行运费核算并进行报价
3. 会依据货物性质及数量选择箱类和箱型

任务描述

　　自金融危机至今，货运代理公司常常一票难求，很多货运代理公司可谓门前零落鞍马稀。就在这时，盛达公司有一批男式 T 恤衫要出口到日本神户，想委托百通货运代理公司办理海运运输等事宜，最晚 7 月 25 日要装运，盛达公司向百通货运代理公司提供了一份装箱明细单，并询货运代理价格。该公司出口部经理小张接到这票询价很高兴，心想一定要拿下这票业务。

> **小思考**　小张怎样才能拿到这票业务？

任务分析

　　小张要想拿到这票货物，必须满足货主需求。货主有什么需求呢？通常货主都希望及时订到舱位，获得最优惠运价及优质服务。因此，小张制定了操作流程。我们看看小张制定的工作流程合理吗？

📅 操作流程(见图 18-2)

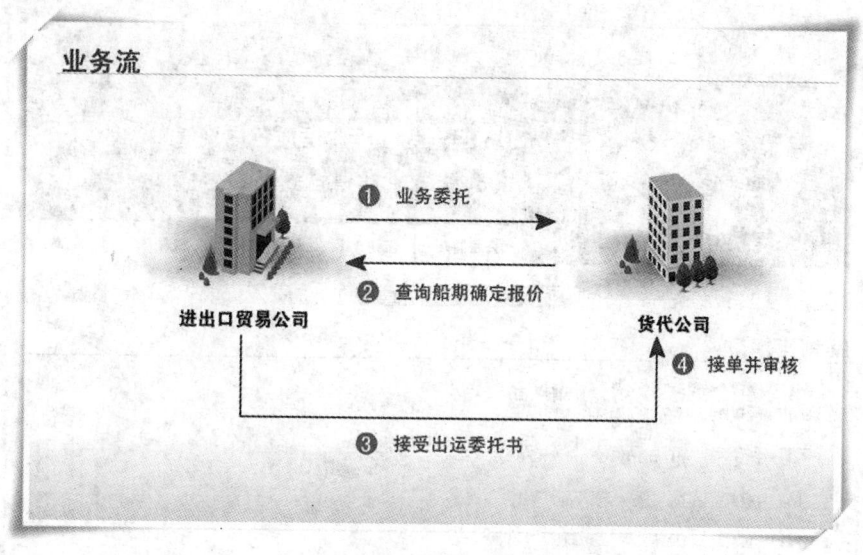

图 18-2　揽货接单

📓 业务操作指导

操作 1　根据客户需要查阅船公司船期表

(1) 小张打开中外运集装箱运输有限公司网站查中外运船期表(见图 18 - 3)：(http：//www.sinolines.com)。

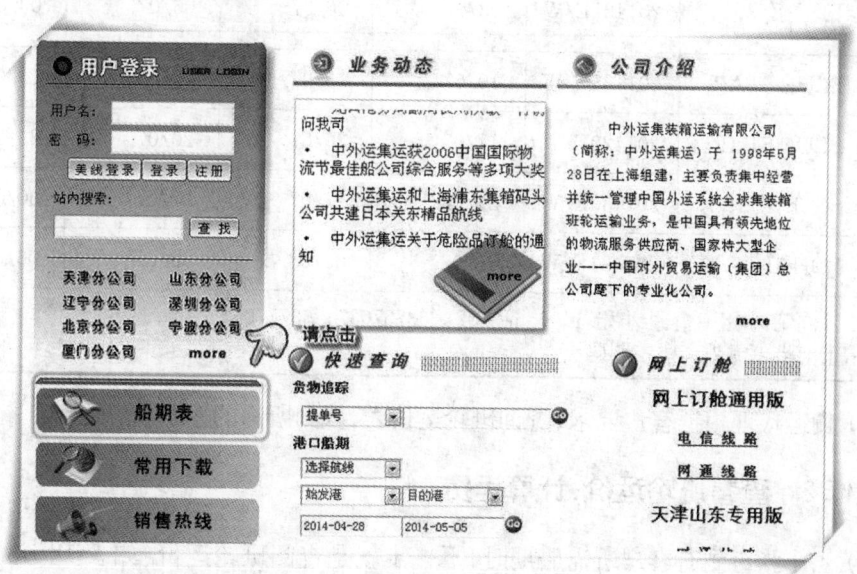

图 18-3　中外运集装箱运输公司网站

（2）选择船期表的月份与航线（见图 18 - 4、表 18 - 2）。

图 18-4　中国/日本航线（2014 年 7 月）

表 18-2

上海/大阪/神户(周二)周班航线

船　　名	航　次	上海/SHA	大阪/OSA	神户/UKB	上海/SHA
VSL	开航/到达	周一/周二	周五/周五	周五/周五	周一/周二
晓春　FAR EAST CHEER	201427E/W	03/07	06/07	06/07	09/07
晓星　BLUE STAR	201428E/W	10/07	13/07	13/07	16/07
晓星　BLUE STAR	201429E/W	17/07	20/07	20/07	23/07
晓夏　BOHAI	201430E/W	24/07	27/07	27/07	30/07
晓夏　BOHAI	201431E/W	31/07	03/08	03/08	06/08

联系人：陈向荣 小姐　俞骊 小姐　　电话：021-63757037　63757062
备　注：上海港停靠外高桥二期码头

（3）货运代理根据客户要求，查询班轮运价表，找到所需的运价。

操作 2　查看班轮运价，计算运费

（1）当小张查到有客户所需船期时，下一步就是查阅班轮运价（如表 18 - 3）。一般船公司和货运代理公司之间都有协议班轮运价，这个运价在网上一般看不到。

表 18-3 　　中国对外贸易运输总公司运价表 　（此表供参考，以接受订舱为准）

LINE(航线)		DESTINATION(目的港)	O/F(海运费)	ADDITIONAL CHGS	REMAKK(备注)	ETD	T/T
西北欧	德国	HAMBRUG/BREMEN	1 600 /2 300/2 400		加收订舱港杂 RMB200/UNTT 27 日后 TCP 为 250/20'	MON	28/32D
	荷兰	ROTTERDAM					26D
	英国	FELIXSTOWE					28D
	比利时	ANTWERP(VIA SHANGHAI)					36D
	法国	LE HAVRE(VIA SHANGHAI)					37D
地西	法国	FOS	1 550/2 400/2 500	BAF: 296/592　CAF: 10.6% RR: 100/200/20'/40'TCP: 150/20'DC PSS: 135/270 货重超过 14 吨的 20DC/20RF/20OT/20RF/20 'SOC 等 20 尺箱型将征收 重箱附加费 USD350/20'	加收订舱港杂 RMB200/UNTT 27 日后 TCP 为 250/20'	MON VIA SHA	36D
	西班牙	BARCELONA/VALENCIA					36/37D
	意大利	GENOA/NAPLES	1 550/2 400/2 500				31/29D
		LIVORNO	1 550/2 600/2 700				33D
		VENICE/ANCORNA	1 550/2 600/2 700				34/34D
	南斯拉夫	KOPER	1 600/2 700/2 800				33D
加拿大	关西	ANGLESE/OAKLAND/SEATTL	1 500/1 910/2 145	AMS: 25/BL	PSS: 320/400/450	MON	14/14/17/16D
	关东	YORK/NORFOLK/SAVANNAH/B	2 663/3 550/3 994	AMS: 25/BL	PSS: 320/400/450	MON	32/33/34/34D
		VANCOUVER	1 585/2 050/2 200	AMS: 25/BL	PSS: 320/400/450	MON	17D
		MONTREAL/TORONTO	2 780/3 750/3 900	AMS: 25/BL	PSS: 320/400/450		23D
东南亚		TA/SURABAYA	850/950/950	已含 BAF: 60/120	小柜重费加 usd50/T	SAT	9/10/13/15D
		BANKOK(VIA HK)	950/1 100/1 100				13D
		HOCHIMINH(VIA HK)	950/1 100/1 100				15D
		HAI PHONE	1 050/1 450/1 450				15D
		DANNANG/QUI NHON	1 260/1 820/1 870				15D
		CHABENG	900/1 050/1 050				15D

运价表解读：① 1 600/2 300/2 400 表示：20 英尺、40 英尺、40 英尺高箱的海运费。② ADDITIONAL CHGS 表示：附加费。③ REMARK：备注，指临时性附加费。④ ETD 表示：开船日期。⑤ T/T 表示：航程所需时间。

从表中看到：运价为 500/20'，重量超过 20T 附加费 USD 50.00/20'。这些运价都是普货集装箱的运价。

（2）货运代理回复客户的询问，并报价。

（3）传真报价单。

想一想

报价该报多少？

从货主委托信息中获得如下信息：普货，58.56CBM。小张拿出身边常备的表，根据表中数据，可以肯定这票货物恰好可以装一个 40'普通集装箱(见表 18-4)。

表 18-4 　　　　　　　　　　　　集装箱常备数据

箱型	容积(立方米)	有效容积(立方米)	一般载重(吨)
10GP	14.9	12	9
20GP	33	24～26	17.5
40GP	68	60	22
40HP	76	68	22
45HP	96	86	29

根据运价表,基本运费:200 美元,重量没有超标,无附加费。日元贬值费:30 美元;燃油附加费:200 美元。

除基本运费和附加费外,船代收取的制单费、报关费、订舱费、码头操作费等费用也需要货运代理公司代收,同时货运代理公司还要收取内陆运输费用。

小张根据本公司收费标准收取:单证费 150 元人民币,内陆运输费用 1 000 元人民币,订舱费 200 元人民币,报关费 100 元人民币。

于是小张报价如下:海运费 200 美元,本地费用(单证费＋内陆运输费＋订舱费＋报关费)1 450 人民币。

职场精灵

> 货运代理公司给货主开具的发票为两类:一类是美元发票;一类是人民币发票,因此,货运代理员必须清楚哪些项目是美元计价? 哪些项目是人民币计价? 一般来说本地费用采用人民币计价,其他采用美元计价。

操作 3　货运代理接受出运委托书(见表 18-5)

(1) 客户接受货运代理的报价,并给货运代理发送出运委托。

(2) 出运委托书里应该有哪些信息呢?

货运委托书

表 18-5　　　　　　　　　　　盛达海运货运委托书

经营单位 (托运人)	SHENGDA IMP. & EXP. CO., LTD. NO. 668 ZHONGSHAN RD. MINHANGDISTRICT SHANGHAI CHINA TEL(86)21-16584887 FAX(86)21-16584568		百通 编号		JF0388811
提 单 B/L 项 目 要 求	Shipper: 发货人: SHENGDA IMP. & EXP. CO., LTD. NO. 668 ZHONGSHAN RD. MINHANG DISTRICT SHANGHAI CHINA TEL(86)21-16584887　FAX(86)21-16584568				
	收货人: MATUSUDA IMPORT & EXPORT CO., LTD. 2488, EDO-MACHI, CHUO-KU KOBE JAPAN Consignee.				
	Notify Party: 通知人: MATUSUDA IMPORT & EXPORT CO., LTD. 2488, EDO-MACHI, CHUO-KU KOBE JAPAN				
海运费(✓) Sea freight	预付(✓)或( )到付 Prepaid or Collect	提　单 份　数	3	提单寄送 地　址	MATUSUDA IMPORT & EXPORT CO., LTD. 2488, EDO-MACHI, CHUO-KU KOBE JAPAN
起运港	SHANGHAI	目的港	KOBE	可否转船	否	可否分批	否

174

（续表）

集装箱预配数		40'×1　40'×	装运期限	20140325		
标记唛码	包 装件 数	中英文货号 Description of goods	毛重（千克）	尺码（立方米）	成交条件（总　价）	
MATUSUDA JSHA034 KOBE C/NO. 1-488	488 CTNS	100%全棉男衬衣 100% COTTON MAN'S SHIRT	6 588	58.56	CIF KOBE JAPAN	

特种货物 □冷藏货 □危险品	重　件：每件重量
	大　件（长×宽×高）

Service Type on Receiving □—CY ☑—CFS	Service Type on Delivery □—CY ☑—CFS

内装箱（CFS）地址	中山北路 8888 号的仓库 电话：6820682×215	物资备妥日期	2014 年 3 月 10 日
		物资进栈：自送(√)或金发派送( )	
门对门装箱地址		人民币结算单位 账号	SZR70066686
外币结算账号	THY5584321337	托运人签章	
声明事项		电　话	(86)21-16584887
		传　真	FAX(86)21-16584568
		联系人	李青云
		地　址	NO. 668 ZHONGSHAN RD MINHANG DISTRICT SHANGHAI CHINA
		制单日期：2014 年 3 月 16 日	

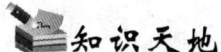

知识天地

一、班轮运费

班轮运费视散货运输还是集装箱运输而有所不同,散货运输的班轮运费包括货物从装运港至目的港的海上运费以及货物的装卸费。

（一）运价与运费

(1) 班轮运价是承运单位货物收取的费用。货物的单位可以是立方米、吨、箱(20'40'45')。

(2) 运费＝运价×运输的数量。

(3) 运价表：是船公司承运货物时据以收取运费的费率表的汇总。不同的班轮公司或不同的轮船公司有不同的运价表。运价表又分为等级运价表和单项费率运价表。

（二）运价表常见类型

(1) 等级运价表(见表 18-6)：将货物划分为若干等级,(一般分为 20 个等级),按照不同的航线分别为每一个等级制定运价。等级运价表中附有"商品分级表"。

表 18-6　　　　　　　　　等 级 运 价 表

SHANGHAI TO（上海）	ANTWERP、HAMBURG、ROTTERDAM（安特卫普、汉堡、鹿特丹）		
COMMODITY	BASIS	LCL	20'/40'
1～8	M	107	1 850/3 515
9	M	112	1 950/3 705
10～11	M	117	2 050/3 895
12～20	M	122	2 100/4 050
1～12	W	134	1 850/3 515
13～15	W	142	2 000/3 800
16～20	W	150	2 100/4 050
NON-HAZARDOUS（非危险品）	W/M	112	1 950/3 750
SEMI-HAZARDOUS（半危险品）	W/M	148	2 650/5 035
HAZARDOUS			3 350/6 270

COMMODITY：货物的等级；BASIS：计费依据；M：按照体积收费；W：按照重量收费；W/M：两者取大。

LCL 列的内容表示拼箱货每运费吨的收费标准。20'/40' 表示 20 英尺和 40 英尺集装箱的收费标准。

（2）单项费率运价表（见表 18-7）：又称"商品运价表"。这是对不同的货物在不同的航线上分别制定的运价。

表 18-7　　　　　　　　　单项费率运价表

货　　名	计算标准	等级
农业机械(包括拖拉机)	W/M	9
棉布及棉织品	M	10
小五金及工具	W/M	10
玩具	M	20
棉布及棉织品	M	10

（三）运费支付的时间

（1）运费预付的支付时间：在向船公司申领提单前支付运费。

（2）运费到付的支付时间：在进口港换取提货单之前。

（四）班轮运费的计费标准

（1）杂货班轮和拼箱货的常用计费标准：

按重量计收(W)：25 美元/运费吨，20 吨货物的运费＝25×20＝500(美元)

按体积计收(M)：25 美元/运费吨,25 立方米运费＝25×25＝625(美元)

按重量或体积中收费较高的作为标准(W/M)：上述例子,则按照体积计费,运费为625 美元。

(2) 整箱货计费标准：

一般按照箱收费,500/800/800,表示 500 美元/20 英尺；800 美元/40 英尺；800 美元/45 英尺。

（五）班轮运费的构成

$$班轮运费＝基本运费＋附加费$$

(1) 基本运费：基本运费＝基本运费率×运费吨

(2) 附加费：附加费＝基本运费率×附加费率×运费吨

$$运费＝基本运费＋附加费$$
$$＝基本运费率×(1＋附加费率)×运费吨$$

（六）附加费的种类

(1) 燃油附加费(BAF)。这是由于燃油价格上涨,使船舶的燃油费用支出超过原核定的运输成本中的燃油费用,船公司在不调整原定运价的前提下,为补偿燃油费用的增加而加收的附加费。

(2) 货币贬值附加费(CAF)。这是由于国际金融市场的汇率发生变动,计收运费的货币贬值,为了弥补船公司在货币兑换过程中的汇兑损失而加收的附加费,一般以基本运费的百分比计收。随着汇率的变动,这项附加费的标准也在不断变化。

(3) 旺季附加费(PSS)。这是在每年运输旺季时,船公司根据运输供求关系状况而加收的附加费。

(4) 自动舱单系统(AMS)。现被称为自动舱单系统的录入费。美国海关要求 2003年 2 月 1 日开始启程运往美国港口的集装箱货物,其承运人必须在国外港口装货前至少24 小时以电子方式通过美国设置的"自动舱单系统",向美国海关提交准确完整的货物申报单。现在所收的 AMS,即自动舱单系统录入费。

(5)《国际船舶及港口设施保安规则》(ISPS)。某些港口为转嫁引进和执行此规则所增加的成本,而向货主收取的安全附加费。

此外还有转船附加费(TRANSHIMENT SURCHARGE)、直航附加费(DIRECT ADDITIONAL)、超重附加费(HEAVY LIFT ADDITIONAL)和超大附加费(SURCHARGE OF BULKY CARGO)、超长附加费(LONG LENGTH ADDITIONAL)、港口附加费(PORT ADDITIONAL OR PORT SUECHARGE)、港口拥挤附加费(PORT CONGESTION SURCHARGE)、选港附加费(OPTIONAL SURCHARGE)、变更卸货港附加费(ALTERNATIONAL OF DESTINATION CHARGE)、绕航附加费(DEVIATION SURCHARGE)。

回音壁

报价要点

1. 掌握运费结构。

2. 熟悉哪些费用为人民币结算？哪些费用为美元结算？

3. 了解行业收费标准。

> ### 报 价 要 诀
>
> 核算项目心中记
> 计算过程要仔细
> 报价莫忘报服务
> 机灵诚恳是秘笈

任务二　理　单　制　单

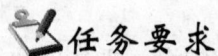任务要求

知识要求

1. 掌握托运联单的缮制规范

2. 归纳货主委托办理运输应该提供的单证种类

3. 熟记集装箱托运联单各联的名称

技能要求

1. 会根据货运委托书缮制托运联单

2. 会在 5 分钟之内填制一张单证

任务描述

　　百通货运代理向盛达公司报价后,盛达公司接受该报价,于是委托该公司订 8 月 25 日前的船,并提供装箱明细单、委托报关协议、报关发票。百通货运代理公司签订货运代理协议后,安排货运代理员小张负责这笔业务的操作。

小思考　小张接到这笔业务,该制作什么单据?

任务分析

　　货运代理公司要向船公司订舱,需要货主提供货物运输相关信息,这些信息从哪里来? 这些信息通过什么方式传递给船公司? 货运代理公司怎样高效地调用货主信息呢?

　　一般来说,货主主要通过一些单据提供货物运输的信息,这些信息制作在一张单据上,向船公司订舱即订舱单,专业名称为集装箱托运单。随着信息化程度的提高,货运代理公司都有业务管理系统软件,把货主、货物等信息记载在信息管理系统上,一则可以随时调用,二则可以提高工作的效率。

操作流程(见图 18-5)

图 18-5　理单制单

业务操作指导

操作 1　建立内部台账

　　内部台账,就是建立客户信息。业务员打开内部管理系统,将客户提供的信息输入系统。当然不同公司管理系统操作有所不同，但是大同小异。

　　委托信息1　客户信息：根据货运委托书填写（见图 18-6）

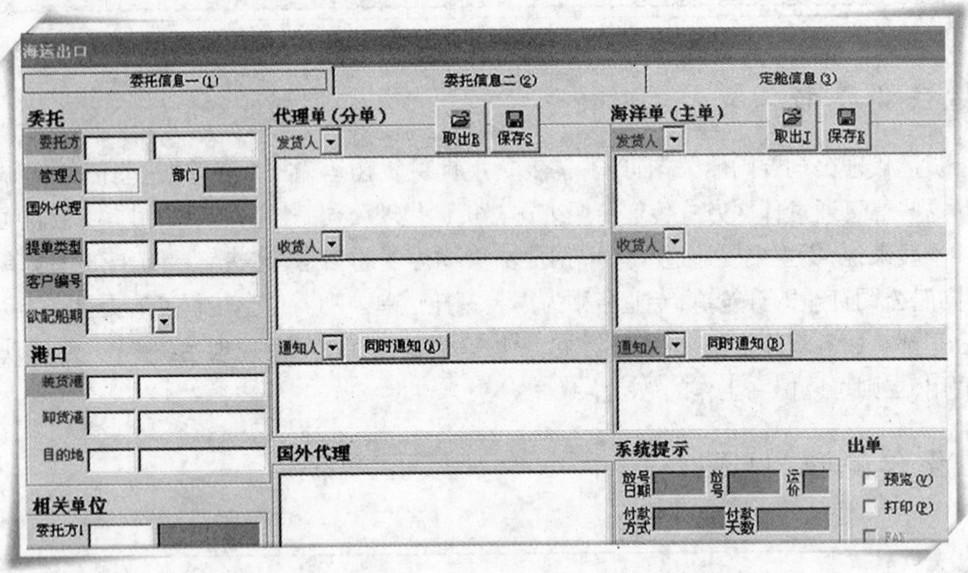

图 18-6　货运委托书

　　委托信息2　确定箱型箱量，输入货物信息（见图 18-7）

箱型、箱类、箱量：40'×1GP

运输条款：CY/CY，FREIGHT PREPAID

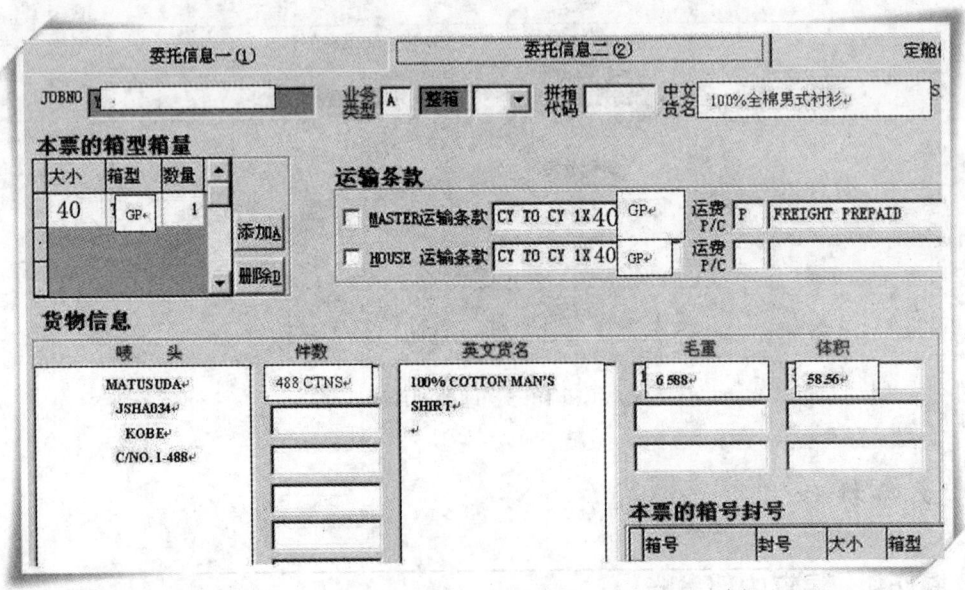

图 18-7　货物信息

委托信息 3　把订单号、船名、航次，输入管理信息系统(见图 18-8)

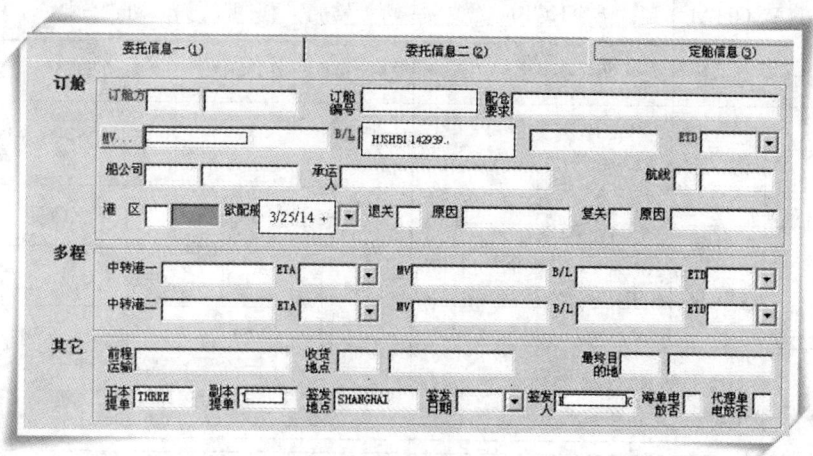

图 18-8　管理信息系统

说明：

(1) 对于大型货运代理公司,船公司一般把提单号批量给他们,由货运代理公司自己安排提单号码。

(2) 船名航次可以网上查阅。

操作 2　缮制货物托运单

小张把客户提供的单据整理到一个文件夹,并写上客户编号(XP09061061)。

文件有：货运委托书(见表 18-8)、委托报关协议(见表 18-9)、出口收汇核销单(见表 18-10)、托运单(见表 18-11)。

表 18-8　　　　　　　　　　　百通货运委托书

经营单位 (托运人)	SHENGDA IMP. & EXP. CO., LTD. NO. 668 ZHONGSHAN RD. MINHANGDISTRICT SHANGHAI CHINA TEL(86)21-16584887　FAX(86)21-16584568		百　通 编　号		JF0388811
提 单 B/L 项 目 要 求	Shipper: 发货人：SHENGDA IMP. & EXP. CO., LTD. NO 668 ZHONGSHAN RD. MINHANG DISTRICT SHANGHAI CHINA TEL(86)21-16584887　FAX(86)21-16584568				
	收货人：MATUSUDA IMPORT & EXPORT CO., LTD. Consignee: 2488, EDO-MACHI, CHUQ-KU　KOBE JAPAN				
	通知人：MATUSUDA IMPORT & EXPORT CO., LTD. Notify Party: 2488, EDO-MACHI, CHUO-KU　KOBE JAPAN				
洋运费(✓) Sea freight	预付(✓)或( )到付 Prepaid or Collect	提 单 份 数	3	提单寄送 地　址	SHENGDA IMP. & EXP. CO., LTD. NO. 668 ZHONGSHAN RD. MINHANG DISTRICT SHANGHAI CHINA

（续表）

起运港	SHANGHAI	目的港	KOBE	可否转船	可	可否分批	可
集装箱预配数		20'× 40'×1		装运期限	20140325	有效期限	20140325

标记唛码	包装件数	中英文货号 Description of goods	毛重（千克）	尺码（立方米）	成交条件（总　价）	
MATUSUDA JSHA034 KOBE C/NO. 1-488	488 CTNS	100%全棉男衬衣 100% COTTON MAN'S SHIRT	6 588	58.56	CIF KOBE JAPAN	

特种货物 冷藏货 危险品	重　件：每件重量	
	大　件（长×宽×高）	

内装箱(CFS)地址	中山北路 8888 号的仓库 电话：6820682-215	特种集装箱：（　　　）
门对门装箱地址		物资备妥日期　　2014 年 3 月 10 日
外币结算账号	THY5584321337	物资进栈：自送(√)或金发派送(　)
声明事项		人民币结算单位账号　SZR70066686

托运人签章	SHENGDA IMP & EXP. CO., LTD. 盛达进出口有限公司
电话	(86)21-1658488
传真	FAX(86)21-6584568
联系人	李青云
地址	NO. 668 ZHONGSHAN RD. MINHANGDISTRICT SHANGHAI CHINA
制单日期：	年　月　日

代理报关委托书

编号：2200004510976

我单位现（A. 逐票　B. 长期）委托贵公司代理　等通关事宜,(A. 报关查验　B. 垫缴税款 C. 办理海关证明联　D. 审批手册　E. 核销手册　F. 申办减免税手续　G. 其他)详见《委托报关协议》。

我单位保证遵守《海关法》和国家有关法规，保证所提供的情况真实、完整、单货相符。否则，愿承担相关法律责任。

本委托书有效期自签字之日起至 2014 年 3 月 25 日止。

委托方(签章)：SHENGDA IMP. AND EXP. CO., LTD.

法定代表人或其授权签署《代理报关委托人(签字)　王海波

2014 年 03 月 15 日

表 18-9

委托报关协议

为明确委托报关具体事项和各自责任,双方经平等商定协议如下:

委托方	盛达进出口有限公司	被委托人	百通货运代理公司
主要货物名称	中国绿茶	＊报关单编号	NO.
H.S.编码	09021090	收到单证日期	2014 年 3 月 16 日
进出口日期	2014 年 3 月 25 日	收到单证情况	合同☑　　发票☑ 装箱清单☑　　提(运)单□ 加工贸易手册□　　许可证件□ 其他
提单号	HJSHBI 142939		
贸易方式	一般贸易		
原产地/货源地	上海		
传真号码	65785678	报关收费	人民币:80 元

其他要求:	承诺说明:
背面所列通用条款是本协议不可分割的一部分,对本协议的签署构成了对背面条款的同意。	背面所列通用条款是本协议不可分割的一部分,对本协议的签署构成了对背面条款的同意。
委托方业务签章: 盛达进出口有限公司 SHENGDA IMP. AND EXP. CO., LTD. 王海波 经办人签章:2014 年 3 月 16 日 联系电话:65785678	被委托方业务签章: 上海吉顺报关行 经办报关员签章:王路杰 2014 年 3 月 16 日 联系电话:56987452

(白联:海关留存;黄联:被委托方留存;红联:委托方留存)　　　　　　　　中国报关协会

上海盛达进出口贸易有限公司
SHANGHAI SHENGDA IMPORT AND EXPORT ENTERPRISE CO.,LTD.
NO.668 ZHONGSHAN RD. MINHANG DISTRICT SHANGHAI CHINA
TEL(86)21-16584887　FAX(86)21-16584568
COMMERCIAL　INVOICE

Messrs:

	INVOICE NO.　　08277201
MATUSUDA IMPORT & EXPORT CO., LTD. 2488,EDO-MACHI,CHUO-KU KOBE JAPAN	DATE:　　JULY.18,2014
	S/C NO.　　06TM-0637
	L/C NO.:　　LGU-0075

FROM:　SHANGHAI PORT　　　　TO:　　　　　　KOBE　PORT

MARKS & NO.	DESCRIPTIONS OF GOODS	QUANTITY (CTNS)	UNIT PRICE (USD)	AMOUNT (USD)
MATUSUDA JSHA034 KOBE C/NO. 1~488	100％全棉男衬衣 100％ COTTON MAN'S SHIRT ART NO. 124S38 124S40 124S42	 800 DOZ 840 DOZ 800 DOZ	CIF KOBE 30.00/DOZ 30.00/DOZ 30.00/DOZ	 24 000.00 25 200.00 24 000.00 73 200.00
	TOTAL:	48		73 200.00

TOTAL　AMOUNT:SAY US DOLLARS SEVENTY THREE THOUSAND TWO HUNDRED ONLY.

上海盛达进出口贸易有限公司

SHENGDA IMP. &. EXP. CO. ,LTD.

NO. 668 ZHONGSHAN RD. MINHANG DISTRICT SHANGHAI CHINA

TEL(86)21-16584887　　FAX(86)21-16584568

SALES　CONFIRMATION

日期： Date：　　FEB,05. 2014	号码： No. ：　　JSHA034

买方：(The Buyers) MATUSUDA IMPORT &. EXPORT CO. , LTD. 2488,EDO-MACHI,CHUO-KU　KOBE JAPAN	卖方：(The Sellers) SHENGDA IMP. &. EXP. CO. ,LTD. NO. 668 ZHONGSHAN RD. MINHANG DISTRICT SHANGHAI CHINA

兹经买卖双方同意按照以下条款由买方购进，卖方售出以下商品：

This contract is made by and between the Buyers and the Sellers; whereby the Buyers agree to buy and the Sellers agree to sell the under-mentioned goods subject to the terms and conditions as stipulated hereinafter.

1. 商品名称

Name of Commodity：100％ COTTON MAN'S SHIRT.

2. 数量

Quantity：

Art. No.	QUANTITY(CTNS)	UNIT PRICE(USD)	AMOUNT(USD)
124S38	800 DOZ	30. 00/DOZ	24 000. 00
124S40	840 DOZ	30. 00/DOZ	25 200. 00
124S42	800 DOZ	30. 00/DOZ	24 000. 00
CIF KOBE JAPAN			73 200. 00

3. 单价

Unit price：USD 30. 00/DOZ.

4. 总值

Total Value：USD 73 200. 00.

5. 包装

Packing：PACKED IN CARTONS.

6. 生产国别

Country of Origin：CHINA.

7. 支付条款

Terms of Payment：D/P AT SIGHT.

8. 保险

Insurance：for 110％ of the invoice value covering all Risks and War risk as per PICC dated 1/1/1981.

9. 装运期限

Time of Shipment：MAY. 31, 2014.

10. 起运港

Port of Lading：SHANGHAI CHINA.

11. 目的港

Port of Destination：KOBE JAPAN.

12. 索赔

在货到目的口岸45天内如发现货物品质,规格和数量与合同不符,除属保险公司或船方责任外,买方有权凭中国商检出具的检验证书或有关文件向卖方索赔换货或赔款。

Claims：Within 45 days after the arrival of the goods at the destination, should the quality, Specifications or quantity be found not in conformity with the stipulations of the contract except those claims for which the insurance company or the owners of the vessel are liable, the Buyers shall, have the right on the strength of the inspection certificate issued by the C. C. I. C. and the relative documents to claim for compensation to the Sellers.

13. 不可抗力

由于人力不可抗力的缘由发生在制造,装载或运输的过程中导致卖方延期交货或不能交货者,卖方可免除责任,在不可抗力发生后,卖方须立即电告买方及在14天内以空邮方式向买方提供事故发生的证明文件,在上述情况下,卖方仍需负责采取措施尽快发货。

Force Majeure：The sellers shall not be held responsible for the delay in shipment or non-deli-very of the goods due to Force Majeure, which might occur during the process of manufacturing or in the course of loading or transit. The sellers shall advise the Buyers immediately of the occurrence mentioned above the within fourteen days there after. The Sellers shall send by airmail to the Buyers for their acceptancea certificate of the accident. Under such circumstances the Sellers, however, are still under the obligation to take all necessary measures to hasten the delivery of the goods.

14. 仲裁

凡有关执行合同所发生的一切争议应通过友好协商解决,如协商不能解决,则将分歧提交中国国际贸易促进委员会按有关仲裁程序进行仲裁,仲裁将是终局的,双方均受其约束,仲裁费用由败诉方承担。

Arbitration：All disputes in connection with the execution of this Contract shall be settled friendly through negotiation. In case no settlement can be reached, the case then may be submitted for arbitration to the Arbitration Commission of the China Council for the Promotion of International Trade in accordance with the Provisional Rules of Procedure promulgated by the said Arbitration Commission. The Arbitration committee shall be final and binding upon both parties, and the Arbitration fee shall be borne by the losing parties.

15. 附注

买方应立即将本确认书签署后退还正本一份给卖方存查,如本确认书到达买方后10天内买方尚未签回,应视为买方已接受本确认书所规定的全部条款。

Remarks：The Buyer is requested to sign and return one original of this Sales Confirmation, duly signed, to the Seller for file immediately. Should the buyer fail to do so within 10 days after arrival of this Sales Confirmation at the Buyer's end, the Buyer shall be deemed as having accepted all the terms and conditions set forth in this Sales Confirmation.

16. 特别条款

如特别条款与印刷条款有抵触时，应以此特别条款为准。

Special Conditions：These shall prevail over all printed terms in case of any conflict.

买方：(The Buyers)

MATUSUDA IMPORT & EXPORT CO.，LTD.

2488,EDO-MACHI,CHUO-KU

KOBE JAPAN

授权签字(Signature)

Nemotohidetosi　FEB. 06, 2014

卖方：(The Sellers)

SHENGDA IMP. & EXP. CO.，LTD

NO. 668 ZHONGSHAN RD. MINHANG

DISTRICTSHANGHAI CHINA

(授权签字)Signature

王海波　2014/02/05

表 18-10　　　　　　　　　　　出口收汇核销单

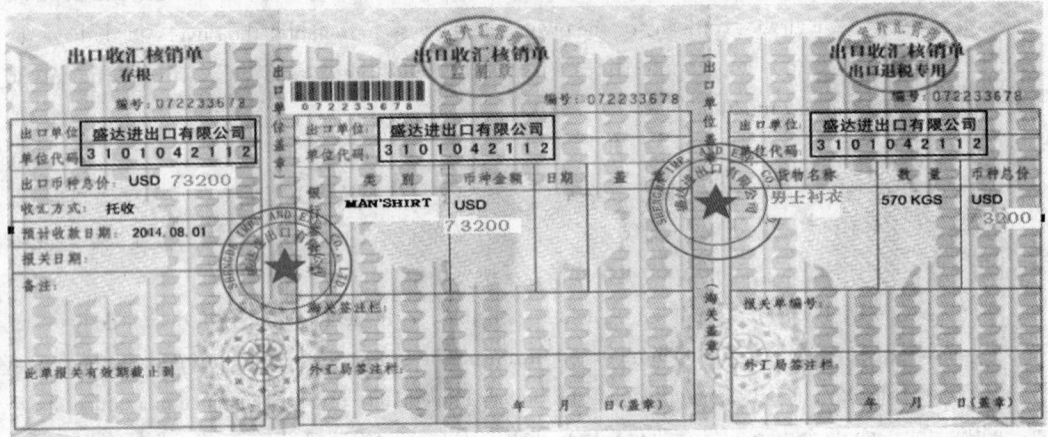

缮制如下托运单（见表 18 - 11）：

表 18-11　　　　　　　　　　　托　运　单

Shipper(发货人)			D/R No.(编号)	
Consignee(收货人)				
Notify Party(通知人)			货主留底	
Pre-carriage by(前程运输)	Place of Receipt(收货地点)			
Ocean Vessel(船名) Voy. No.(航次)	Port of loading(装货港)			
Port of Discharge(卸货港)	Place of delivery(交货地点)		Final Destination(目的地)	
Container No. (集装箱号) Seal No. (封志号) Marks&Nos. (标记与号码)	No. of Containers or Packages (箱数或件数)	Description of Goods (包装种类与货名)	Gross Weight 毛重(千克)	Measurement 尺码(立方米)

（续表）

TOTAL NUMBER OF CONTAINERS OR PACKAGES(IN WORDS)集装箱数或件数合计(大写)					
Freight & Charges (运费与附加费)	Revenue Tons (运费吨)	Rate(运费率)	Per(每)	Prepaid (运费预付)	Collect(到付)
Ex. Rate (兑换率)	Prepaid at(预付地点)		Payable at(到付地点)	Place and date of Issue (签发地点)	
	Total prepaid(预付总额)		No. of Original B(s)/L (正本提单份数)	Booking(订舱确认) Approved by	

Service Type on Receiving □—CY □—CFS □—DOOR	Service Type on Delivery □—CY □—CFS □—DOOR	Reefer Temperature Required(冷藏温度)	℉	℃
TYPE OF GOODS (种类)	□Ordinary（普通）　□Reefer（冷藏）　□Dangerous（危险品）　□Auto（裸装车辆） □Liquid（液体）　□Live Animal（活动物）　□Bulk（散货）	危险品 Class: Property: IMDG Code Page: UN No.		

操作3　核对托运单准备订舱

审核如下托运单并盖章(见表18-12)。

表18-12　　　　　　　　　　　托　运　单

Shipper(发货人) SHENGDA IMP. AND EXP. CO., LTD. NO. 668 ZHONGSHAN RD. MINHANG DISTRICT SHANGHAI CHINA TEL(86)21-16584887 FAX(86)21-16584568	D/R No.(编号)　　HJSHBI 142939
Consignee(收货人) MATUSUDA IMPORT & EXPORT CO., LTD. 2 488,EDO-MACHI, CHUO-KU KOBE JAPAN	**货主留底**
Notify Party(通知人) MATUSUDA IMPORT & EXPORT CO., LTD. 2 488,EDO-MACHI, CHUO-KU KOBE JAPAN	
Pre-carriage by(前程运输)　　　Place of Receipt(收货地点)	
Ocean Vessel(船名) Voy. No.(航次) NANJIN V. 880 　　Port of loading(装货港) SHANGHAI CHINA	
Port of Discharge(卸货港) KOBE JAPAN　Place of delivery(交货地点)	Final Destination (目的地)

（续表）

Container No. (集装箱号) Seal No. (封志号) Marks&Nos. (标记与号码)	No. of Containers or Packages （箱数或件数）	Description of Goods （包装种类与货名）	Gross Weight 毛重(千克)	Measurement 尺码(立方米)
MATUSUDA JSHA034 KOBE C/NO. 1~488	488CTNS	100%COTTON MAN'S SHIRT FREIGHT PREPAID CY TO CY	6 588 KGS	58. 56 CBM
TOTAL NUMBER OF CONTAINERS OR PACKAGES(IN WORDS) 集装箱数或件数合计 （大写）		SAY FOUR HUNDRED AND EIGHTY EIGHT CARTONS ONLY		

Freight & Charges （运费与附加费）	Revenue Tons （运费吨）	Rate(运费率)	Per(每)	Prepaid （运费预付）	Collect(到付)
Ex. Rate （兑 换 率）	Prepaid at(预付地点)	Payable at(到付地点)		Place and date of Issue （签发地点） SHANGHAI	
	Total prepaid(预付总额)	No. of Original B(s)/L （正本提单份数） THREE		Booking(订舱确认) Approved by	

Service Type on Receiving □—CY □—CFS □—DOOR	Service Type on Delivery □—CY □—CFS □—DOOR	Reefer Temperature Required(冷藏温度)	℉	℃
TYPE OF GOODS （种类）	□Ordinary　□Reefer　□Dangerous　□Auto （普通）　　（冷藏）　　（危险品）　　（裸装车辆） □Liquid　□Live Animal　□Bulk （液体）　　（活动物）　　（散货）	危险品	Class: Property: IMDG Code Page: UN No.	

职场精灵

> 现在多数货运代理开展一条龙服务，即订舱、报关、保险一起做。订舱需要货物装箱明细单、发票。报关委托协议、外汇核销单报关时使用。销售确认书用于代办保险。

知识天地

一、货运委托书解读

1. 托运人

委托货运代理公司运输货物的人，一般是出口商。

2. 发货人

3. 收货人

有三种填法：① 记名提单：直接填写收货公司的名称。② 指示提单：有两种：一种是 TO ORDER OF SHIPPER(BANK 等)，另一种是 TO ORDER。③ 空白提单：什么都不填，表示货交提单持有人。

4. 提单寄送地址

填写货运委托人的地址，以便货运代理及时把提单寄送给货运委托人。

5. 内装箱地址

内装箱是指货运人自己安排车辆将货物送进货运代理指定的仓库，由货运代理或其仓库安排装箱。

6. 门到门

货运代理将集装箱送到工厂，由托运人自己装箱后，货运代理再将箱子拖进港区的码头。

二、集装箱托运单(十联单)缮制规范

1. 托运人

填写托运人的全称、街名、城市、国家名称、电话、传真号。托运人可以是货主，也可以是其贸易代理人或是货运代理。托运人就是货运委托书中的发货人，可以照抄。

2. 收货人

收货人是指收取货物的人。如果是实际收货人，可填写全称、地址等，表示此提单为记名提单，不可以转让。如果是指示提单，可以填写"TO ORDER"或"TO ORDER OF SHIPPER"，即"信用证下"或"凭银行指示"。这种提单通过背书可以转让。不可以写两个收货人，如有第二收货人，填写在通知人栏内。它就是货运委托书中收货人，可以照抄。

3. 通知人

信用证下，为开证申请人，即实际的收货人。可以填写第二收货人。照抄货运委托书的通知人。

4. 装运港

填写实际货物装运的港口全称。与货运委托书一致。

5. 卸货港

填写实际货物被卸离船舶的最终港口全称，对于信用证方式结算的交易，按信用证中规定的卸货港填写。与货运委托书一致。

6. 目的地

填写货物最终的交货地的城市名称，或地区名称。与货运委托书一致。

7. 货物名称和包装种类

必须与信用证或合同规定货物相符，与实际货物的名称、规格、型号、成分等都相一致。

注意：这里要添上集装箱箱型、箱量、集装箱交接方式。

8. 箱数与件数

填写装入集装箱内货物的外包装件数或集装箱个数。件数要写出小写和大写。如果不同包装种类的货物混合在一个集装箱内，包装种类显示"件数"（PACKAGES）。

9. 标记与封志号

填写实际货物外包装上正面唛头的全部内容，包括数字、字母和简单图案。单证上的唛头必须与货物上的唛头一致，否则会被承运人或海关拒绝放行或装运。封志号就是铅封号，装箱完毕后，按照铅封号填写。

10. 毛重

以千克为计量单位。

11. 体积

以立方米为计量单位。

12. 运费支付

有 FREIGHT REPAID 和 FREIGHT COLLECT 两种方式，对于拒绝支付运费的情况，承运人对货物有留置权。

13. 提单份数

提单份数有一式两份或三份。用一份提取货物后，其余的失效。

14. 提单的签发日期和地点

提单的签发日期应是货物装船完毕的时间。

三、十联单的功能（见表18-13）

表18-13　　　　　　　　　　十联单的功能

联　数	内　　容
第一联：	留底
第二联：	集装箱货物托运单（船代留底）
第三、第四联：	运费通知单(1)(2)，其中一联向出口单位收取运费，另一联货运代理自己留底
第五联：	装货单场站收据副本（关单）。也叫关单或下货纸，经船代盖章有效，海关完成验关手续后，在装货单上加盖海关放行章，船方收货装船，在收货后留底
第六联：	场站收据副本——大副联。收货单，又叫大副收据。与收货单一起流转，装货完毕后大副根据理货公司的清单在此单上签字确认，货主凭其换取正本提单。如果理货结果不清洁，大副也会做不清洁批注，正本提单也会做不清洁批注
第七联：	场站收据(D/R)，货运代理公司留底
第八联：	货运代理留底
第九、第十联：	配舱回单(1)(2)

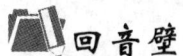

回音壁

理单制单要诀

单据项数心中记
填写单据要仔细
审核过程莫忘记
与人沟通要客气

任务三 办理订舱

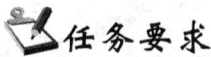

任务要求

知识要求

1. 复述十联单的流转程序
2. 归纳订舱操作流程

能力要求

1. 会审核集装箱托运单
2. 会根据订舱操作流程完成订舱操作
3. 会电子预定舱

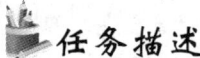

任务描述

单证员小张把制好的订舱单和装箱单交给操作员,操作员准备去订舱。

> 操作员为了拿到舱位,他应该向船公司提供哪些信息?他和船公司如何确立具有法律效应的运输契约?

小思考 小张接到这笔业务,该制作什么单据?

任务分析

订舱是预先从船公司拿到舱位,因此,小王要告诉船公司,什么商品? 在什么时间? 从哪里运到哪里? 货物体积不同,占据的舱位大小不同,所以订舱时,委托方还要告知集装箱的型号及数量。因此操作员应制订操作流程。

操作流程(见图 18-9)

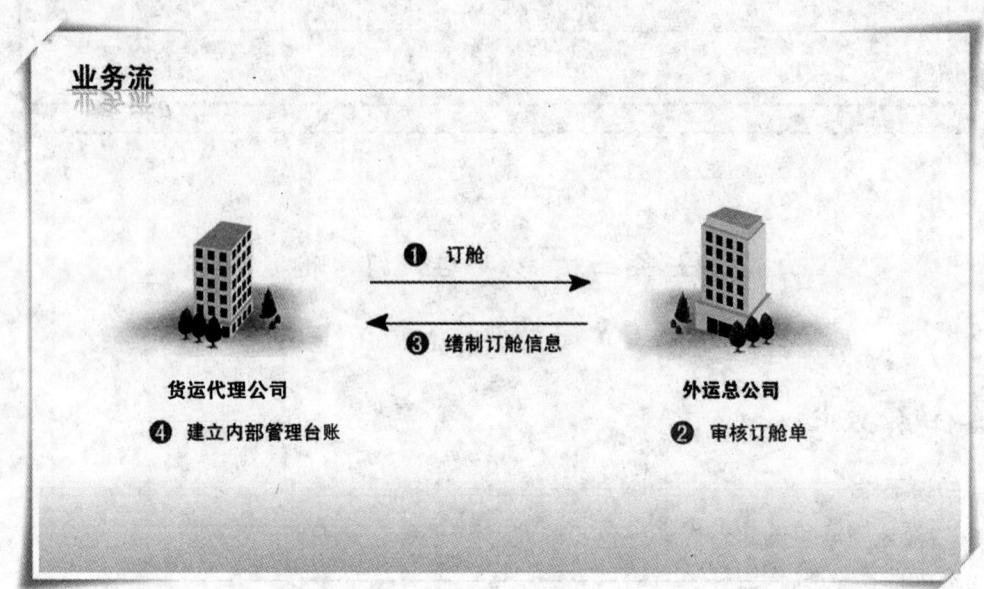

图 18-9　办理订舱

现场订舱操作指导

操作 1　前往船公司订舱

操作 2　船公司审核订舱单

(1) 船公司审核单据。

(2) 船公司业务员分配提单号,并在托运单上盖章,表示确认。

操作 3　缮制订舱信息

(1) 船公司审核并盖章后返回部分联单。

(2) 船公司业务员将订舱信息输入计算机进行汇总,编制订舱清单。

(3) 外运总公司接受订舱后,信息将发布到自己的堆场、码头、船公司现场办公室。

操作 4 建立内部管理台账

输入订舱信息到内部管理系统(见图 18-10)。

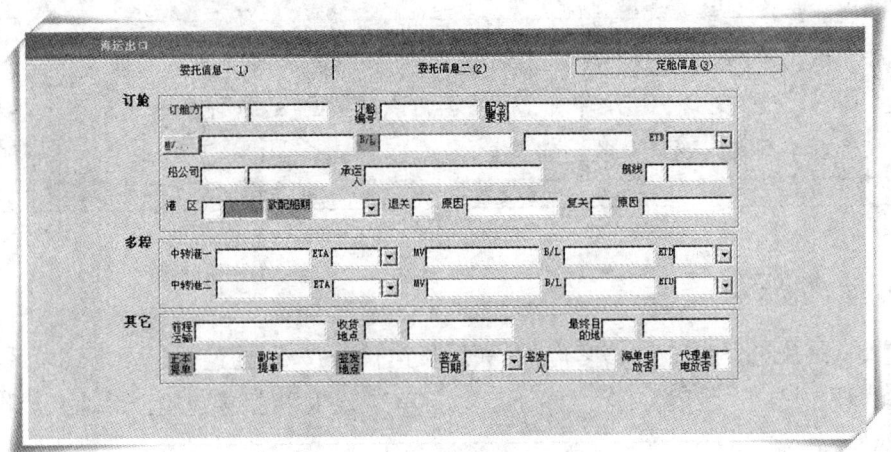

图 18-10 输入订舱信息

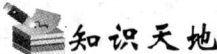

一、订舱

订舱(booking)是托运人(包括其代理人—货运代理人)向班轮公司(即承运人,包括其代理人)申请货物运输,承运人对这种申请给予承诺的行为。托运人(shipper)申请货物运输可视为"要约",即托运人希望和承运人订立运输合同意思的表示,根据法律规定,合同订立采取要约——承诺方式,因此,承运人一旦对托运人货物运输申请给予承诺,则货物运输合同订立。

确定航次货运任务就是确定某一船舶在某一航次所装货物的种类和数量。承运人承揽货载时,必须考虑各票货物的性质、包装和每件货物的重量及尺码等因素。因为不同种类的货物对运输和保管有不同的要求,各港口的有关法律和规章也会有不同的规定。

二、装载清单

装载清单是承运人根据托运单留底,将全船所装货物按目的港和货物的性质加以归类,依航次靠港顺序排列而制成的全船的装运货物的清单。在杂货班轮运输中,装载清单是承运货物的大副编制积载计划的重要依据。其内容包括装货单的编号、货名、包装种类、件数、重量体积以及对运输的要求,其内容正确与否,对编制积载计划有重要影响。装载清单除凭以编制积载计划外,还是现场理货人员进行理货、港口安排驳运、货物进出仓库、货场以及承运人掌握托运人备货情况的业务单证。

🖋️ 职场精灵

> 上述理单制单＋订舱的操作流程的基础是：船公司预先给货运代理批量提单号，货运代理自己有权利安排提单号，货运代理通过网上查阅船名航次后，通过电话与船运代理确认了船名和航次，在此基础上，货运代理可以直接制作集装箱托运联单到船代确认订舱。

📔 电子订舱操作指导

随着网络化进程的加速，很多船代(一级货运代理)公司通过提供网上订舱系统，二级货运代理通过网上预定舱，获得船名航次、关单号，然后再持集装箱托运单到船代处确认订舱。

操作 1　电子预定舱

其填制方法与集装箱托运对应栏目填制方法一致(见图 18-11)。

图 18-11　电子订舱

操作 2 取得配舱回执

通过船代网站查询配舱信息(见图 18-12)。

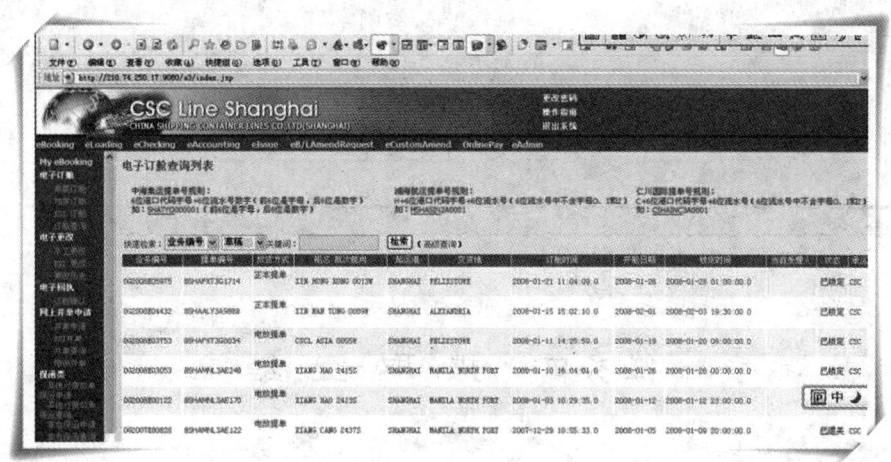

图 18-12 通过船代网站查询配舱信息

操作 3 确认订舱

最后,持在第五联装货单联盖章,以确认订舱。

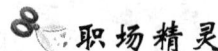职场精灵

> 随着信息化进程的加快,确认订舱也可以通过网络完成。

回音壁

订舱操作流程(见表 18-14)。

表 18-14 订舱操作流程

步骤	内 容
第一步	迅速把握客户委托内容和服务要求
第二步	制作集装箱货运委托书,预订舱
第三步	船公司回执预配信息
第四步	缮制集装箱托运联单,形成订舱合同

订 舱 要 领

订舱流程要清晰

缮制单据要仔细

审核步骤莫忘记

与人沟通要客气

任务四　提 取 空 箱

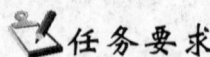 任务要求

知识要求

1. 复述空箱的交接标准
2. 列举集装箱箱型、箱类
3. 复述设备交接单的填制规范
4. 说出设备交接单流转程序
5. 写出提取空箱操作流程

技能要求

1. 识别集装箱箱型、箱类
2. 审核设备交接单
3. 会进行空箱检验及交接

任务描述

当小张完成订舱后，业务主管把场站收据交给现场操作小李，安排小李做箱，送到码头集装箱堆场。小李该如何完成这项任务呢？

> **小思考**　小李是个新手，接到任务后，他要去哪里提取集装箱？凭什么提取？

任务分析

应认识要把货物装入集装箱,那集装箱从哪里来? 又要到哪里去办提箱手续?

操作流程(见图 18-13)

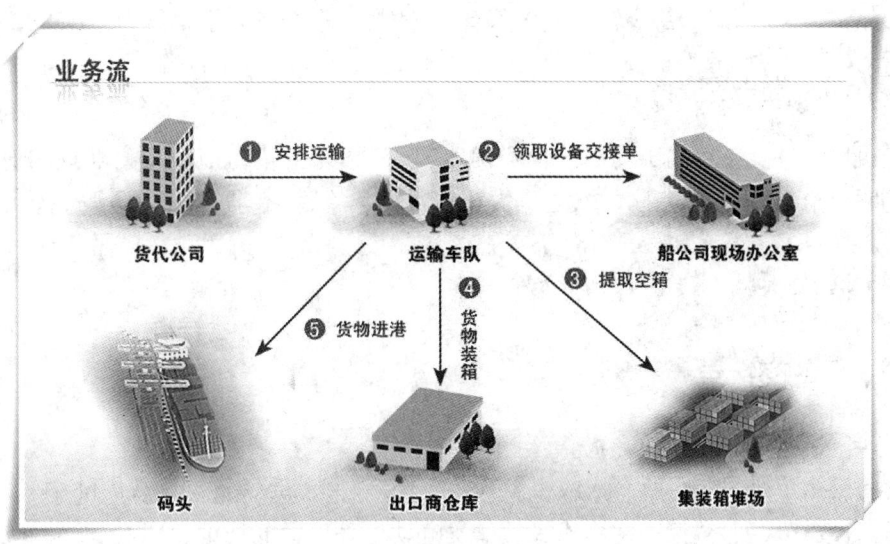

图 18-13　提反空箱

业务操作指导

操作 1　安排运输

(1) 货运代理电话通知运输部。

(2) 请卡车司机装运。

(3) 货运代理将委托书及装货单传真给运输部。

(4) 运输车队依据委托书填写设备申请单。

职场精灵

整箱货物托运时,装箱单由货主或货运代理填制,拼箱托运时由货运站填制,无论是谁填制,必须与托运单上的相关内容一致,如果不一致则后果严重。

操作2　领取设备交接单

运输部门带设备申请单、场站收据复印件和装货单到船公司现场办公室领取设备交接单。司机将装货单(场站收据第五联)交给堆场箱管办公室工作人员。堆场箱管办公室工作人员将装货单信息与船公司发给的订舱信息核对。审核无误,拿出设备交接单,填写必要的项目,然后将设备交接单及铅封一并交给货运代理。铅封就是货物装好之后,给集装箱锁上一个"锁",每个铅封上面都有一个号码(小李拿到铅封号为：011453)。

操作3　提取空箱

司机凭设备交接单的出场联到堆场提空箱,在载有空箱的拖车驶离堆场的道口时,将出场联交给堆场道口工作人员,工作人员检查完空箱后,签字,拖车可以驶离。

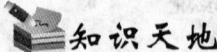

一、设备交接单

1. 设备交接单功能

设备交接单是集装箱所有人或租用人委托集装箱装卸区、货运站或内陆中转与货方(即用箱人或其代表)交接集装箱或底盘车及电动机等设备的凭证,分为船舶装卸交接时使用的设备交接单和陆地港区、场站发收箱交接时使用的设备交接单。

2. 设备交接单的使用

设备交接单为一式六联,前三联是供集装箱出场时使用,其上均印有"OUT"字样。后三联是供集装箱进场时使用,其上均印有"IN"字样。办理集装箱和设备交接单的手续通常是在堆场的门口进行,出场和进场都应由堆场工作人员和用箱人/运箱人共同检查集装箱及设备交接单上所列的内容。陆地港区、场站发/收箱使用的"设备交接单"分出场和进场两种,各有三联：① 船代留底联(白色);② 港区、堆场联(红色);③ 用箱人、运箱人联(黄色)。

3. 设备交接单填写要求

填写设备交接单时,各栏目的字体必须清楚,发往地点要写完整,个人签名应写全名。"设备交接单"一经签发不得更改,凡须更改者,必须到船代办理更正手续,并在集装箱"设备交接单"盖有更正章,非船代更正章一律无效,未经办理更正手续的"设备交接单"一律不得进入港区、场/站使用。使用者按规定追究责任。

4. 设备交接单的缮制

(1) 交接单号码：按船公司(船代)编制的号码填列。

(2) 用箱人/运箱人：一般为订舱的货运代理单位名称。

(3) 提箱地点：空箱存放地点。

(4) 船名/航次、提单号、发往地点。

(5) 尺寸/类型：可简写,如40/GP意即40英尺干货箱。

（6）集装箱号：指提取空箱箱号。

（7）用箱地点：货运代理人或货主的装箱地点。

（8）收箱地点：出口装船的港口作业区。

（9）运箱工具牌号：集卡车号。

（10）出场目的/状态：如提取空箱，目的是"装箱"，状态是"空箱"。

（11）进场目的/状态：如重箱进区，目的是"装船"，状态是"重箱"。

（12）出场日期：空箱提离堆场日期。

（13）进场日期：重箱进入港口作业区日期。

设备交接单的下半部分是出场或进场检查记录，由用箱人（运箱人）及集装箱堆场/码头工作人员在双方交接空箱或重箱时验明箱体记录情况，用来分清双方责任。

二、集装箱空箱检查

空箱的交接标准：箱体完好，水密，不漏光、清洁干燥、箱号及装载规范清晰、特种集装箱的机械、电器装置正常。重箱交接标准：箱体完好、箱号清晰、封志完好无损、特种集装箱机械、电器装置运转正常，符合出口文件记载要求。

船公司或其代理人在接受订舱、承运货物后，即签发集装箱空箱提交单，连同集装箱设备交接单一并交给托运人或其货运代理人，据以到集装箱堆场或内陆集装箱站提取空箱。而在承运人的集装箱货运站装箱时，则由货运站提取空箱。不论由哪一方提取空箱，都必须事先缮制出场设备交接单。提取空箱时，必须向箱站提交空箱提交单，并在集装箱箱站的检查桥或门卫室由双方在集装箱设备交接单上签字交接，并各执一份。

应该特别注意的是在交接时或交接前应对集装箱进行检查。较大的货运代理公司，在港口场站设有专人负责集装箱空箱的提出和重箱的入场，提箱前对空箱进行检查并提交安排装运，便于提箱，场站若无专人时，提箱时可派人或由司机进行检查，检查时注意以下问题。

1. 外部检查

首先要检查集装箱外表面有何损伤，如发现表面有弯曲、凹痕、褶痕、擦伤等痕迹时，则应在这些损伤处的附近严加注意，要尽量发现其破口在何处，并在该损伤处的内侧也要特别仔细地检查。

在外板连接处，若铆钉松动和断裂，容易发生漏水现象；箱顶部分要检查有无气孔等损伤，由于箱顶上有积水，如一有破损就会造成货物漏损事故，而且检查时往往容易把箱顶的检查漏掉，因此要严加注意。

对于已进行过修理的部分，检查时应特别注意检查其现状如何，有无漏水现象。

2. 内部的检查

人进入箱内，把箱门关起来，检查箱子有无漏光处，这样就能很容易地发现箱顶和箱壁四周有无气孔，箱门能否严密关闭。

检查时要注意箱壁内衬板上有无水湿痕迹，如发现有水迹时，则在水迹四周要严加检查，必须追究产生水迹的原因。

对于箱壁或箱底板上突出的钉或铆钉头，内衬板的压条曲损，应尽量设法除去或修补，如无法去除或修补，应用衬垫物遮挡起来，以免损坏货物。

如箱底捻缝不良，则集装箱在底盘车上雨中运行时，从路面上溅起来的泥水会从底板的空隙中渗进箱内，污染货物，检查时应予以注意。

3. 箱门的检查

要检查箱门能否顺利关闭，关闭后是否密封，门周围的密封垫是否紧密，能否保证水密，还要检查箱门把手动作是否灵便，箱门能否完全锁上。

4. 附件的检查

要检查固定货物时用的系环、孔眼等附件安装状态是否良好，板架集装箱上的立柱是否备齐，立柱插座有无变形。开顶集装箱上的顶扩伸弓梁是否齐全，有否弯曲变形，还应把板架集装箱和开顶集装箱上使用的布篷打开，检查其有无破损，安装用的索具是否完整无缺。

另外，还要检查通风集装箱上的通风口能否顺利关闭，其储液槽和放水龙头是否畅通，通风管、通风口有否堵塞等。

5. 清洁状态的检查

检查集装箱内有无垃圾、恶臭、生锈，有无被污脏，是否潮湿，如这些方面不符合要求就应向集装箱提供人提出调换集装箱，或进行清扫、除臭作业。如无法采取上述措施时，则箱内要铺设衬垫或塑料薄膜等以防货物污损。

特别要注意的是集装箱用水冲洗以后，从表面上看好像已经干燥，但箱底板和内衬板里面却含有大量水分，这是造成货物漏损的重要原因之一。另外，箱内发现有麦秆、草屑、昆虫等属于动植物检疫对象的残留物时，即使箱内装的与动植物检疫完全无关的货物，也必须把这些残留物彻底清除。

《中华人民共和国海上国际集装箱运输管理规定》第 18 条规定："装运粮油食品、冷冻品等易腐食品的集装箱，须经商检机构检验合格后方可使用。"

货运代理人在使用装运食品的集装箱或冷冻箱时，必须首先申请商检机构在港口场站根据《集装箱检验办法》的规定进行检验，检验合格后，出具验箱合格证书，方可提箱。这不论从时间还是从费用上考虑都要比提箱后检验更为合理，尤其是由发货人装箱时，先提箱还会受检验条件的限制。

三、集装箱箱号(箱型)自动识别系统

1. 系统概述

集装箱箱号(箱型)自动识别系统 NT-03-ZLW 采用先进的数码拍图、图像传输、识别技术、现代通信技术和先进的现代软件技术等高科技手段，提供安全、可靠、高效、经济的成套系统，并研制开发出相应的控制通讯软件，形成软硬一体化的集装箱箱号(箱型)自动识别系统。

2. 长箱显示

当长箱通过道口，箱号识别软件主界面显示数码相机从不同角度拍摄的长箱图片。

3. 短箱显示

当短箱通过道口，箱号识别软件主界面显示数码相机从不同角度拍摄的短箱图片。

职场精灵

> 空箱检查一定要注意清洁卫生,并关注集装箱在拖车上是否固定牢固。
> COC=CARRIER'S OWN CONTAINER,船东箱
> SOC=SHIPPER'S OWN CONTAINER,货主自备箱

回音壁

提取空箱操作流程

(1) 缮制设备申请单。

(2) 领取铅封和设备交接单。

(3) 凭设备交接单到堆场提取空箱。

(4) 检查空箱并在设备交接单的出场联上签字。

> **提取空箱要诀**
>
> 提取空箱门数多
>
> 箱管仓库加堆场
>
> 箱管发放交接单
>
> 提箱当然去堆场
>
> 出场莫忘检查箱
>
> 箱子不洁危害大

任务五 装箱集港

任务要求

知识要求

1. 记住装箱单的缮制规范

2. 复述装箱操作流程

3. 记住装箱单的流转程序

4. 复述集港交接单据名称

能力要求

1. 会缮制并审核装箱单
2. 会完成装箱操作
3. 会完成集港业务操作

 任务描述

假设司机提取空箱之后,凭借单据到仓库去装箱并把货物送到集装箱码头。

小思考　装箱与集港过程他该完成哪些操作?

 任务分析

司机装货的地点在哪里? 他该装什么货物? 他凭什么去装货呢? 装完货后,把货物送到码头,他该办理哪些交接手续? 知道这一切,司机就基本可以完成装箱及集港操作了。

 操作流程(见图 18-14)

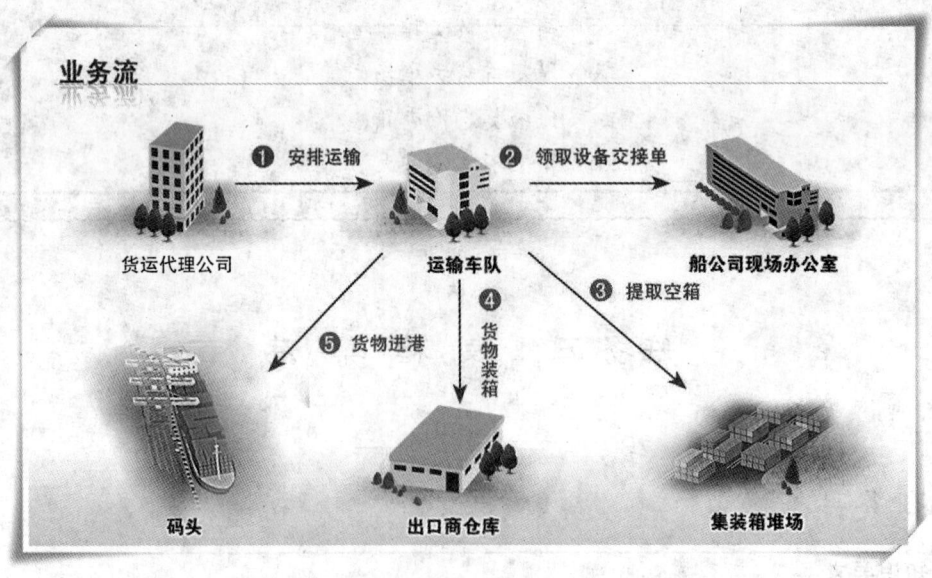

图 18-14　装箱集港

在现实工作中,货运代理公司会交给司机装箱计划书,司机凭借装箱计划书装箱,装箱地点有两种:一种是到货主仓库装箱(整箱货),另一种是在货运站仓库装箱(拼箱货)。

装箱完毕后,仓库工作人员要填写装箱单(五联单),司机和装箱人员双方确认签字。

一、到货主仓库装箱操作流程

(1) 装箱计划:做箱时间、船名、航次、关单号、中转港、目的港、毛重、件数、体积、门点、联系人、电话等要因,先于截关日(船期前两天)1～2天排好车班。

(2) 凭装箱计划单到指定仓库装箱。

(3) 装箱人员填写装箱单(CPL,五联),双方确认签字。

二、到货运站仓库装箱操作流程

(1) 填妥装箱计划:船期船名航次、关单号、中转港、目的港、毛重、件数、体积、进舱编号等要因,先于截关日(船期前两天)1～2天排好车班。

(2) 凭装箱计划单到指定仓库装箱。

(3) 装箱人员填写装箱单(CPL,五联),双方确认签字。

三、货物集港操作流程

(1) 载有货物的集装箱车驶入集装箱堆场,在进入港区道口时,司机将印有"IN"字样的设备交接单交给道口工作人员。

(2) 堆场值班员对重箱进行检查。在设备交接单上签字。司机在设备交接单上签字。

(3) 堆场留下设备交接单第一、第二联,第三联交司机带走。

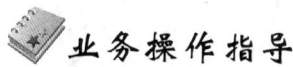

业务操作指导

操作1　填写装箱计划单(见表18-15)

表18-15　　　　　　　　　　装 箱 计 划 单

TO:　　　　　　　　　　　　　　　　　　　　　　　　装箱日:

FROM:　　　　　　　　　　　船名航次:☐　　　　港区:

船公司:中国对外贸易运输总公司　　箱型箱重:☐　　　委托人:

进舱编号	提单号	件数(包装)	重量(KGS)	体积(CBM)	中文货名	中转港代码	交货地
☐	☐	☐	☐				
备注:							

1. TO

表示表交给何人,在这里是指仓库的名称。

2. FROM

船公司的英文名称。

3. 箱型箱重

填写集装箱型号及集装箱自重(TARE)。一般 20 英尺集装箱自重在 2 000 千克以上,不同公司生产的集装箱略有差异。

4. 进仓编号

进仓编号是货运代理给客户以及仓库用来区分货物的标志。

货运代理帮外贸商订好了船,就发进仓通知给客人,客人根据进仓通知上的进仓号,将货物运往指定的仓库,待仓库将集装箱调回仓库后,由货运代理通知仓库将相对应的进仓编号的货物装入集装箱,送至港区。这样操作可以避免仓库错装货物,将不同客户的货物,按进仓编号,加以区分,保管。

5. 进仓编号的缮制

进仓编号的输入必须大写。进仓编号的组成:AAA0000AAA。前三位字母代表业务员的识别码。续四位数字代表日期或序列号,由业务员自编。最后三位字母代表此货物的目的港。

6. 委托人

委托人一般是出口公司。

操作 2 到仓库装箱

装箱时一定要到现场,根据订舱人员的要求指导仓库人员装箱;装载时要使箱底的负荷均衡,不要使负荷偏在一端或一侧,特别是要严格禁止货物重心偏在一端的情况。要避免造成集中负荷,如装载机械设备、石材、卷钢等重货时,货物底部应加木头或底座、卷钢衬垫专用草垫或其他类似的废轮胎、橡胶垫等符合收、发货地法规要求的衬垫材料,尽量使负荷分散。

操作 3 缮制装箱单

1. 装箱单各栏目如何填制

CPL 的填写与集装箱托运单相同栏目填写一致。不同栏目的缮制内容为:

(1) 装箱人名称:填写仓库名称和地址。

(2) 装箱人签名:填写实际装箱人的名称。

(3) 驾驶员签收及车号:填写驾驶员的名称和集卡车车牌号。

(4) 码头收箱签收:码头收箱员的名字。

2. CPL 的缮制规范

(1) 必须用打字机填写的栏目内容:危险品页码、联合国编号、闪点、船名、航次、标准代码、装港、卸港、交货地、提单号、件数、包装、毛重(公斤)、尺码、货名、唛头、冷藏箱允许温度、总件数、总货量、总尺码。

(2) 允许手工填写的栏目内容：集装箱号、封志号、装箱点详细名称、地址、电话、装箱日期、装箱人签名、集装箱皮重、货/箱总重。

(3) 允许在装箱单中用打字机或手写更改的栏目：件数与包装、毛重、尺码、唛头、件号、总件数、总货重、总尺码。

操作4 装箱员和司机双方确认签字

(1) 确认装箱完毕,司机对集装箱及货物进行正面拍照(既有货物全貌又有集装箱内壁号)。

(2) 要核对集装箱号、封号是否与装箱单(见表18-16)填写一致,如一致,封上封志,再对集装箱拍两张照片,一张是整个集装箱的正面照,另一张是封志的照片。

(3) 检验封志是否锁牢。

知识天地

(一) 司机在装箱过程中的职责

(1) 与订舱人员确认出货货物的数量、功率、集装箱个数、货运代理、船公司、计划单号、装箱时间及装箱地点等信息。

(2) 与仓库人员衔接,确定确切的装箱时间、地点。

(3) 装箱时一定要到现场,根据订舱人员的要求指导仓库人员装箱。

(4) 装箱过程中配合仓库人员做好集卡调度工作。

(5) 装箱单按照订舱人员提供的数据及要求填写。

注意：在装箱单上要填写计划单的出货顺序号(与仓库发货人员核对)、产品的功率。

(6) 关箱前与仓库发货人员核对是否装箱完毕,并仔细核实。

(7) 确认装箱完毕,对集装箱及货物进行正面拍照(既有货物全貌又有集装箱内壁号)。

(8) 要核对集装箱号、封号是否与装箱单填写一致,如一致,封上封志,再对集装箱拍两张照片,一张是整个集装箱的正面照,另一张是封志的照片。

(9) 检验封志是否锁牢。

(10) 按要求填写《出门证》,《出门证》上标有计划单顺序号。

(11) 将《装箱单》及《出门证》的留存联、照片移交给订舱人员存档。

(12) 在整个工作过程中,发现问题要及时与订舱人员沟通,如无法解决,应向物流主管请求汇报。

(二) 集装箱装箱单(CLP)

1. 装箱单功能

集装箱装箱单(Container Load Plan)是详细记载每一个集装箱内所装货物名称、数量、尺码、重量、标志和箱内货物积载情况的单证,对于特殊货物还应加注特定要求,比如

表18-6

CONTAINER LOAD PLAN

装　箱　单

CHINA MARINE SHIPPING AGENCY
SHANGHAI COMPANY
上海中外运船务代理有限公司
(2) Shipping Agent's Copy　船代联

Ship's Name/Voy No. 船名/航次	Port of Loading 装港	Port of Discharge 卸港	Place of Delivery 交货地		
Container No. 箱号	Bill of Lading No. 提单号				
Seal No. 封号		Front 前			
Cont.Size 箱型 20' 40' 45' Cont.Type 箱类 GP=普通箱 TK=油罐箱 RF=冷藏箱 PF=平板箱 OT=开顶箱 HC=高箱 FR=框架箱 HT=挂衣箱					
ISO Code For Container Size/Type. 箱型/箱类ISO标准代码					
Packer's Name/Address 装箱人名称/地址					
TEL NO. 电话号码					

Reefer Temperature Required. 冷藏温度
℃　℉

Class 分类	IMO/C Page UN No. 危规页码 联合国编号	Flashpoint 闪点

Packages & Packing 件数与包装	Gross Weight 毛重	Measurements 尺码	Description of Goods 货名	Marks & Numbers 唛头
Door 门				

SHIPPER'S/PACKER'S DECLARATIONS: We hereby declare that the container has been thoroughly cleaned without any evidence of cargoes of previous shipment prior to vanning and cargoes has been properly stuffed and secured.

Received By Drayman 驾驶员签收及车号	Total Packages 总件数	Total Cargo Wt. 总货重	Total Meas 总尺码	Remarks: 备注
Received By Terminals/Date Of Receipt 码头收箱签收和收箱日期		Cont.Tare Wt 集装箱皮重	Cgo/Cont Total Wt 货/箱总毛重	

Packing Date. 装箱日期

Packed BY. 装箱人签名

理货员/装船长

对冷藏货物要注明对箱内温度的要求等。它是集装箱运输的辅助货物舱单,其用途很广,主要用途有以下几方面:

(1)是发货人向承运人提供集装箱内所装货物的明细清单。

(2)在装箱地向海关申报货物出口的单据,也是集装箱船舶进出口报关时向海关提交的载货清单的补充资料。

(3)作为发货人,集装箱货运站与集装箱码头之间的货物交接单。

(4)是集装箱装、卸两港编制装、卸船计划的依据。

(5)是集装箱船舶计算船舶吃水和稳性的基本数据来源。

(6)在卸箱地作为办理集装箱保税运输手续和拆箱作业的重要单证。

(7)当发生货损时,是处理索赔事故的原始依据之一。

2.装箱单流转

发货人或货运站将货物装箱,缮制装箱单一式五联后,连同装箱货物一起送至集装箱堆场。集装箱堆场的业务人员在五联单上签收后,留下码头联、船代联和承运人联,将发货人、装箱人联退还给送交集装箱的发货人或集装箱货运站。发货人或集装箱货运站除自留一份备查外,将另一份寄交给收货人或卸箱港的集装箱货运站,供拆箱时使用。

对于集装箱堆场留下的三联装箱单,除集装箱堆场自留码头联,据此编制装船计划外,还须将船代联及承运人联分送船舶代理人和船公司,据此缮制积载计划和处理货运事故。该项申请联由发货人和船公司或他们的代理人分别签署。

3.装箱单缮制注意事项

装箱单记载事项必须与场站收据和报关单据上的相应事项保持一致,否则会引发不良后果。例如,装货港错打与场站收据不符,港区有可能不予配装,造成退关。也有可能配舱错位,以致到达卸货港时无法从错置的舱架上把集装箱卸下;又如,装箱单重量或尺码与报关单或发票不符,船公司按装箱单重量或尺码缮制提单,舱单,出口单位结汇时发生单、单不一致,不能结汇。此种情况,屡见不鲜,主要原因在于发货人托运时未向仓库或工厂取得正确数据,以致数字出现差异,对此,发货人应多加注意:所装货物如品种不同必须按照箱子前部(Front)到箱门(Door)的先后顺序填写。总之,集装箱装箱单的内容记载准确与否,与集装箱货物运输的安全有着非常密切的关系。

(三)集装箱装箱操作规定(以中海集运的规定为例)

第一章　总　　则

第一条　目前存在少数货主为了少付运费或绑扎费用等其他原因而超重装箱或者瞒报危险品箱等现象,不利于集装箱的安全运输,易发生对货物、设备及人员的损害,为了中海集运及货主共同的利益,防止发生不必要的损失,特制订本规定,请各港用箱人严格遵守。

第二条　中海集运各片区工作人员应积极向用箱人做好宣传解释工作,在接受订舱时必须审核用箱人所订集装箱装箱作业是否符合集装箱装箱操作规定要求,如有疑问及时向用箱人说明并报告航线操作部门以及中海集运箱管中心,严禁违规装箱。

第三条　如中海集运各片区公司在明知用箱人装箱不符合要求的情况下接受订舱,因此发生损失,该港片区公司将负连带责任。

第四条　如用箱人欺瞒中海集运片区公司而获得订舱确认的,一旦发生因不符合集装箱装箱规定而引起的损失将由用箱人自行承担责任。

第二章　一般货物装箱操作规定

第五条　在任何情况下,所装货物的重量不得超过集装箱的最大载重量,集装箱的最大载重量(MAX PAYLOAD)标在集装箱箱门上,无箱门的特种箱标在后角柱或下底梁上。

第六条　装载时要使箱底的负荷均衡,不要使负荷偏在一端或一侧,特别是要严格禁止货物重心偏在一端的情况。要避免造成集中负荷,如装载机械设备、石材、卷钢等重货时,货物底部应加木头或底座、卷钢衬垫专用草垫或其他类似的废轮胎、橡胶垫等符合收、发货地法规要求的衬垫材料,尽量使负荷分散。

单重超过 7 吨的内贸卷钢等类重货或者外贸出口卷钢(不区分单重)等类重货,必须采用能保证运输安全的托盘方式装箱或木架衬垫方式装箱,并妥善绑扎固定。

第七条　用人力或叉车装货时避免拖拽,正确使用装货工具。装卸卷钢类重货的叉车必须匹配,悬空叉进叉出,严禁拖拽。比如 10 吨的卷钢必须配备至少承重 10 吨的叉车,避免拖拽对货物及地板造成损坏。

第八条　用叉式装卸车装卸将受到叉式装卸车的自由提升高度、门架高度等条件的限制。在条件许可的情况下,可一次装两层,但上面应留有 20 mm 左右间隙、下面应留有 100 mm 左右间隙。如条件不允许一次装两层,则在箱内装载第二层时,要考虑到叉式装卸车的自由提升高度和装卸车门架的可能提升高度,避免损伤箱顶。另外还要注意货物下面如没有托架或叉槽,一定要另加垫木,以便货叉能顺利抽出,避免损伤货物及地板。

第九条　不同种类货物在混装时要注意下列事项:

1. 轻货放在重货上面。

2. 包装强度较弱的货物要置于较强的货物之上。

3. 不同形状、不同包装的货物尽可能不放在一起。

4. 液体货和污染性货物尽量装在其他货物下面。会从包装中渗漏出灰尘、液体、潮气、异味等货物尽量不要与其他货物装在一起,如不得不混装时,就要用帆布、塑料薄膜或其他衬垫材料完全隔开,地板也要用衬垫材料铺好,避免对地板造成无法清洗的损坏。更换地板费用将达数百美金,带来不必要的损失。

5. 带有尖角或其他突出物的货物,要把尖角或突出物保护起来,防止其损坏其他货物和箱体。

第十条　装载完毕需对货物进行合理的绑扎,以免运输中摇晃对货物及箱体造成损坏。

第十一条　冷藏货和危险货物的装箱,要严格按有关货物的装载要求进行。

第十二条　无论空箱和重箱都禁止用叉车在叉槽以外的地方装卸,所有的装卸操作都必须严格按 ISO 集装箱装卸操作要求进行。

第十三条　装箱具体操作参见《集装箱各类货物的装箱操作方法》。

第三章　冷藏货物装箱规则

第十四条　冷藏箱严格讲是保温箱,因此请将冷冻货速冻至要求温度后装箱。冷藏货物亦应适当预冷,以免装箱后因货物呼吸发热、结霜等原因影响冷藏效果。

第十五条　在装箱时应停止冷冻机运转,以免凝水过多,影响蒸发器工作。

第十六条　装货前冷冻箱内的垫木和其他衬垫材料也要适当预冷。

第十七条　要选用清洁卫生的衬垫物,以免其污染货物。不应使用纸、板等衬垫材料作衬垫物,以免堵塞通风管和通风口。

第十八条　要根据货物的性质与包装形状来选择正确的装载方法。装货时必须注意货物不能堵住通风口,箱顶部分一定要留出空隙,使空气能有效流通,不能超过警戒线。

第十九条　必须注意冷藏货比普通杂货更容易滑动,也容易损坏,因此要对货物进行固定,固定货物时最好使用网具等衬垫材料,这样不会影响冷气的循环和流通。

第二十条　严格禁止已降低鲜度或已变质发臭的货物装进箱内,否则会很快损坏其他货物。

第二十一条　拖箱集卡必须备有 380/440 V 发电机,提箱时注意箱体状况,并进行送电操作,确保符合要求的好箱出场。

第二十二条　货物装箱后必须保证冷箱持续通电工作正常,以保证箱温符合设定温度。如箱体或制冷机组出现问题应及时与原提箱堆场或当地箱管代理联系。

第四章　危险货物装箱规则

第二十三条　危险货物应按《国际海上危险货物运输规则》的规定进行运输。

第二十四条　装载危险货物的容器、包装应符合《国际海上危险货物运输规则》的规定并有正确显示危险货物的标志。

第二十五条　装箱前,应了解危险货物的特性,处理方法,应急措施等情况。

第二十六条　应选择无阳光直射,无热源和火源,通风良好的地点进行装箱作业,作业地点应有足够的场地和必要的设备。

第二十七条　装货前应仔细检查集装箱的强度、结构,不符合装载危险货物要求的集装箱不能使用。装箱操作人员在作业时应按有关规定穿好工作衣,戴防护面具或橡皮手套等防护用品。

第二十八条　装箱时集装箱内应进行仔细清扫,要注意有些爆炸品和氧化剂与箱内残存的垃圾等杂物相遇时,有起火和爆炸等危险。

第二十九条　要详细检查所装货物的容器、包装、标志是否完整,与运输单证上所载明的内容是否一致,严禁那些包装有损伤,容器有泄漏现象的危险货物装进箱内。

第三十条　危险货物的装载和固定方法,根据其包装的形态,可按普通货的装载方法处理,但在选择固定货物的用具和材料时,应具有更大的安全系数和强度。

第三十一条　危险货物的任何部位都不允许突出集装箱外,装货完毕后,箱门必须能完全关闭起来。

第三十二条　压缩、液化或加压溶解的气体类危险货物,根据其容器的形状可以纵向装载,也可以横向装载。横向装载时,货物之间要充分插入衬垫,使容器的金属部分不能直接接触。管状的高压瓶原则上采用纵向装载方法,并用衬垫材料围成栅栏状进行保护,再用钢丝绳把货物拉紧,予以固定。

第三十三条　有些用纸袋、纤维板箱和纤维板桶包装的危险货物遇水后会引起化学反应,有的会发热,自燃或产生有毒气体,故应严格进行防水检查。特别应重视的是,由于在运输途中无法对集装箱内装载的货物进行检查,故无法及时发现箱内装载不良或容器损坏情况,而且万一发生事故,由于不能移动而容易扩大事故范围,这些特殊条件与普通货船运输危险货物完全不同。

第三十四条　原则上没有规定危险货物不能与一般杂货混装在同一集装箱内,但如杂货与危险货物不相容,则应禁止在同一集装箱内装载。对于危险货物与危险货物的混合积载,在《国际海上危险货物运输规则》中有具体的规定,应尽量避免将两种危险货物装于同一箱内。

第三十五条　危险货物与杂货混装时,不能把危险货物装在其他货物(特别是重货)的下面,并应尽量把危险货物装在箱门附近。

第三十六条　严禁危险货物与食品混合积载。

第三十七条　装载危险货物时,不能采用抛扔、坠落、翻倒、拖拽等方法,避免货物之间的冲击和摩擦。

第三十八条　装载过危险货物的集装箱可能因货物残留危害茶叶等敏感货物,必须严格按照 IICL 等集装箱清洗规范要求清洗,并保留商检等权威机构或其他授权检验机构的清洗合格证书备查。

第五章　附　则

第三十九条　本规定自发布之日起执行。在中海集运无口岸公司的港口适用于中海集运当地代理公司。

第四十条　本规定未列明的货物以及未列明的事项由各口岸公司参照适用。

第四十一条　各口岸公司应根据本规定的基本原则制定适合本区的实施细则,并向中海集运箱管中心报备。

第四十二条　本规定解释权属于中海集运箱管中心,本规定中如有和"集装箱箱管、修理、堆存协议"或者其他文件不符之处,一律按照本规定执行。

（四）重箱检查的标准

进入港站的集装箱(包括卸船和待装船的集装箱),应按下述程序进行收箱交接工作。

1. 检查

（1）每收一箱,须按本标准4、标准5的规定检查集装箱。

（2）对进港口待装船的集装箱要经汽车衡称重。

（3）对危险品集装箱,还应检查是否有正确的危险品标志,有无渗漏液体、气体现象。

（4）对于自身无加热或制冷设备的保温集装箱(包括绝热集装箱和消耗式冷剂冷藏集装箱),重点检查箱体的密闭性。

（5）对于自身有加热或制冷设备的保温集装箱(包括机械式冷藏集装箱、加热集装箱及冷藏和加热集装箱),重点检查接通电源后,制冷系统和电器控制系统运转状况,箱内温度与设定温度相符情况。

2. 记录

（1）按"卸船顺序表"(进口箱)或"装箱单"及"设备交接单"(出口箱)对照箱号做好收箱记录。

（2）记录有关船名、航次、箱号、重箱毛重及相关的箱损等记录。

（3）记录保温集装箱进入存放场地时的时间、温度等技术数据及箱体接通电源后的工作情况。

3. 交接

（1）记录清楚后,将集装箱送至港站事先安排好的场地卸箱堆存,并签收。

（2）发现残损集装箱时,须在"集装箱设备交接单"上填写清楚,并由交箱方在有关文件上签字。

（3）对无危险品标志或与交接文件不符的标志,须补贴或更换后方可交接;若有渗漏现象,要立即报有关部门及交箱方及时处理。

回音壁

装箱集港操作要点

（1）装箱计划仔细斟酌,尽可能多地装载货物。

（2）计划单上的数据要与集装箱托运单的数据一致。

（3）装箱过程要仔细核对数量。

（4）装箱完毕领取装箱单。

（5）莫忘核对铅封号并上好铅封。

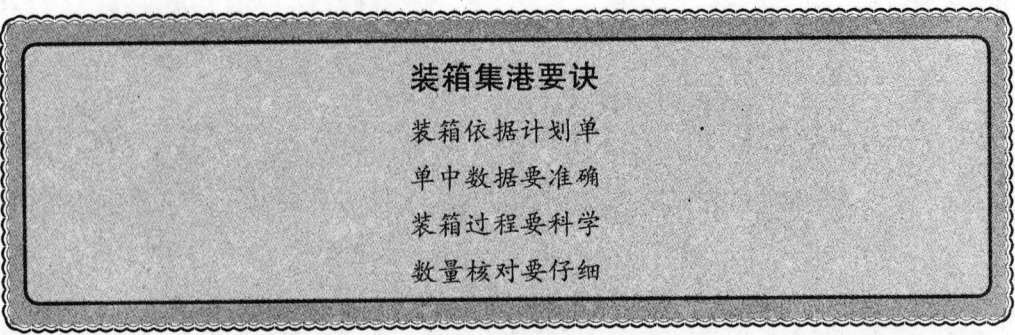

任务六　代理报关

任务要求

知识要求

1. 记住报关时需要提交的单据
2. 熟记报关单的缮制规范

技能要求

1. 会缮制报关单
2. 会现场报关

任务描述

货物集港后，公司业务主管向报关员苏凝说：这笔业务，货主委托货运代理公司报关。

小思考　货运代理公司凭什么单据去报关？

任务分析

我国进出口货物是接受海关检查及管理的，在货物出运之前，要申请通关，禁止进出口的货物，不允许进出境。所以，海关首先要检查货物是否允许出口？我国为了加强外汇统计和管理实行外汇核销制度，必须是真实货物出口才能够进行外汇核销，所以外汇核销单必须有海关放行才予核销。而货物也只有海关放行才能装船。所以,可以想象一下,报关所需单据。

操作流程(见图 18-15)

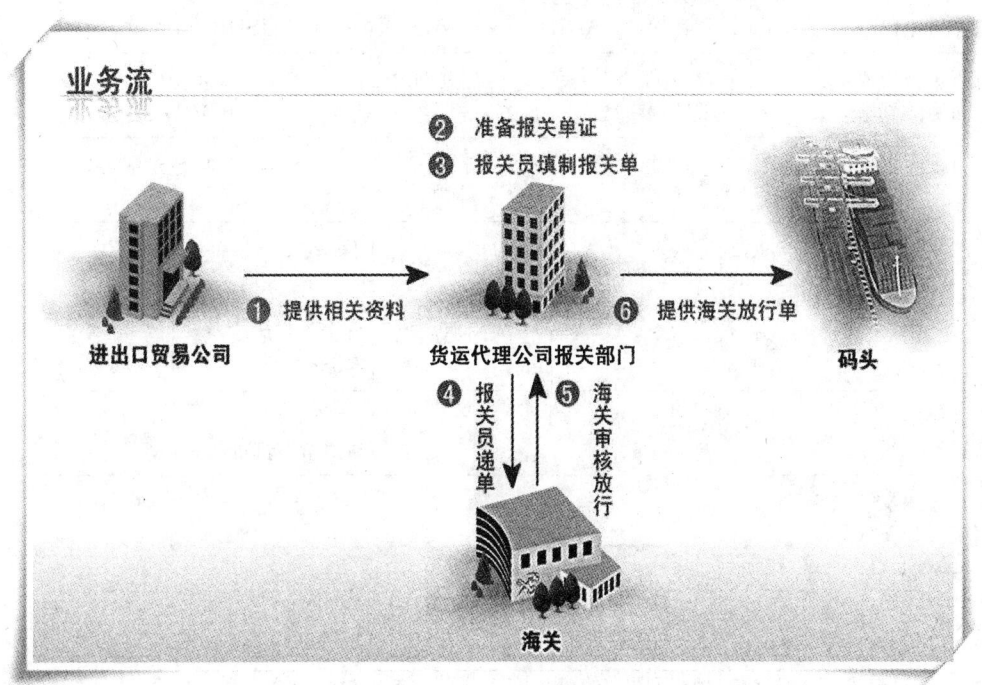

图 18-15　代理报关

业务操作指导

操作 1　提交报关必备资料

(1) 出口商快递报关相关资料给货运代理公司,资料包括:出口报关单、商业发票、装箱单、出口收汇核销单、报关委托书及集装箱托运单。

(2) 货运代理归档。

操作 2　准备报关单证

操作 3　报关员填制报关单

(1) 填制报关单(见表 18-17)。

(2) 报关员将报关单数据预录入海关的计算机。

表 18-17　　　　　　　中华人民共和国海关出口货物报关单

预录入编号：　　　　　　　　　　　　　　　　　　海关编号：SH0328446451

出口口岸 吴淞海关 2202	备案号		出口日期 2014.03.25	申报日期 2014.03.11
经营单位(0387124776) 盛达进出口有限公司	运输方式 水路运输	运输工具名称 NANJIN V. 880		提运单号 HJSHBI 142939
发货单位 上海海鸥制服厂	贸易方式 一般贸易	征免性质 一般征税		结汇方式 D/P
许可证号	运抵国(地区) 日本		指运港 神户	境内货源地 上海
批准文号 325623500	成交方式 CIF	运费 502/300/3	保费	杂费
合同协议号 JSHA034	件数 488	包装种类 纸箱	毛重(千克) 6 588	净重(千克) 5 856
集装箱号 GATU0506118	随附单据		生产厂家 上海海鸥制服厂	
标记唛码及备注 MATUSUDA JSHA034 KOBE C/NO. 1-488				

项号	商品编号	商品名称、规格型号	数量及单位	最终目的国(地区)	单价	总价	币制	征免
	09021090	100%全棉男衬		日本		502	照章	
01		ART NO 124S38	800doz		30.00	24 000.00		
02		ART NO 124S40	840doz		30.00	25 200.00		
03		ART NO 124S42	800doz		30.00	24 000.00		

税费征收情况

录入员　录入单位 3101042112 王路杰	兹声明以上申报无讹并承担法律责任 申报单位(盖章)	海关审单批注及放行日期(签章) 李华 审单　　　审价 征税　　　统计
报关员 单位地址　上海市闵行区中山路 668 号 邮编　　电话　65788877	填制日期	查验 赵三　　　放行

操作 4 报关员现场递单

报关员到海关递交报关材料。

操作 5 海关审核放行

（1）海关审核货运公司递交的报关资料。

（2）海关工作人员在货物装货单上盖章。

（3）海关工作人员在报关单上盖验讫章。

（4）报关员将报关单交给货运业务员，以便办理出口收汇核销。

海关工作人员要将报关单内容与船公司传送的订舱信息，及预录入的报关单核对。海关核对信息后，如果认为需要查验，则将报关单、场站收据及其他单证做成关封送口岸海关处查验货物。如果装箱点在海关监管区，则一般不查验。

如果放行，海关工作人员在货物装货单和报关单上盖验讫章并交给货运代理。具体包括以下几项：

（1）报关员到海关递交报关所需单据（包括：出口报关单、商业发票、装箱单、出口收汇核销单、报关委托书、场站收据）。

（2）海关审核报关员提供的报关资料。

（3）海关在场站收据上盖章、海关在报关单上盖验讫章。

（4）报关员取回报关单、场站收据、出口收汇核销单交给货运代理业务员。

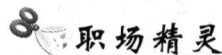 职场精灵

除"税费征收情况"及"海关审单，批注及放行日期签字"等栏目外，其余均应由收发货人或其代理人填写。但实际操作中，多由货运代理代写。

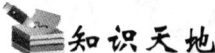 知识天地

一、报关所需单证

（1）报关委托书。

（2）发票。

（3）装箱单。

（4）集装箱托运单（第五联）。

（5）出口收汇核销单。

二、出口收汇核销单

1. 功能

出口收汇核销单指由外汇局制发、出口单位凭以向海关出口报关、向外汇指定银行办理出口收汇、向外汇局办理出口收汇核销、向税务机关办理出口退税申报的有统一编号及使用期限的凭证。

2. 缮制

(1) 左联为存根联,内容有出口单位(盖章)、出口总价、收汇方式、预计收汇日期、报关日期、发票编号、合同编号等项目。

(2) 中联记载外汇指定银行结汇收账情况及外汇管理局核销情况。

(3) 右联为出口退税专用联,内容有出口单位(盖章)、货名、数量、出口总价、报关单编号、外汇管理局核销情况等栏目。

3. 流转

(1) 有出口收汇货物的单位,应该到当地外汇管理部门申领经过外汇管理部门加盖"监督收汇"章的出口收汇核销单。

(2) 货物出口时,将出口收汇核销单与其他所需要的报关单据一起向海关申报;货物放行大约一周时间以后,出口人将海关签章后退回的出口收汇核销单、报关单以及其他有关单据取回留存,准备收汇核销时使用。

(3) 银行收到外汇货款以后,按照国家有关外汇管理的规定,将外汇货款按照当天的外汇牌价代替国际买入出口人收到的外汇贷款,同时,将相应金额的人民币打入出口人账户,并且以水单的形式通知出口人。

(4) 出口人应该在一定时间期限内,凭银行签章的出口收汇核销单、出口报关单、外汇水单等单证到外汇管理部门进行出口收汇核销工作。外汇管理部门通过对报关网络记录、报关单证的检查核对后,认为该笔业务出口、收汇等事宜属实后,便同意出口人的外汇核销,即认定该笔出口业务已经完成。

三、报关单缮制规范

(1) 出口口岸,填写货物出境的口岸名称及代码。

(2) 经营单位,填写经营出口货物业务的公司或单位名称及代码(对于外商投资企业委托外贸公司出口的货物,其经营单位应为外商投资企业,并在报关单备注栏注明"委托××公司出口")。

(3) 指运港,填写出口货物的目的港的名称及代码。

(4) 合同协议号,填写本批货物合同或协议的编号。

(5) 贸易方式,填写贸易方式及代码。主要有一般贸易、补偿贸易、来料加工、租赁贸易、寄售贸易等。

(6) 运输工具名称及号码,填写船名、航次。

(7) 装货单号,海运方式下填写提单号。

(8) 海关统计商品编码,按《中华人民共和国海关统计商品目录》的规定填写。

(9) 货品规格,填写货物中文品名。

(10) 收结汇方式,按实际收结汇方式填写,例如 L/C、D/P 等;成交价格,填写合同或协议规定的价格,出口货物的成交价格填写 FOB 价、进口货物的成交价格填写 CIF 价。

 回音壁

代理报关操作流程与要点

(1) 知道报关所需单据有哪些?

(2) 缮制报关单时要求掌握代码的查找方法。

(3) 报关单上的数据与集装箱托运单中的数据应一致。

> #### 代理报关要诀
>
> 海关放行是关键
> 单单一致莫忘记
> 制单莫忘写代码
> 现场报关单据全

任务七　货　物　装　船

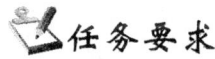 任务要求

知识要求

1. 记住货物装船时的相关单据

2. 熟记提单的填制规范

3. 写出货物装船流程

技能要求

1. 会填制并审核海运提单

2. 会完成货物装船过程中各种单据的交接

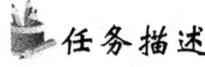 任务描述

报关员顺利完成报关,很开心,告诉货运代理公司现场操作,可以让船公司装船了。

> **小思考**　货运代理公司为了顺利办理货物的装船,他应该向船公司提供哪些信息?

任务分析

我们都知道,只有海关放行,货物才能出境,否则就是走私。因此,必须有海关放行的证明,货物才可上船。船大副要签发货物装船的证明,以便货主及时办理保险。在货物装船前,船公司要开具提单确认书要货运代理确认。

操作流程(见图 18-16)

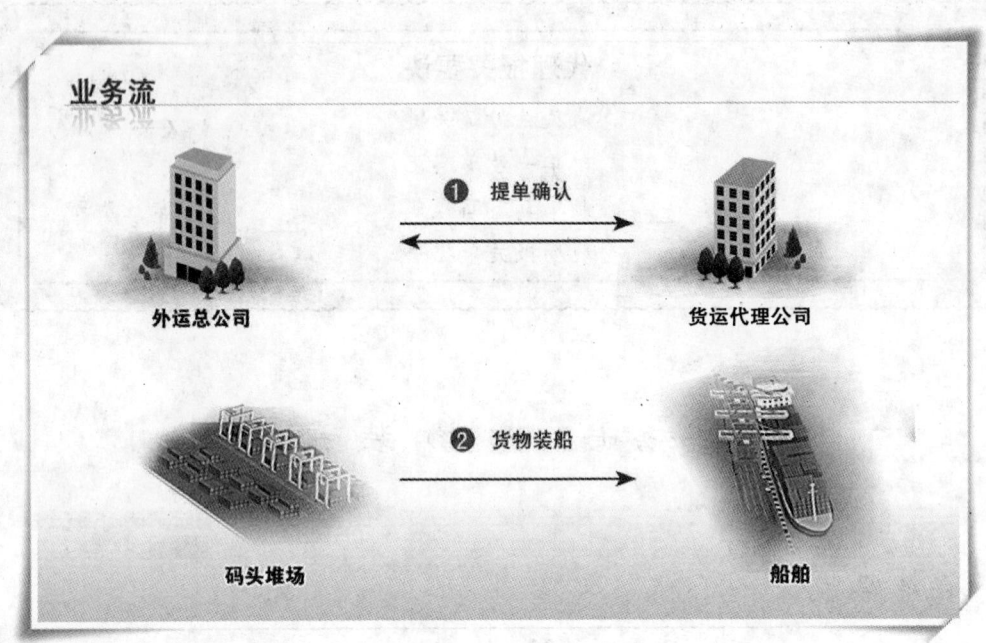

业务流

① 提单确认

外运总公司　　　　　　货运代理公司

② 货物装船

码头堆场　　　　　　船舶

图 18-16　货物装船

业务操作指导

操作 1　货运代理提供给码头海关放行单

(1) 货运代理把单据交给集装箱码头货运站。

(2) 集装箱码头货运站工作人员进行检验。

(3) 货运代理把装货单(海关盖有放行章)(见表 18-18)、场站收据(副本)(见表 18-19)、场站收据(见表 18-20)及装箱单递交给码头工作人员。

表 18-18 装 货 单

Shipper(发货人) SHENGDA IMP. AND EXP. CO. , LTD. NO. 668 ZHONGSHAN RD. MINHANG DISTRICT SHANGHAI CHINA TEL(86)21-16584887　　　　FAX(86)21-16584568	B/L No. (编号) HJSHBI 142939	
Consignee(收货人) MATUSUDA IMPORT & EXPORT CO. , LTD. 2 488,EDO-MACHI, CHUO-KUKOBE JAPAN	中国对外贸易运输总公司 装 货 单 场站收据副本 Received by the Carrier the Total number of containers or other packages or units stated below to be transported subject to the terms and conditions of the Carrier's regular form of Bill of Lading（for Combined Transport or Port to Port shipment）which shall be deemed to be incorporated herein. Date(日期)：	第五联
Notify Party(通知人) MATUSUDA IMPORT & EXPORT CO. , LTD. 2 488,EDO-MACHI,CHUO-KU　KOBE JAPAN		
Pre-carriage by(前程运输)	Place of Receipt(收货地点)	
Ocean Vessel(船名) Voy. No. (航次) NANJIN V. 880	Port of Loading(装货港) SHANGHAI CHINA	
Port of Discharge(卸货港) KOBE JAPAN	Place of Delivery(交货地点)	Final Destination for the Merchant's Reference(目的地)

Container No. （集装箱号） GATU0506118	Seal No. (封志号) Marks & Nos. （标记与号码） MATUSUDA JSHA034 KOBE C/NO. 1-488	No of containers or p'kgs. （箱数或件数） 488CTNS	King of Package: Description of Goods （包装种类与货名） 100% COTTON MAN'S SHIRT	Gross Weight 毛重(千克) 6 588 KGS	Measurement 尺码(立方米) 58. 56 CBM
TOTAL NUMBER OFCONTAINERS OR PACKAGES(IN WORDS) 集装箱数或件数合计(大写)		SAY FOUR HUNDRED AND EIGHTY EIGHT CARTONS			

FREIGHT & CHARGES （运费与附加费）	Revenue Tons （运费吨）	Rate(运费率)	Per(每)	Prepaid(运费预付) PREPAID	Collect(到付)

EX. Rate （兑换率）	Prepaid at(预付地点)		Payable at(到付地点)	Place of Issue(签发地点)
	Total Prepaid(预付总额)		No. of Original B(s)/L （正本提单份数） THREE	SHANGHAICHINA 20070325

Service Type on Receiving □—CY □—CFS □—DOOR	Service Type on Delivery □—CY □—CFS □—DOOR	Reefer Temperature Required(冷藏温度)	°F	°C
TYPE OF GOODS (种类)	□Ordinary.（普通）　□Reefer.（冷藏）　□Dangerous.（危险）　□Auto.（裸装车辆） □Liquid.（液体）　□Live Animal.（活动物）　□Bulk.（散货）　□		危险品	Class: Property: IMDG Code Page: UN No.

可否转船: 可	可否分批: 可	
装期:	效期:	
金额:		
制单日期:		

表 18-19　　　　　　　　　　　　　　　　场站收据(副本)

Shipper(发货人) SHENGDA IMP. AND EXP. CO., LTD. NO. 668 ZHONGSHAN RD. MINHANG DISTRICT SHANGHAI CHINA TEL(86)21-16584887 FAX(86)21-16584568	B/L No. (编号) HJSHBI 142939	
Consignee(收货人) MATUSUDA IMPORT &. EXPORT CO., LTD. 2 488, EDO-MACHI, CHUO-KUKOBE JAPAN	中国对外贸易运输总公司 场站收据副本 大副联 Received by the Carrier the Total number of containers or other packages or units stated below to be transported subject to the terms and conditions of the Carrier's regular form of Bill of Lading (for Combined Transport or Port to Port shipment) which shall be deemed to be incorporated herein. Date(日期)：	第六联
Notify Party(通知人) MATUSUDA IMPORT &. EXPORT CO., LTD. 2 488, EDO-MACHI, CHUO-KU KOBE JAPAN		
Pre-carriage by(前程运输)	Place of Receipt(收货地点)	
Ocean Vessel(船名) Voy. No. (航次) NANJIN V. 880	Port of Loading(装货港) SHANGHAICHINA	
Port of Discharge(卸货港) KOBE JAPAN	Place of Delivery(交货地点)	Final Destination for the Merchant's Reference(目的地)

Container No. (集装箱号) GATU0506118	Seal No. (封志号) Marks &. Nos. (标记与号码) MATUSUDA JSHA034 KOBE C/NO. 1-488	No of containers or p'kgs. (箱数或件数) 488CTNS	King of Package：Description of Goods(包装种类与货名) 100% COTTON MAN'S SHIRT	Gross Weight 毛重(千克) 6 588 KGS	Measurement 尺码(立方米) 58. 56 CBM

TOTAL NUMBER OFCONTAINERS OR PACKAGES(IN WORDS) 集装箱数或件数合计(大写)	SAY FOUR HUNDRED AND EIGHTY EIGHT CARTONS

FREIGHT &. CHARGES (运费与附加费)	Revenue Tons (运费吨)	Rate(运费率)	Per(每)	Prepaid(运费预付) PREPAID	Collect(到付)
EX. Rate (兑换率)	Prepaid at(预付地点)	Payable at(到付地点)		Place of Issue(签发地点)	
	Total Prepaid(预付总额)	No. of Original B(s)/L (正本提单份数) THREE		SHANGHAICHINA 20070325	

Service Type on Receiving □—CY ☑—CFS □—DOOR	Service Type on Delivery □—CY ☑—CFS □—DOOR	Reefer Temperature Required(冷藏温度)	°F	℃
TYPE OF GOODS (种类)	☑Ordinary. (普通)　□Reefer. (冷藏) □Liquid. (液体)　□Live Animal. (活动物)	□Dangerous. (危险)　□Auto. (裸装车辆) □Bulk. (散货)　□	危险品	Class: Property: IMDG Code Page: UN No.

（续表）

可否转船：可		可否分批：可	
装期：		效期：	
金额：			
制单日期：			

表 18-20 　　　　　　　　　　　　场 站 收 据

Shipper(发货人) SHENGDA IMP. AND EXP. CO., LTD. NO. 668 ZHONGSHAN RD. MINHANG DISTRICT SHANGHAI CHINA TEL(86)21-16584887 FAX(86)21-16584568				B/L No. (编号) HJSHBI 142939	
Consignee(收货人) MATUSUDA IMPORT & EXPORT CO., LTD. 2 488,EDO-MACHI, CHUO-KUKOBE JAPAN				中国对外贸易运输总公司 场站收据 Received by the Carrier the Total number of containers or other packages or units stated below to be transported subject to the terms and conditions of the Carrier's regular form of Bill of Lading (for Combined Transport or Port to Port shipment) which shall be deemed to be incorporated herein. Date(日期)：	第七联
Notify Party(通知人) MATUSUDA IMPORT & EXPORT CO., LTD. 2 488,EDO-MACHI,CHUO-KU KOBE JAPAN					
Pre-carriage by(前程运输)		Place of Receipt(收货地点)			
Ocean Vessel(船名) Voy. No. (航次) NANJIN V. 880		Port of Loading(装货港) SHANGHAICHINA			
Port of Discharge(卸货港) KOBE JAPAN		Place of Delivery(交货地点)		Final Destination for the Merchant's Reference(目的地)	

Container No. （集装箱号） GATU0506118	Seal No. (封志号) Marks & Nos. (标记与号码) MATUSUDA JSHA034 KOBE C/NO. 1-488	No of containers or p'kgs. （箱数或件数） 488CTNS	King of Package： Description of Goods （包装种类与货名） 100% COTTON MAN'S SHIRT	Gross Weight 毛重(千克) 6 588 KGS	Measurement 尺码(立方米) 58. 56 CBM

TOTAL NUMBER OFCONTAINERS OR PACKAGES(IN WORDS) 集装箱数或件数合计(大写)	SAY FOUR HUNDRED AND EIGHTY EIGHT CARTONS				
FREIGHT & CHARGES （运费与附加费）	Revenue Tons （运费吨）	Rate(运费率)	Per(每)	Prepaid(运费预付) PREPAID	Collect(到付)
EX. Rate （兑换率）	Prepaid at(预付地点)	Payable at(到付地点)		Place of Issue(签发地点)	
	Total Prepaid(预付总额)	No. of Original B(s)/L （正本提单份数） THREE		SHANGHAICHINA 20070325	

（续表）

Service Type on Receiving ☑—CY □—CFS □—DOOR		Service Type on Delivery ☑—CY □—CFS □—DOOR		Reefer Temperature Required(冷藏温度)		°F	℃
TYPE OF GOODS (种类)	☑Ordinary. (普通)	□Reefer. (冷藏)	□Dangerous. (危险)	□Auto. (裸装车辆)	危险品	Class: Property: IMDG Code Page: UN No.	
	□Liquid. (液体)	□Live Animal. (活动物)	□Bulk. (散货)	□			
可否转船：可		可否分批：可					
装期：		效期：					
金额：							
制单日期：							

操作2　堆场工作人员在场站收据及装箱单上签章

（1）理货员将收到的场站收据和装箱单、EDI 信息进行核对。

（2）堆场工作人员核对完箱号、箱型并检查完集装箱外观后，分别在装箱单及场站收据（见表 18-21）上签章。

表 18-21　　　　　　　　　　场站收据

Shipper(发货人) SHENGDA IMP. AND EXP. CO. , LTD. NO. 668 ZHONGSHAN RD. MINHANG DISTRICT SHANGHAI CHINA TEL(86)21-16584887 FAX(86)21-16584568			B/L No. (编号) HJSHBI 142939		
Consignee(收货人) MATUSUDA IMPORT & EXPORT CO. , LTD. 2 488, EDO-MACHI, CHUO-KUKOBE JAPAN			中国对外贸易运输总公司 场站收据 Received by the Carrier the Total number of containers or other packages or units stated below to be transported subject to the terms and conditions of the Carrier's regular form of Bill of Lading (for Combined Transport or Port to Port shipment) which shall be deemed to be incorporated herein. Date(日期)：		第七联
Notify Party(通知人) MATUSUDA IMPORT & EXPORT CO. , LTD. 2 488, EDO-MACHI, CHUO-KU KOBE JAPAN					
Pre-carriage by(前程运输)		Place of Receipt(收货地点)			
Ocean Vessel(船名) Voy. No. (航次) NANJIN V. 880		Port of Loading(装货港) SHANGHAICHINA			
Port of Discharge(卸货港) KOBE JAPAN		Place of Delivery(交货地点)		Final Destination for the Merchant's Reference(目的地)	
Container No. (集装箱号)	Seal No. (封志号) Marks & Nos. (标记与号码)	No of containers or p'kgs. (箱数或件数)	King of Package: Description of Goods (包装种类与货名)	Gross Weight 毛重(千克)	Measurement 尺码(立方米)
GATU0506118	MATUSUDA JSHA034 KOBE C/NO. 1-488	488CTNS	100% COTTON MAN'S SHIRT	6 588 KGS	58. 56 CBM

222

（续表）

TOTAL NUMBER OFCONTAINERS OR PACKAGES(IN WORDS) 集装箱数或件数合计(大写)	SAY FOUR HUNDRED AND EIGHTY EIGHT CARTONS				
FREIGHT & CHARGES (运费与附加费)	Revenue Tons (运费吨)	Rate(运费率)	Per(每)	Prepaid(运费预付) PREPAID	Collect(到付)
EX. Rate (兑 换 率)	Prepaid at(预付地点)	Payable at(到付地点)		Place of Issue(签发地点)	
	Total Prepaid(预付总额)	No. of Original B(s)/L (正本提单份数) THREE		SHANGHAICHINA 20070325	

Service Type on Receiving ☑—CY □—CFS □—DOOR	Service Type on Delivery ☑—CY □—CFS □—DOOR	Reefer Temperature Required(冷藏温度)	°F	℃

TYPE OF GOODS (种类)	☑Ordinary. (普通)	□Reefer. (冷藏)	□Dangerous. (危险)	□Auto. (裸装车辆)	危险品	Class: Property: IMDG Code Page: UN No.
	□Liquid. (液体)	□Live Animal. (活动物)	□Bulk. (散货)	□		

可否转船：可		可否分批：可	
装期：		效期：	
金额：			
制单日期：			

操作3 理货员依据积载图安排装船(见图18-17)

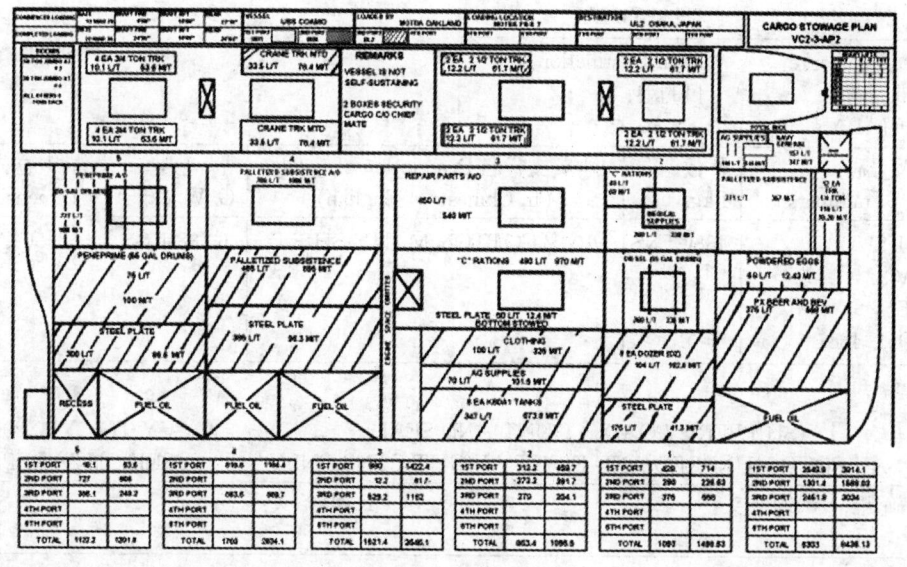

图18-17 积载图

操作 4 签发大副收据

货物装船完毕后，船长签发大副收据。船公司收回场站收据大副联作为签发提单的依据。

操作 5 提单确认

(1) 外运公司工作人员依据场站收据缮制提单确认书。

(2) 外运公司工作人员发送提单确认书(见表 18-22)给货运代理业务员。

表 18-22　　　　　　　　　　　提单确认通知书

TO：百通货运代理公司　张路

发件时间：2014 年 03 月 23 日 11:32

发货人　Shipper: SHENGDA IMP. AND EXP. CO., LTD. NO. 668 ZHONGSHAN RD. MINHANG DISTRICT SHANGHAI CHINA TEL(86)21-16584887 FAX(86)21-16584568	B/L NO　提单号:	HJSHBI142939
	选择提单是否电放:	☐电放　　☐正本
	客　户　编　号:	
	我　司　编　号:	
收货人　Consignee: MATUSUDA IMPORT & EXPORT CO.,LTD.	发　　件　　人:	汪阳 021-53886611 * 615
	提　单　类　型:	海洋提单
通知人　Notify Party: MATUSUDA IMPORT & EXPORT CO., LTD. 2488, EDO-MACHI, CHUO-KU KOBE JAPAN	备注 Note: 　TO: 汪阳 　　　　此单 OK! 　　　　　　　　　张路	
Vessel Voyage: 船名航次: NANJIN V. 880	Port of Loading: 起运港: SHANGHAI	
Port of Discharge: 卸货港: KOBE JAPAN	Final Destination: 目的港:	

标记及号码 Mark & numbers	件数 Pkgs	中英文货名 Description of goods (In Chinese & English)	毛重 G. W. (kgs)	体积(立方米) Dimensions
MATUSUDA JSHA034 KOBE C/NO. 1-488	488CTNS	100%COTTON MAN'S SHIRT	6 588 KGS	58. 56 CBM

<table>
<tr><td colspan="2" align="center">SHIPPER'S LOAD, COUNT AND SEAL
SAY FOUR HUNDRED AND EIFHTY-EIGHT CTNS ONLY</td><td align="center">CY TO CY 1X20'GP
FREIGHT PREPAID</td></tr>
<tr><td>费用确认:</td><td>USD 抬头:</td><td>RMB 抬头:</td></tr>
</table>

TEL: 021-53886611　FAX: 021-53883800

上海百通货运代理公司

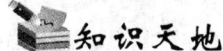 知识天地

一、提单的定义及作用

海运提单(Ocean Bill of Lading),是承运人收到货物后出具的货物收据,也是承运人所签署的运输契约的证明,提单还代表所载货物的所有权,是一种具有物权特性的凭证。

二、提单的种类

(1) 根据货物是否装船,可分为"已装船提单"(Shipped B/L)和"备运提单"(Received for shipment B/L)。"备运提单"上加注"已装船注记"后,即成为"已装船提单"。

(2) 根据报单上对货物外表状况有无不良批注,可分为"清洁提单"和"不清洁提单"。在国际贸易结算中,银行只接受"清洁提单",即承运人未在提单上批注货物外表状况有任何不良情况。

(3) 根据提单"收货人"栏内的书写内容,可分为"记名提单"和"指示提单"。提单"收货人"栏,又称提单抬头,表明货物所有权的归属。记名提单,该栏记载特定收货人名称,只能由该收货人提货,不能转让。指示提单,又分不记名指示和记名指示:不记名指示提单仅填写"To order"(凭指定),必须由托运人背书后才能转让,又称"空白抬头"。记名指示提单填写"To the order of..."(凭某某指定),该某某即为具体的指示人,提单由其背书后可以转让,通常为受托银行;背书又分两种形式:一种由有权背书人单纯签署,称为空白背书;另一种除背书人签署外,还写明被背书人(受让人)的名称,称为记名背书。在国际贸易中,通常采用"凭指示空白背书提单"习惯上称"空白抬头、空白背书"。

(4) 船舶运营方式的不同,可分为班轮提单和租船提单。班轮提单上载明运输合同的条款,船货双方受其约束。而租船提单则受另行制定的租船合同约束,故在使用该提单时,往往要提供租船合同副本。

(5) 直达提单(Direct B/L)、转船提单(Transhipment B/L)、联运提单(Through B/L)。

(6) 全式提单(Long Form B/L)与简式提单(Short Form B/L)。全式提单是指提单背面有印就的运输条款,而简式提单则无。

(7) 迟期提单(Stale B/L)。一般情况下,提单先到收货人手中,货后到,收货人可以凭提单提货,而如果货先到,提单后到则属迟期提单。银行不接受迟期提单。在特殊情况下,收货人可凭银行担保提货。

(8) 承运人提单(Carrier B/L)和运输行提单(Forwarder B/L)。由承运人、船长或其代理人签发的提单叫承运人提单。由运输行以承运人或多式运输营运人或其代理人的身份签发的提单叫运输行提单。

(9) 运费到付提单和运费已付提单。这两类提单是按在装运港是否付运费来划分的。运费包括基本运费和附加费。

(10) 舱面货提单(On Deck B/L)。提单上注明货物放在船舱的仓面上,一般是化工品或危险品,对这种提单银行不接收。

三、十联单的流转程序

（1）托运人填制集装箱货物托运单即场站收据一式十联，委托货运代理人代办托运手续。

（2）货运代理人接单后审核托运单，若能接受委托，将货主留底联（第一联）退还托运人备查。

（3）货运代理人持剩余的九联单到船公司或船公司的代理人处办理托运舱手续。

（4）船公司或其代理人接单后审核托运单，同意接收托运，在第五联即装货单上盖签单章，确认订舱承运货物，并加填船名、航次和提单号，留下第二至第四联共三联后，将余下的第五至第十联共六联退还给货运代理人。

（5）货运代理人留存第八联货运代理留底，缮制货物流向单为今后查询；将第九、第十联退托运人作配舱回执。

（6）货运代理人根据船公司或其代理人退回的各联缮制提单和其他货运单证。

（7）货运代理人持第五至第七共三联：装货单、大副联和场站收据正本，随同出口货物报关单和其他有关货物出口单证至海关办理货物出口报关手续。

（8）海关审核有关报关单证后，同意出口，在场站收据副本上加盖放行章，并将各联退还货运代理人。

（9）货运代理人将此三联送交集装箱堆场或集装箱货运站，据此验收集装箱或货物。

（10）若集装箱在港口堆场装箱，集装箱装箱后，集装箱堆场留下装货单；若集装箱在货运站装箱，集装箱入港后，港口集装箱堆场留下装货单和大副收据联，并签发场站收据给托运人或货运代理人。

（11）集装箱装船后，港口场站留下装货单用作结算费用及以后查询，大副联交理货部门送大副留存。

（12）发货人或其货运代理人持场站签收的正本场站收据到船公司或其代理人处，办理换取提单手续，船公司或其代理人收回场站收据，签发提单。在集装箱装船前可换取船舶代理签发的待装提单，或在装船后换取船公司或船舶代理签发的装船提单。

回音壁

货物装船操作流程（见表 18-23）与要点

表 18-23　　　　　　　　　　货物装船操作流程与要点

步骤	内容
第一步	提供海关放行单
第二步	装船
第三步	签发大副收据
第四步	提单确认

操作要点

提单确认是一个仔细又仔细的工作,要仔细和货主委托书及场站收据联单核对。

货物装船要诀

海关放行是前提

大副收据莫忘签

提单确认要仔细

装船完毕客户知

任务八　付费取单

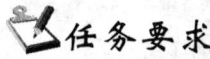

任务要求

知识要求

1. 熟记提单的缮制规范
2. 复述提单的背面条款及其依据

技能要求

1. 能独立完成代付运费
2. 独立完成换取提单
3. 能够依据相关信息识别不同种类的提单
4. 能够依据提单的背面条款对单据进行审核

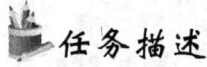

任务描述

货物装船完毕,货运代理公司前往上海集装箱运输有限公司付费大厅付费取单,货运代理员会怎样完成这项任务呢?

　小思考　他知道哪些是付费取单时所需收取的单证吗?

任务分析

　　货物装完船,发货人要给收货人取货凭据,即我们通常说的提单,谁来签发提单呢? 船公司在什么条件下才能签发提单?

　　船公司签发提单,同时签发提单时必须有大副证明货物已经装船及海关证明货物放行,有些同学可能会问:大副凭借海关放行单才装船的。有大副收据不就行了吗? 为什么这里还要海关放行单?

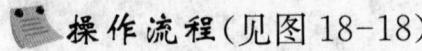 **操作流程**(见图 18-18)

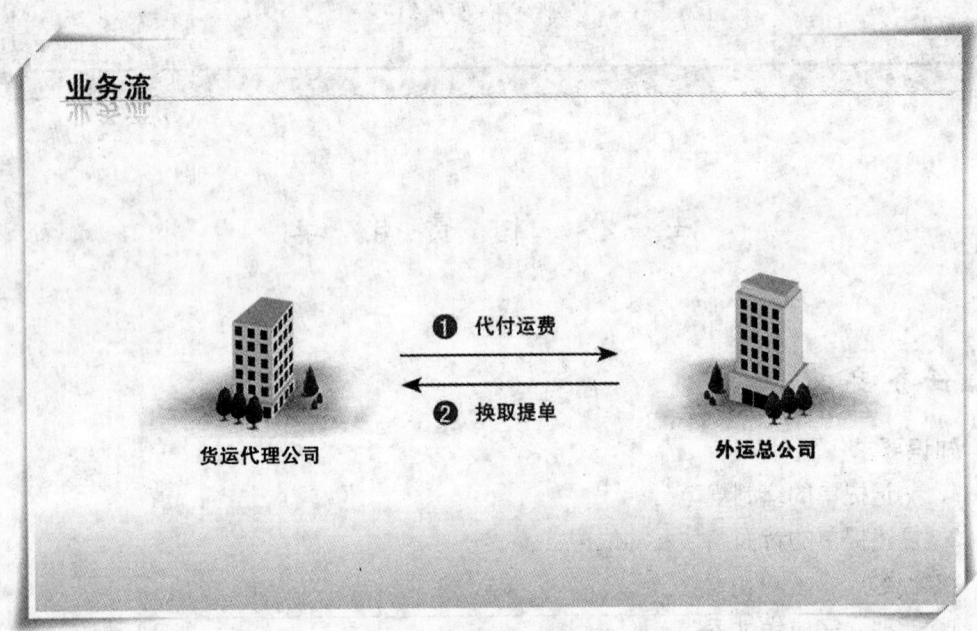

图 18-18　付费取单

业务操作指导

操作 1　代付运费

(1) 货运代理前往外运公司付费大厅。

(2) 递交本笔货物的相关运费。

(3) 收到收费人员提供的发票。

操作 2　换取提单

外运公司审核无误后大副收据留存,签发正本提单(见表 18-24)。

表 18-24   提　单

Shipper SHENGDA IMP. & EXP. CO., LTD. NO. 668 ZHONGSHAN RD. MINHANG DISTRICT SHANGHAI CHINA TEL(86)21-16584887　FAX(86)21-16584568	B/L NO.　HJSHBI 142939　ORIGINAL 　　中国对外贸易运输总公司 CHINA NATIONAL FOREIGN TRADE TRANSPORT CORPORATION 　　　直运或转船提单 BILL OF LADING DIRECT OR WITH TRANSHIPMENT

Consignee MATUSUDA IMPORT & EXPORT CO., LTD. 2488,EDO-MACHI,CHUO-KU　KOBE JAPAN	

| Notify address
MATUSUDA IMPORT & EXPORT CO., LTD.

2488,EDO-MACHI,CHUO-KU　KOBE JAPAN | SHIPPED on board in apparent good order and condition (unless otherwise indicated) the goods or packages specified herein and to be discharged or the mentioned port of discharge of as near there as the vessel may safely get and be always afloat. |

Pre-carriage by	Port of loading SHANGHAI	THE WEIGHT, measure, marks and numbers quality, contents and value, being particulars furnished by the Shipper, are not checked by the Carrier on loading.
Vessel HANGPU V. 56	Port of transshipment	THE SHIPPER, Consignee and the Holder of this Bill of Lading hereby expressly accept and agree to all printed, written or stamped provisions, exceptions and conditions of this Bill of Loading, including those on the back hereof.
Port of discharge KOBE	Final destination	IN WITNESS where of the number of original Bill of Loading stated below have been signed, one of which being accomplished, the other(s) to be void.

Container Seal No. or marks and Nos.	Number and kind of packages Designation of goods	Gross weight (kgs.)	Measurement (m³)
NTC SDK34567 SHANGHAI C/NO. 1-240	PLUSH TOYS SAY TWENTY HUNDRED AND FORTY (240) CARTONS ONLY	6 588 KGS	58. 56 CBM

Total number of Containers or Packages (in words) SAY TWO HUNDRED AND FORTY CARTONS ONLY

Ex. Rate	Prepaid at	Fright payable at	Place and date of issue SHANGHAI　JAN. 18, 2015
	Total Prepaid	Number of original Bs/L THREE	Signed for or on behalf of the Master KITTY 　　　　　　　　　as Agent

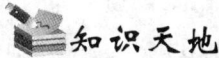知识天地

一、海运提单正面填写

根据 1993 年 7 月 1 日公布实施的我国《海商法》第 73 条的规定,提单正面应记载以

下各项：

(1) 货物的品名、标志、包数或者件数、重量或者体积以及运输危险货物时对危险性质的说明。

(2) 承运人的名称和主要营业所。

(3) 船舶名称。

(4) 托运人的名称。

(5) 收货人的名称。

(6) 装货港和在装货港接收货物的日期。

(7) 卸货港。

(8) 多式联运提单增列接收货物地点和文件货物地点。

(9) 提单的签发日期、地点和份数。

(10) 运费的支付。

(11) 承运人或者其代表。

我国《海商法》第73条还同时规定："提单缺少本款规定的一项或者几项的，不影响提单的性质。"提单正面记载的事项，在法律上具有初步证据。

二、注意事项

(1) 托运人(SHIPPER)，一般为信用证中的受益人。如果开证人为了贸易上的需要，要求做第三者提单(THIRDPARTY B/L)，也可照办。

(2) 收货人(CONSIGNEE)，如要求记名提单，则可填上具体的收货公司或收货人名称；如属指示提单，则填为"指示"(ORDER)或"凭指示"(TO ORDER)；如需在提单上列明指示人，则可根据不同要求，作成"凭托运人指示"(TO ORDER OF SHIPPER)，"凭收货人指示"(TO ORDER OF CONSIGNEE)或"凭银行指示"(TO ORDER OF ××BANK)。

(3) 被通知人(NOTIFY PARTY)，这是船公司在货物到达目的港时发送到货通知的收件人，有时即为进口人。在信用证项下的提单，如信用证上对提单被通知人有权具体规定时，则必须严格按信用证要求填写。如果是记名提单或收货人指示提单，且收货人又有详细地址的，则此栏可以不填。如果是空白指示提单或托运人指示提单则此栏必须填列被通知人名称及详细地址，否则船方就无法与收货人联系，收货人也不能及时报关提货，甚至会因超过海关规定申报时间被没收。

(4) 提单号码(B/L NO)，一般列在提单右上角，以便于工作联系和查核。发货人向收货人发送装船通知(SHIPMENT ADVICE)时，也要列明船名和提单号码。

(5) 船名(NAME OF VESSEL)，应填列货物所装的船名及航次。

(6) 装货港(PORT OF LOADING)，应填列实际装船港口的具体名称。

(7) 卸货港(PORT OF DISCHARGE)，填列货物实际卸下的港口名称。如属转船，第一程提单上的卸货港填转船港，收货人填二程船公司；第二程提单装货港填上述转船港，卸货港填最后目的港，如由第一程船公司出联运提单(THROUGH B/L)，则卸货港即可填最后目的港,提单上列明第一和第二程船名。如经某港转运,要显示"VIA ××"字样。在运用集装箱运输方式时,目前使用"联合运输提单"(COMBINED TRANSPORT B/L),提单上除列明装货港、卸货港外,还要列明"收货地"(PLACE OF RECEIPT)、"交货地"(PLACE OF DELIVERY)以及"第一程运输工具"(PRE-CARRIAGE BY),"海运船名和航次"(OCEAN VESSEL, VOY. NO.)。填写卸货港,还要注意同名港口问题,如属选择港提单,就要在这栏中注明。

(8) 货名(DISCRIPTION OF GOODS),在信用证项下货名必须与信用证上规定的一致。

(9) 件数和包装种类(NUMBER AND KIND OF PACKAGES),要按箱子实际包装情况填列。

(10) 唛头(SHIPPING MARKS),信用证有规定的,必须按规定填列,否则可按发票上的唛头填列。

(11) 毛重,尺码(GROSS WEIGHT, MEASUREMENT),除信用证另有规定者外,一般以千克为单位列出货物的毛重,以立方米列出货物体积。

(12) 运费和费用(FREIGHT AND CHARGES),一般为预付(FREIGHT PREPAID)或到付(FREIGHT COLLECT)。如 CIF 或 CFR 出口,一般均填上运费预付字样,千万不可漏列,否则收货人会因运费问题提不到货,虽可查清情况,但拖延提货时间,也将造成损失。如系 FOB 出口,则运费可制作"运费到付"字样,除非收货人委托发货人垫付运费。

(13) 提单的签发,日期和份数:提单必须由承运人或船长或他们的代理人签发,并应明确表明签发人身份。一般表示方法有:CARRIER, CAPTAIN, 或 "AS AGENT FOR THE CARRIER:×××"等。提单份数一般按信用证要求出具,如"FULL SET OF"一般理解成三份正本若干份副本。等其中一份正本完成提货任务后,其余各份失效。提单还是结汇的必须单据,特别是在跟单信用证结汇时,银行要求所提供的单证必须一致,因此提单上所签的日期必须与信用证或合同上所要求的最后装船期一致或先于装期。如果卖方估计货物无法在信用证装期前装上船,应尽早通知买方,要求修改信用证,而不应利用"倒签提单""预借提单"等欺诈行为取得货款。

三、海运提单的背面条款及其依据

提单背面印定的条款规定了承运人与货方之间的权利、义务和责任豁免,是双方当事人处理争议时的主要法律依据。

在全式(LONG TERM)正本提单的背面,列有许多条款,其中主要有以下几项。

(1) 定义条款(DEFINITION CLAUSE)——主要对"承运人""托运人"等关系人加以限定。前者包括与托运人订有运输合同的船舶所有人,后者包括提货人、收货人、提单持有人和货物所有人。

(2) 管辖权条款(JURISDICTION CLAUSE)——指出当提单发生争执时,按照法律,某法院有审理和解决案件的权利。

(3) 责任期限条款(DURATION OF LIABILLITY)——规定承运人对货物灭失或损害承担赔偿责任期间的条款。一般海运提单规定承运人的责任期限从货物装上船舶起至卸离船舶为止。集装箱提单则从承运人接受货物至交付指定收货人为止。

(4) 包装和标志(PACKAGES AND MARKS)——要求托运人对货物提供妥善包装和正确清晰的标志。如因标志不清或包装不良所产生的一切费用由货方负责。

(5) 运费和其他费用(FREIGHT AND OTHER CHARGES)——运费规定为预付的,应在装船时一并支付,到付的应在交货时一并支付。当船舶和货物遭受任何灭失或损失时,运费仍应照付,否则,承运人可对货物及单证行使留置权。

(6) 自由转船条款(TRANSHIPMENT CLAUSE)——承运人虽签发了直达提单,但由于客观需要仍可自由转船,并不须经托运人的同意。转船费由承运人负担,但风险由托运人承担,而承运人的责任也仅限于其本身经营的船舶所完成的那段运输。

(7) 错误申报(INACCURACY IN PARTICULARS FURNISHED BY SHIPPER)——承运人有权在装运港和目的港查核托运人报的货物数量、重量、尺码与内容,如发现与实际不符,承运人可收取运费罚金。

(8) 承运人责任限额(LIMIT OF LIABILITY)——规定承运人对货物灭失或损坏所造成的损失所负的赔偿限额,即每一件或每计算单位货物赔偿金额最多不超过若干金额。

(9) 共同海损(GENERAL AVERAGE-G. A.)——规定若发生共同海损,按照什么规则理算。国际上一般采用1974年越克·安特卫普规则理算。在我国,一些提单常规定按照1975年北京理算规则理算。

(10) 美国条款(AMERICAN CLAUSE)——规定来往美国港口的货物运输只能适用美国1936年海上货运法(CARRIAGE OF GOOD BY SEA ACT, 1936),运费按联邦海事委员会(FMC)登记的费率执行,如提单条款与上述法则有抵触时,则以美国法为准。此条款也称"地区条款"(LOCAL CLAUSE)。

(11) 舱面货,活动物和植物(ON DECK CARGO, LIVE ANIMALS AND PLANTS)——对这三种货物的接收、搬运、运输、保管和卸货规定,由托运人承担风险,承运人对其灭失或损坏不负责任。

 回音壁

付费取单操作流程(见表18-25)。

表18-25

步 骤	内 容
第一步	代付运费
第二步	换取提单

> ## 付费取单要诀
>
> 单据审核要仔细
> 法律条文心中记
> 国际趋势要留意
> 仔细计算要牢记

任务九　代办保险

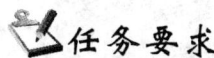

任务要求

知识要求

1. 读懂货物运输保险条款
2. 举例投保时所需要的单证
3. 记住投保应注意的事项
4. 写出投保操作流程

能力要求

1. 会按照客户要求选择险别
2. 审核投保时需要的单证
3. 会根据实际情况制作投保单
4. 根据代理保险流程完成代理保险操作

任务描述

保险可不能忘记,要公司代货主办理保险,派业务部员工小陆完成。

> **小思考** 小陆应该向保险公司提供哪些信息?他应该如何获得这些信息?他和保险公司怎样确立具有法律效应的契约?

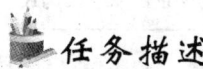

任务分析

投保主要是填写投保单。到保险公司投保,准确了解投保单上的信息非常重要。

操作流程（见图 18-19）

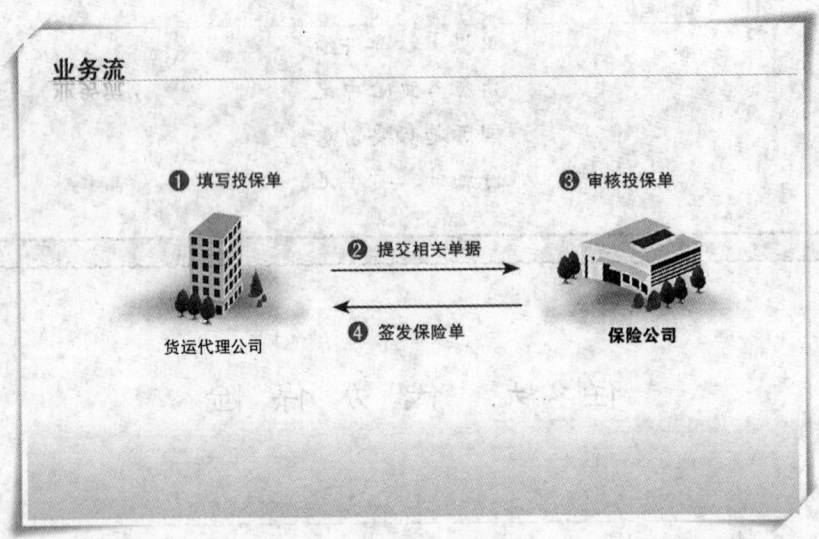

业务流

① 填写投保单

② 提交相关单据

④ 签发保险单

③ 审核投保单

货运代理公司

保险公司

图 18-19 代办保险

业务操作指导

操作1 填写投保单

(1) 货运代理业务员填写投保单(见表 18-26)。

(2) 货运代理将填制完的投保单递交至保险公司。

表 18-26

中国人民保险公司上海分公司

THE PEOPLE'S INSURANCE COMPANY OF CHINA, SHANGHAI BRANCH

出口货物运输保险投保单　　　　　　　　发票编号：

Application From form Export Marine Cargo Insurance　　Invoice No：098JK

被保险人名称、地址： 盛达进出口有限公司 SHENGDA IMP. AND EXP. CO. , LTD. NO. 668 ZHONGSHAN RD. MINHANG DISTRICT SHANGHAI CHINA TEL(86)21-16584887　FAX(86)21-16584568 Name & Address of Applicant:			
标记及号码 Marks & Numbers	件数 Quantity	物品名称 Descriptions of Goods	保险金额 Insured Amount
MATUSUDA JSHA034 KOBE C/NO. 1-488	488 箱	纯棉男衬衫 100% COTTON MAN'S SHIRT	USD 80 520.00.00

（续表）

运输工具（及运载工具） Carrying vessel and Connection	NANJIN V. 880	起运日期 Date of Departure	2014.03.25	赔款偿付地点 Claim payable at	KOBE JAPAN
运输路线 voyage	自 经 到 From SHANGHAI Via To KOBE JAPAN		转载地点 Port of Transhipment		
投保险别： Condition: FOR 110% OF THE INVOICE VALUE COVERING ALL RISKS AS PER P. I. C. C. DATE1/1/1981			投保单位签章： Applicant's Signature 2014 年 03 月 16 日		

操作 2　申请保险，递交相关单据

（1）货运代理业务员前往保险公司递交提单、销售确认书、商业发票。

（2）保险公司业务员对照所提供的单据审核投保单。

操作 3　保险公司签发保险单

（1）保险公司业务员计算保险费。

（2）货运代理支付保险费用，得到保险单（如表 18-27 所示）。

表 18-27

中国人民保险公司

THE PEOPLE'S INSURANCE COMPANY OF CHINA

总公司设于北京　　　一九四九年创立
Head Office：BENJING　Established in 1949

保险单

INSURANCE POLICY

保险单次号次 **SH058812**

POLICY No.

中国人民保险公司(以下简称本公司)

THIS POLICY OF INSURANCE WITNESSES THAT PEOPLE'S INSURANCE OF CHINA (HEREINAFTER CALLED. "THE COMPANY")

根据

AT THE REQUEST OF SHENGDA IMP. AND EXP. CO., LTD. (以下简称被保险人)的要求,由被保险人向本公司缴付约定的保险费,按照本保险单承保险别和背面所载条款与下列特款承保下述货物运输保险, 特立本保险单。(HEREINAFTER CALLED " THE INSURED" AND IN CONSIDERATION OF THE AGREED PREMIUM PAIP TO THE COMPANY)BY THE INSURED UNDERTAKES TO INSURE THE UNDERMENTIONED GOODS IN TRANSPORTATION SUBJECT TO THE CONDITIONS OF THIS POLICY. AS PER THIS CLAUSES PRINTED OVERLEAF AND OTHER SPECAL CLAUSES ATTACHED.)

（续表）

标记 MARK & NOS.	保险及数量 QUZNTITY	保险货物项目 DESCRIPTION OF GOODS	保险金额 AMOUNT INSURED
MATUSUDA JSHA034 KOBE C/NO. 1-488	488CTNS	100% COTTON MAN'S SHIRT	USD 80 520.00

保险金额：

TOTAL AMOUNT INSURED: SAY U. S. DOLLARS EIGHTY THOUSAND FIVE HUNDRED AND TWENTY ONLY.

保费　　　　　　　　　　费率　　　　　　　　　装载运输工具

PREMIUM AS ARRANGED RATE AS ARRANGED PER CONVEYANCE S. S. NANJIN V. 880

开航日期 MAR. 25, 2014　　　自　　　　　　　　　　　至

SLG. IN OR ABT. AS PER B/L DATE　FROM　SHANGHAI CHINA　TO　KOBE JAPAN.

承保险别：

CONDITIONS: FOR 110% OF THE INVOICE VALUE COVERING ALL RISKS AS PER P. I. C. C. DATE1/1/1981.

所保货物，如遇出险，本公司凭保险单及其他有关证件给付赔偿。

所保货物，如果发生本保险单项下负责赔偿的损失或事故，应立即通知本公司下属代理人查勘。

CLAIMS IF ANY PAYABLE ON SURPENDER OF THIS POLICY TO GETETHER WITH OTHER RELEVANT EVANT DOCUMENTS IN THE EVENT OF ACCIDENT WHEREBY LOSS OR DAMAGE MAY RESULT IN A CLAM UNDER THIS POLICY IMMEDIATE NOTICE APPLY ING FOR SURVEY MUST BE GIVEN TO THE COMPANYS AGENT AS MENTIONED HEREUNDER.

THE PEOPLE'S INSURANCE OF CHINA MONTREAL BRANCH

KOBE JAPAN　TEL：128-543657

赔偿地点　　　　　　　　　　　　　　　　　中国人民保险公司上海分公司

CLALAM PAYABLE AT KOBE JAPAN IN USD　THE PEOPLE'S INSURANCE OF CHINA SHANGHAI BRANCH

日　期

DATE　MAR. 25, 2014　　　　　　　　　General manager　王琳

（3）业务员将保险单交给货运代理。

知识天地

一、投保时所需具备的外贸单证

信用证：信用证是国际贸易结算中被广泛使用的最为重要的一种结算方式。一般情况下，在跟单信用证的内容中，都有装运与保险条款的规定，如装运港或启运地、卸货港

或目的地、装运期限、CIF 或 CIP 贸易术语达成的交易项下的保险要求,所需投保货物的加成金额及投保险别、特别约定等。投保人应按信用证上规定的要求投保,保证"单单一致,单证一致",以便顺利结汇。

外贸发票:外贸发票不仅是出口货物的必备凭证,也是投保时确定保单要素的重要依据,发票上列明的项目如发票号码、商品名称、包装数量、货物价格都是填写投保单及确定投保金额时必不可少的项目。

海运提单:它可以用来明确保险公司的签单日期。虽然所有保险公司都要求进出口货运保险的投保日期应在货运开始之前,但在实际操作中,由于各种各样的原因,常常会发生投保人投保时货物已出运的情况。一般情况下,只要投保人无恶意行为,保险公司会根据货运提单上的出运日期,出具签单日为实际投保日之前的保险单。

装箱单:它可以用来明确出运货物的包装方式和包装件数。

二、投保单缮制规范

当一个贸易商需要对一笔货物进行投保时,首先要跟保险公司联系,通常是填制一张投保单,经保险公司接收后就开始生效。保险公司出立保险单以投保人的填报内容为准。填报时要明确以下内容:

(1) 被保险人名称:要按照保险利益的实际有关人填写。

(2) 标记:应该和提单上所载的标记符号相一致,特别要同刷在货物外包装上的实际标记符号一样,以免发生赔案时,引起检验、核赔、确定责任的混乱。

(3) 包装数量:要将包装的性质如箱、包、件、捆以及数量都写清楚。

(4) 货物名称:要具体填写,一般不要笼统地写纺织品、百货、杂货等。

(5) 保险金额:通常按照发票 CIF 价加成 10%～20% 计算,如发票价为 FOB 带保险或 CFR,应将运费、保费相应加上去,再另行加成。需要指出的是保险合同是补偿性合同,被保险人不能从保险赔偿获得超过实际损失的赔付,因此溢额投保(如过高的加成、明显偏离市场价格的投保金额等)是不能得到全部赔付的。

(6) 船名或装运工具:海运需写明船名、转运也需注明;联运需注明联运方式。

(7) 航程或路线:如到目的地的路线有两条,要写上自××经××至××。

(8) 承保险别:必须注明,如有特别要求也在这一栏填写。

(9) 赔款地点:除特别声明外,一般在保险目的地支付赔款。

(10) 投保日期:应在开航前或运输工具开行前。

注意事项:

(1) 投保申报情况必须属实。

(2) 投保险别、币制与其他条件必须和信用证上所列保险条件的要求相一致。

(3) 投保险别和条件要和买卖合同上所列保险条件相符合。

(4) 投保后发现投保项目有错漏,要及时向保险公司申请批改,如保险目的地变动、船名错误以及保险金额增减等。

三、投保注意事项

(1) 填制投保单：请在货物起运前投保，为了货主的利益，投保单应尽可能地详细填写，不应有空项、漏项，填写完毕后请加盖公章以表示正式要约。

(2) 保额确定：保险金额可按发票金额加成投保，但最高加成数不能超过发票金额30%。

(3) 免赔额：对于某些种类的货物，保险公司规定有免赔额，主要是因为这类货物在运输途中会自然损耗一部分或不可避免地发生一些小损失。

(4) 索赔时效：在最后卸载港全部卸离海轮后起算，最多不超过2年。

(5) 预约保单又称预约保险合同，它是被保险人(一般为进口人)与保险人之间订立的总合同。订立这种合同的目的是为了简化保险手续，又可使货物一经装运即可取得保障。合同中规定承保货物的范围、险别、费率、责任、赔款处理等条款，凡属合同约定的运输货物，在合同有效期内自动承保。

四、货物运输保险保障的范围

1. 海上风险

海上风险一般包括自然灾害和意外事故两种。

(1) 自然灾害。所谓自然灾害，是仅指恶劣气候、雷电、洪水、流冰、地震、海啸以及其他人力不可抗拒的灾害，而非指一般自然力所造成的灾害。

(2) 海上意外事故。海上意外事故不同于一般的意外事故，它所指的主要是船舶搁浅、触礁、碰撞、爆炸、火灾、沉没、船舶失踪或其他类似事故。

2. 海上损失

海上损失简称海损，是指被保险货物在海运过程中，由于海上风险所造成的损坏或灭失。根据保险惯例解释，凡与海陆连接的陆运过程中所发生的损坏或灭失，也属海损范围。就货物损失的程度而言，海损可分为全部损失和部分损失；就货物损失的性质而言，海损又分为共同海损(General Average)和单独海损(Particular Average)。

3. 外来风险和损失

外来风险和损失是指海上风险以外由于其他各种外来的原因所造成的风险和损失。外来风险和损失包括下列两种类型：

(1) 一般的外来原因所造成的风险和损失。这类风险损失，通常是指偷窃、短量、破碎、雨淋、受潮、受热、发霉、串味、沾污、渗漏、钩损和锈损等。

(2) 特殊的外来原因造成的风险和损失。这类风险损失，主要是指由于军事、政治、国家政策法令和行政措施等原因所致的负险损失，如战争和罢工等。

4. 海上费用

(1) 施救费用。施救费用是指被保险的货物在遭受承保责任范围内的灾害事故时，被保险人或其代理人与受让人，为了避免或减少损失，采取了各种抢救或防护措施而所支付的合理费用。

(2) 救助费用。救助费用是指被保险货物在遭受了承保责任范围内的灾害事故时,由保险人和被保险人以外的第三者采取了有效的救助措施,在救助成功后,由被救方付给救助人的一种报酬。

五、保险费的相关计算

1. 保险金额的计算公式

$$保险金额＝CIF(或 CIP)×(1＋投保加成率)$$

由于保险金额是以 CIF/CIP 价格为基础确定的,在 CFR/CPT 或 FOB/FCA 价格的情况下,则需要将 CFR/CPT 或 FOB/FCA 转化为 CIF/CIP 价,然后计算保险金额。

我国进口货物的保险金额原则上也按进口货物的 CIF 或 CIP 货值计算。但在目前,我国进口合同较多采用 FOB、CFR 条件,为方便计算,保险公司规定计算保险金额的公式如下:

$$保险金额＝FOB 价格×(1＋平均运费率＋平均保险费率)$$

或:　　　　　$$保险金额＝CFR 价格×(1＋平均保险费率)$$

这里的保险金额为估算的 CIF 价而不另加成。如投保人要求在 CIF 或 CIP 价基础上加成投保,保险公司也可接受。

2. 办理投保和交付保险费(出口业务)

(1) 投保方:出口合同采用 CIF 或 CIP 条件时,保险由出口方办理。

(2) 投保时间:在备妥货物并确定装运日期和运输工具后。

(3) 保险费的计算方法:

$$保险费＝保险金额×保险费率$$

例如:一批出口货物由上海至孟买 CIF 总金额为 30 000 美元,投保一切险(保险费率为 0.6%)及战争险(保险费率为 0.03%),保险金额按 CIF 总金额加 10%。则投保人应付的保险费为多少?

$$
\begin{aligned}
投保人应付的保险费 &＝30\ 000×(1＋10\%)×(0.6\%＋0.03\%) \\
&＝33\ 000×(0.006＋0.000\ 3) \\
&＝33\ 000×0.006\ 3＝207.90(美元)
\end{aligned}
$$

六、我国海运货物保险条款

中国人民保险公司为适应我国对外经贸发展需要,根据我国保险业务实际情况,参照国际保险市场做法,制定了《中国保险条款》(China Insurance Clauses CIC)。其中包括海洋货物运输保险条款等内容,中国人民保险公司1981 年 1 月 1 日修订了海洋货物运输保险条款、海洋货物运输战争险条款等内容。

一、基本险

基本险分为平安险、水渍险及一切险三种。被保险货物遭受损失时,本保险按照保险单上订明承保险别的条款规定,负赔偿责任。

(一)平安险

本保险负责赔偿:

(1) 被保险货物在运输途中由于恶劣气候、雷电、海啸、地震、洪水自然灾害造成整批货物的全部损失或推定全损。当被保险人要求赔付推定全损时,须将受损货物及其权利委付给保险公司。被保险货物用驳船运往或运离海轮的,每一驳船所装的货物可视作一个整批。推定全损是指被保险货物的实际全损已经不可避免,或者恢复、修复受损货物以及运送货物到原订目的地的费用超过该目的地的货物价值。

(2) 由于运输工具遭受搁浅、触礁、沉没、互撞、与流冰或其他物体碰撞以及失火、爆炸意外事故造成货物的全部或部分损失。

(3) 在运输工具已经发生搁浅、触礁、沉没、焚毁意外事故的情况下,货物在此前后又在海上遭受恶劣气候、雷电、海啸等自然灾害所造成的部分损失。

(4) 在装卸或转运时由于一件或数件整件货物落海造成的全部或部分损失。

(5) 被保险人对遭受承保责任内危险的货物采取抢救、防止或减少货损的措施而支付的合理费用,但以不超过该批被救货物的保险金额为限。

(6) 运输工具遭遇海难后,在避难港由于卸货所引起的损失以及在中途港、避难港由于卸货,存仓以及运送货物所产生的特别费用。

(7) 共同海损的牺牲、分摊和救助费用。

(8) 运输契约订有"船舶互撞责任"条款,根据该条款规定应由货方偿还船方的损失。

(二)水渍险

除包括上列平安险的各项责任外,本保险还负责被保险货物由于恶劣气候、雷电、海啸、地震、洪水自然灾害所造成的部分损失。

(三)一切险

除包括上列平安险和水渍险的各项责任外,本保险还负责被保险货物在运输途中由于外来原因所致的全部或部分损失。

二、附加险

(一)一般附加险

(1) 偷窃提货不着险(Theft, Pilferage, and Nondelivery, T. P. N. D.)。

(2) 淡水雨淋险(Fresh Water Rain Damage, F. W. R. D.)。

(3) 短量险(Risk of Shortage)。

(4) 混杂、沾污险(Risk of Intermixture & Contamination)。

(5) 渗漏险(Risk of Leakage)。

(6) 碰损、破碎险(Risk of Clash & Breakage)。

(7) 串味险(Risk of Odour)。

(8) 受热、受潮险(Damage Caused by Heating & Sweating)。

（9）钩损险（Hook Damage）。

（10）包装破裂险（Loss for Damage by Breakage of Packing）。

（11）锈损险（Risks of Rust）。

一般附加险不能作为一个单独项目投保，而只能在投保平安险或水渍险的基础上，根据货物的特性和需要加保一种或若干种一般附加险。

如加保所有的一般附加险，这就叫投保一切险。可见一般附加险被包括在一切险的承保范围内，故在投保一切险时，不存在再加保一般附加险的问题。

（二）特殊附加险

1. 战争险和罢工险

按中国人民保险公司的保险条款规定，战争险不能作为一个单独的项目投保，而只能在投保上述三种基本险别之一的基础上加保。

一般将罢工险和战争险同时投保，若投保了战争险又需投保罢工险，罢工险不再另行收费。

2. 其他特殊附加险

为了适应对外贸易货运保险的需要，中国人民保险公司除承保上述各种附加险外，还承保交货不到险、进口关税险、舱面险、拒收险、黄曲霉素险以及我国某些出口货物运至港、澳地区存仓期间的火险等特殊附加险。

三、除外责任

本保险对下列损失不负赔偿责任：

（1）被保险人的故意行为或过失所造成的损失。

（2）属于发货人责任所引起的损失。

（3）在保险责任开始前，被保险货物已存在的品质不良或数量短差所造成的损失。

（4）被保险货物的自然损耗、本质缺陷、特性以及市价跌落；运输迟延所引起的损失或费用。

（5）本公司海洋运输货物战争险条款和货物运输罢工险条款规定的责任范围和除外责任。

四、责任起讫

（1）本保险负"仓至仓"责任，自被保险货物运离保险单所载明的起运地仓库或储存处所开始运输时生效，包括正常运输过程中的海上、陆上、内河和驳船运输在内，直至该项货物到达保险单所载明目的地收货人的最后仓库或储存处所或被保险人用作分配、分派或非正常运输的其他储存处所为止。如未抵达上述仓库或储存处所，则以被保险货物在最后卸载港全部卸离海轮后满 60 天为止。如在上述 60 天内被保险货物需转运到非保险单所载明的目的地时，则以该项货物开始转运时终止。

（2）由于被保险人无法控制的运输延迟、绕道、被迫卸货、重行装载、转载或承运人运用运输契约赋予的权限所作的任何航海上的变更或终止运输契约，致使被保险货物运到非保险单所载明目的地时，在被保险人及时将获知的情况通知保险人，并在必要时加缴保险费的情况下，本保险仍继续有效，保险责任按下列规定终止：① 被保险货物如在非保险单所载明的目的地出售,保险责任至交货时为止,但不论任何情况下,均以被保险货物在卸载港全部卸离海轮后满 60 天为止。② 被保险货物如在上述 60 天期限内继续运往保险单所载原目的地或其他目的地时,保险责任仍按上述第(一)款的规定终止。

五、被保险人的义务

被保险人应按照以下规定的应尽义务办理有关事项,如因未履行规定的义务而影响保险人利益时,本公司对有关损失,有权拒绝赔偿。

(1) 当被保险货物运抵保险单所载明的目的港(地)以后,被保险人应及时提货,当发现被保险货物遭受任何损失,应即向保险单上所载明的检验、理赔代理人申请检验,如发现被保险货物整件短少或有明显残损痕迹应即向承运人、受托人或有关当局(海关、港务当局等)索取货损货差证明。如果货损货差是由于承运人、受托人或其他有关方面的责任所造成,并应以书面方式向他们提出索赔,必要时还须取得延长时效的认证。

(2) 对遭受承保责任内危险的货物,被保险人和本公司都可迅速采取合理的抢救措施,防止或减少货物的损失,被保险人采取此项措施,不应视为放弃委付的表示,本公司采取此项措施,也不得视为接受委付的表示。

(3) 如遇航程变更或发现保险单所载明的货物、船名或航程有遗漏或错误时,被保险人应在获悉后立即通知保险人并在必要时加缴保险费,本保险才继续有效。

(4) 在向保险人索赔时,必须提供下列单证:保险单正本、提单、发票、装箱单、磅码单、货损货差证明、检验报告及索赔清单。如涉及第三者责任,还须提供向责任方追偿的有关函电及其他必要单证或文件。

(5) 在获悉有关运输契约中"船舶互携责任"条款的实际责任后,应及时通知保险人。

六、索赔期限

本保险索赔时效,从被保险货物在最后卸载港全部卸离海轮后起算,最多不超过 2 年。

 回音壁

代理保险要领

联系客户要活跃

货主委托要明确

填写单证要警觉

不懂就问要勤学

任务十　费用结算

任务要求

知识要求

1. 归纳货运费用结算科目
2. 知晓支付工具、方式
3. 理解班轮、租船的运费构成
4. 写出费用结算的操作流程

技能要求

1. 依据业务罗列费用结算科目
2. 会根据业务完成代算代收代付的工作程序以及选择支付工具、方式
3. 会根据要求计算班轮、租船的运费
4. 会根据费用结算操作流程完成费用结算

任务描述

百通货运代理公司顺利将货物装船,在此次交易中双方合作顺利,到了费用结算环节,由货运代理员来完成此环节。费用结算是公司的命脉,马虎不得。

任务分析

平时我们到商场买东西,费用是怎样结算的呢? 是不是打印列有详细清单的收银条,然后再去开发票? 公司之间的结算是同样道理,只是按照法律规定不能用现金结账。

操作流程(见图 18-20)

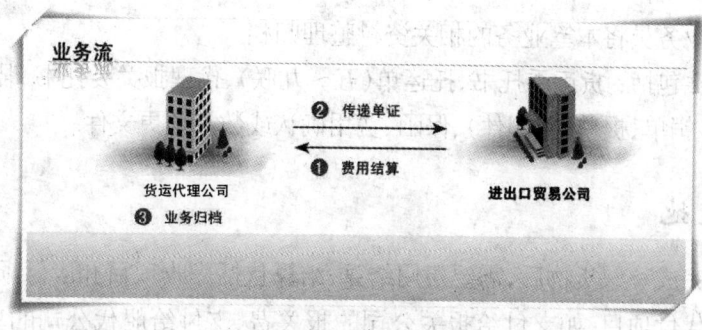

图 18-20　费用结算

业务操作指导

操作 1 费用结算

(1) 货运代理业务员填写费用结算单(见表 18-28)。

表 18-28

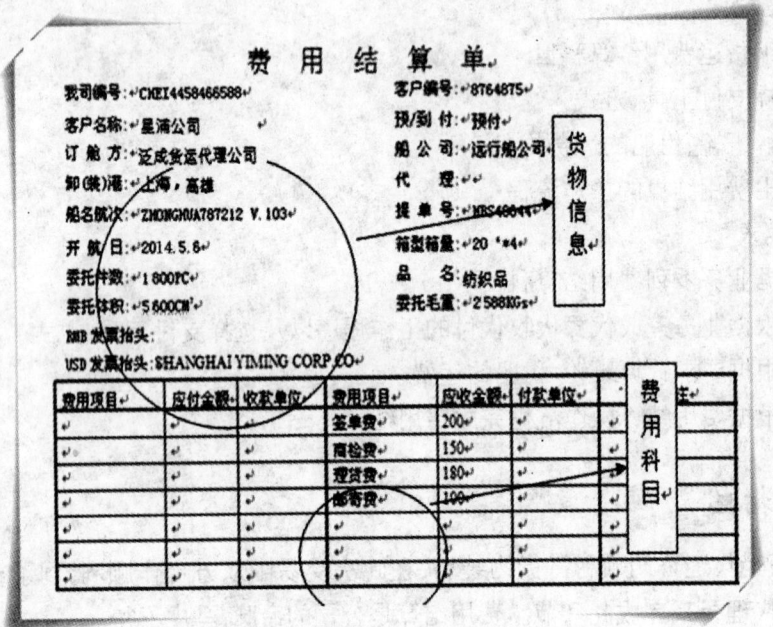

(2) 货运代理把费用结算单递交给出口商,与出口商结算费用。

操作 2 传递单证

传递提单等单据。

操作 3 业务归档

货运代理业务员将本笔业务的相关资料整理归档。

整理的文件包括：货运委托书、托运单(五～九联)、代理报关委托书、装箱单、商业发票、出口收汇核销单、提单(复印件)、保函、费用确认或数据变更文件。

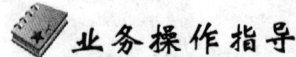 **知识天地**

货运代理完成一票货物后,需要费用结算,结算包括应收项目和应付项目,货运代理公司应付都是代付项目,如支付给报关公司的报关费、支付给船代公司的单证费等。应收项目是货运代理向货主收取的费用项目,除了代付那一部分外,还收取货运代理公司

提供的各种劳务费,如制单费、订舱费等。

货运代理公司与货主之间结算费用时有月结和票结等形式,具体如何结算,依据支付协议,附件为支付协议样本。

支付协议样本

进出口货运代理费用结算协议样本

甲方:

注册地址:

法定代表人:＿＿＿＿＿＿＿＿ 职务:＿＿＿＿＿＿＿ 电话:＿＿＿＿＿＿

授权委托代理人:＿＿＿＿＿＿ 职务:＿＿＿＿＿＿＿ 电话:＿＿＿＿＿＿

乙方:＿＿＿＿＿＿＿＿＿＿＿＿＿＿＿＿＿＿＿＿＿＿＿＿＿＿

〖本人〗〖法定代表人〗〖授权委托人〗姓名:＿＿＿＿＿＿＿＿

职务:＿＿＿＿＿＿ 电话:＿＿＿＿＿＿＿

〖身份证号〗〖营业执照号〗:＿＿＿＿＿＿＿＿＿＿＿＿＿＿＿

地址:＿＿＿＿＿＿＿＿＿＿＿＿＿＿＿＿＿＿＿＿＿＿＿＿

根据《中华人民共和国合同法》及其他相关法律、法规之规定,在平等、自愿、协商一致的基础上,就乙方委托甲方代理安排进出口货运事宜相关费用的结算达成协议如下:

第一条 相关定义

1. 费用结算单:指甲方为结算需要,向乙方出具的,载明应付费用及支付期限的任何形式的书面材料。

2. 书面确认:指乙方及其分支机构或授权人员盖章或签字之任何形式的书面材料。(有关印章或人员名单见附)。

第二条 操作

乙方委托甲方从事下述服务。

1. 在签发第三方的运输单证的情况下,作为乙方的货运代理人,为乙方向承运人或其代理人订舱,排载,制作单证,依据乙方的具体指示(参照每票托运单),从事拖车、场装报关、报检等,并代缴有关费用。

2. 在甲方签发自己的运输单证时,向实际承运人订舱、向乙方签发运输单证,并根据乙方的指示(参照具体托运单)提取货柜、拖车、场装、报关、报检、并代缴相关费用。

3. 办理进口货物货运业务(参照委托单证或相关单证)。

第三条 费用(另行约定)

第四条 结算

甲方选择＿＿＿＿方式向乙方结算相关费用。

1.(票结)

1.1 乙方在委托甲方操作开始前,将空白支票或现金交给甲方,甲方必须出具收据。

1.2 甲方在每票货操作完毕后,从该支票或现金直接支取费用。

1.3 乙方支票空头或透支或预缴现金不足,应在甲方通知后立即补齐,并按逾期时间支付违约金。

1.4 非因甲方原因产生之超出结算期限的未结费用,乙方应于甲方通知后立即支付,并按逾期时间支付违约金。

1.5 甲方应于结算后立即出具发票给乙方。

2.（月结）

2.1 甲方于次月_____日之前提供前一个月的费用结算清单给乙方核对(乙方也可随时向甲方索要)。

2.2 乙方必须于_____日前对之进行核对,并以书面形式向甲方确认或异议,否则视为同意。

2.3 乙方对甲方出具的费用结算清单全部或部分有异议的,应于_____日前,就确认或没有异议的部分按时支付,不得拒付全部费用。

2.4 对于乙方有异议的全部或部分费用,甲方应立即与乙方协商,并于乙方书面异议的一周内重新制作费用结算清单给乙方。该新费用结算清单的交接,适用本第2款,第2.2项的规定。

2.5 对于上述应付费用,乙方若需要由本合同以外的第三人支付给甲方的,必须书面通知甲方,并对该应付款承担连带清偿责任。

2.6 甲方对乙方所付费用,应立即开具发票或收据给乙方。

2.7 甲方在代垫金额较大的情况下,有权要求乙方先行支付代垫费用。定期结算期内代垫费用的最高限额为_____,超出限额乙方必须先行支付甲方代垫的费用。

2.8 甲方保有应收费用的增补权。双方在结算后,发现尚有部分应计算的费用未结算的,甲方有权予以增补,乙方应在下一结算期间结清。乙方保有多付不应付费用的追索权,多付金额经双方确认后在下一个结算期抵扣。

第五条 担保措施

1. 乙方同意,在其未能依本协议第二条、第三条规定支付甲方有关费用时,甲方有权留置其所占有的乙方本协议项下的标的货物。

2. 乙方应于不少于两个月的期限内履行支付义务。该期限从甲方采取留置措施时开始计算；乙方逾期不履行的,甲方得以将留置物拍卖,变卖或与乙方协议折价,以其价款优先偿付甲方费用。留置物折价、拍卖、变卖后,其价款仍不足以偿付的,不足部分由甲方清偿。

3. 乙方同意,在乙方结清相关费用后,甲方方将报关单证或退税核销单或提单等交给乙方,由此造成的任何损失由乙方承担。

第六条 违约责任

1. 乙方未依本协议向甲方支付费用,或支付费用不完整的,乙方必须从支付期满日起,按应付款向甲方每日支付违约金。

2. 乙方无正当理由,不履行某一个月的全部费用或所欠费用超过全部应付费用的_____时,甲方可以解除协议并按上款要求支付违约金。

3. 甲乙双方违反本协议造成对方损失的,按违约时的实际损失赔偿对方。

第七条 争议解决

1. 本协议不尽之处,由双方协商解决或作补充商议。

2. 双方协商不成的,一方可以向人民法院起诉。

第八条 协议的变更和解除

1. 双方可以通过协议方式变更或解除本协议,但必须提前30天书面通知对方,并经对方书面同意。

2. 除第六条第2款的情形外,任何一方依上款方式单方解除本协议,必须支付给对方人民币_____元违约金。

第九条 其他

1. 本协议期限从_____至_____止。

2. 本协议期满,双方无异议的,自动延续壹年。

3. 本协议一式两份,效力相同,双方各持一份,自签订日起生效。

第十条 其他双方协议的条款

甲方:_____ 乙方:_____

___年___月___日 ___年___月___日

回音壁

费用结算要点

(1) 理解费用应收和应付包含的科目。

(2) 仔细填写各科目数据,切忌忘记某一科目。

(3) 熟悉哪些费用为美元费用和哪些费用为人民币费用?

费用结算要诀

费用科目心中记

仔细罗列别忘记

应收应付要清楚

仔细计算是关键

项目十九　集装箱班轮进口

图 19-1　集装箱班轮进口业务

表 19-1　　　　　　　　　　集装箱班轮进口任务列表

任务编号	任务名称
1	接受委托
2	委托订舱
3	代办保险
4	汇集单据
5	换单
6	代理报关
7	提货预约
8	提取货物
9	费用结算

任务一 接受委托

任务要求

知识要求

1. 记住班轮运价的构成

2. 说明航线的概念及分类

3. 写出货运费用的缩写

4. 列举箱型和箱类

技能目标

1. 会解读航线表

2. 会依据运价表进行运费核算并进行报价

3. 会依据货物性质及数量选择箱类和箱型

4. 会依据货物体积、重量选择箱型

任务描述

上海祥瑞贸易公司从荷兰进口一批玩具,海祥瑞贸易公司提供了购货合同并填制好货运委托书,请百通货运代理公司为其代理运输事宜。

任务分析

百通代理公司该如何完成该运输事宜?在百通开始办理运输之前,应要求货主完成哪些事宜?在中国的百通货运代理公司,该和哪些相关公司沟通?

货运代理公司接受委托任务后,他会和进口商沟通,请进口商和出口商沟通好货物相关信息,之后,货运代理首先和国内进口方联系获得相关资料,然后再和海外代理沟通相关事宜。

操作流程（见图 19-2）

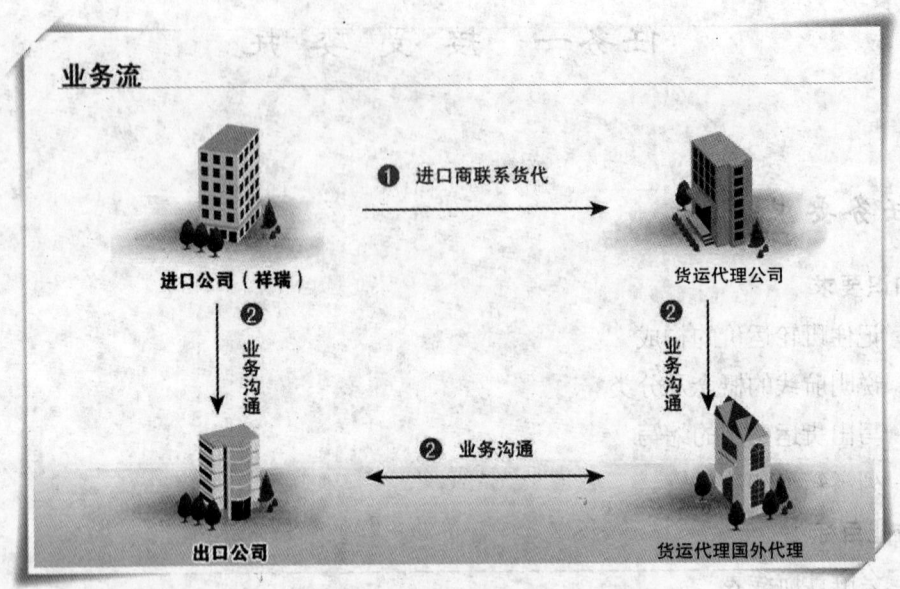

图 19-2 授受委托

业务操作指导

操作 1 货运代理公司与进口商联系，请其提供购销合同和货运委托书（见示样）

示样：购货合同

上海祥瑞贸易公司

购 货 合 同 书   P/C NO: SDK34567

PURCHASE CONTRACT   DATE: SEP. 19, 2014

买方：

The Buyer:

SHANGHAI XIANGRUI TRADING CORPORATION

1 321 ZHONGSHAN ROAD SHANGHAI, CHINA

TEL: 8621-65788877

FAX: 8621-65788876

卖方：

The Seller:

NOM TRADING COMPANY

BRESTOFSGADE234, ROTTERDAM, THE NETHERLANDS

TEL: 32-87654321

FAX：32-87654322

本合同由买卖双方订立,根据本合同规定的条款,买方同意购买,卖方同意出售下述商品。

This Contract is made by and between the Buyer and Seller, whereby the Buyer agrees to buy and the Seller agrees to sell the under-mentioned commodity according to the terms and conditions stipulated below.

1. 商品名称、规格、数量及单价

COMMODITY, SPECIFICATIONS, QUANTITY AND UNIT PRICE.

商品名称及规格 name of commodity; specification	数量 (PCS)	单价 (USD)	总值 (USD)
PLUSH TOYS			
ZH3001	3 000	1	3 000
ZH3111	600	2	1 200
ZH3222	600	3	1 800
SD2342	500	4	2 000
SD2345	100	5	500
合计(TOTAL)	4 800		8 500

SAY US DOLLARS EIGHT THOUSAND FIVE HUNDRED ONLY

2. 原产地国与制造商

THE NETHERLANDS;NOM TRADING COMPANY

COUNTRY OF ORIGIN AND MANUFACTURE: MARGARET TRADING COMPANY,CANADA.

3. 包装

PACKING: PACKED IN TWO HUNDRED AND FORTY CARTONS

4. 唛头

SHIPPING MARK：

NTC

SDK 34567

SHANGHAI

C/NO. 1-240.

5. 装运日期：不迟于 2015 年 1 月 19 日

DELIVERY：NOT LATER THAN JAN. 19,2015

6. 装运港：鹿特丹

PORT OF LOADING：ROTTERDAM.

7. 目的港：上海

PORT OF DESTINATION：SHANGHAI.

8. 分批装运：允许

PARTIAL SHIPMENTS：ALLOWED.

9. 转运：不允许

TRANSSHIPMENT：NOT ALLOWED.

10. 付款条件：电汇（见单后付款）

TERMS OF PAYMENT: T/T.

11. 保险：保险由买方办理

INSURANCE: TO BE EFFECTED BY BUYER.

12. 单据：卖方提供下列单据

DOCUMENTS: THE SELLER SHALL PRESENT THE FOLLOWING DOCUMENTS TO THE BUYER.

(1) 签字的商业发票三份，注明合同号。

THREE COPIES OF SIGNED COMMERCIAL INVOICE INDICATING CONTRACT NUMBER.

(2) 装箱单三份。

THREE COPIES OF PACKING LIST.

(3) 由卖方签发的质量和数量证明书两份。

TWO COPIES OF CERTIFICATE OF QUALITY QUANTITY ISSUED BY MANUFACTURE.

(4) 全套的清洁的已装船提单做成空白抬头和空白背书。

FULL SET OF CLEAN ON BOARD OCEAN BILLS OF LANDING MADE OUT TO ORDER AND BLANK ENDORSED.

(5) 卖方应在货物发运后 12 小时将合同编号、商品名称、数量、毛重、航次及日期电告买方。

WITHIN 12 HOURS AFTER THE GOODS ARE COMPLETELY LOADED, THE SELLER SHALL FAX TO NOTIFY THE BUYER OF THE CONTRACT NUMBER, NAME OF COMMODITY, QUANTITY, GROSS WEIGHT, B/L NO. AND THE DATE OF DELIVERY.

13. 质量保证：卖方应保证产品质量，收到后一个月内出现质量问题，由卖方负责。

GUARANTEE OF QUALITY: THE SELLER SHOULD GUARANTEE THE QUALITY OF THE GOODS. IF ANY PROBLEMS HAPPEN IN QUALITY IN ONE MONTH AFTER RECEIVING THE GOODS, THE SELLER SHOULD TAKE THE RESPONSIBILITY.

14. 检验和索赔：在本合同第13条规定的保证期限内，如发现货物的质量及/或规格与本合同规定不符或发现货物无论任何原因引起的缺陷包括内在缺陷或使用不良的原料，买方应申请商检局检验，并有权根据商检证向卖方索赔。卖方收到买方索赔通知后，如果在 30 天内不答复，应视为卖方同意买方提出的一切索赔。

INSPECTION AND CLAIMS: WITHIN THE GUARANTEE PERIOD STIPULATED IN CLAUSE 13 HEREOF SHOULD THE QUALITY/WEIGHT AND/OR THE SPECIFICATIONS OF THE GOODS BE FOUND NOT IN WITH THE CONTRACTED STIPULATIONS, OR SHOULD THE GOODS PROVE DEFECTIVE FOR ANY REASONS, INCLUDING LATENT DEFECT OR THE USE OF UNSUITABLE MATERIALS, THE BUYER SHALL ARRANGES FOR AN INSPECTION TO BE CARRIED OUT BY THE BUREAU AND HAVE THE RIGHT TO CLAIM AGAINST THE SELLERS ON THE STRENGTH OF THE INSPECTION CERTIFICATE ISSUED BY THE BUREAU. ANY AND ALL CLAIMS SHALL BE REGARDED AS ACCEPTED IF THE SELLERS FAIL TO REPLY WITHIN 30 DAYS AFTER RECEIPT OF THE BUYER'S CLAIM.

买方　　　　　　　　　　　　　　　　　　　　　　　卖方

BUYER:　　　　　　　　　　　　　　　　　　　　　　SELLER:

示样：货运委托书(见表 19 – 2)

表 19-2　　　　　　　　　　货运代理委托书

经营单位(托运人)		上海祥瑞贸易公司		编　号	JF0387124
提单B/L项目要求	发货人： Shipper： NOM TRADING COMPANY BRESTOFSGADE234, ROTTERDAM, THE NETHERLANDS TEL：32-87654321 FAX：32-87654322				
	收货人： Consignee： SHANGHAI XIANGRUI TRADING CORPORATION 1 321 ZHONGSHAN ROAD SHANGHAI, CHINA TEL：8621-65788877 FAX：8621-65788876				
	通知人：SAME AS CONSIGNEE Notify Party：				

海洋运费(√) Sea freight	预付(　)或到付(√) Prepaid or Collect	提单份数	3	提单寄送地　址	上海中山路 1321 号
起运港　ROTTERDAM	目的港　SHANGHAI	可否转船	不允许	可否分批	允许

集装箱预配数		1×20'	装运期限	2015-1-19	有效期限	

标记唛码	包装件数	中英文货号 Description of goods	毛重 (千克)	尺码 (立方米)	成交条件 (总价)	
NTC SDK34567 SHANGHAI C/NO. 1-240	240 箱	毛绒玩具 PLUSH TOYS	2 020	32	8 500.00 美元	
			特种货物 冷藏货 危险品	重　件：每件重量		
				大　件 (长×宽×高)		
内装箱(CFS)地址			特种集装箱：(　　　　　)			
门对门装箱地址			物资备妥日期	2015 年 1 月 15 日		
外币结算账号	WB68432144		物资进栈：自送(√)或金发派送(　)			
声明事项			人民币结算单位账号	23456778899990		
			托运人签章			
			电　话	65788877		
			传　真	65788876		
			联系人	王丽		
			地　址	上海中山路 1321 号		
			制单日期：2014 年 12 月 12 日			

操作2　请你以货运代理公司的身份，计算运费及代理各项费用，并请进口商确认

根据海外代理提供海运费2 000美元，代理费25美元，国内代理服务费1 450元人民币。

职场精灵

给货运代理公司填写委托书，要注意港口、箱型、数量、是否可以转运、分批出运等。

任务二　委托订舱

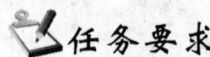**任务要求**

知识要求
1. 列举集装箱交接方式
2. 写出订舱操作流程

技能要求
1. 会填写集装箱托运联单、装箱单
2. 会根据订舱操作流程完成订舱操作

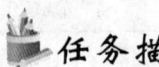**任务描述**

百通货运代理公司和国外代理及国内进口公司沟通好货物信息及船的信息后，开始委托海外代理订舱、装货、支付相关运费并传递信息。

任务分析

如果货物以FOB价格条件成交，货代公司接受收货人委托后，负有订舱的责任，并有将船名、航次、预计到达装运港时间等信息通知发货人的义务。特别是在采用特殊集装箱运输时，更应尽早预定舱位。

操作流程(见图 19-3)

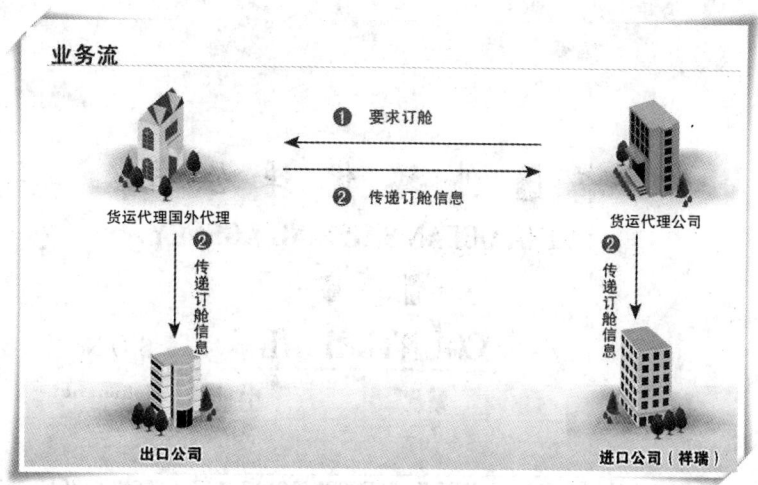

图 19-3 委托订舱

业务操作指导

操作 1 要求订舱

国内货代公司告知其国外代理订舱相关要求,委托进行订舱(见图 19-4)。

操作 2 传递订舱信息

国外货代公司完成订舱后把订舱结果、装船信息发送给出口商和国内货代公司,国内货代公司收到结果后将信息发送给进口商。

SHIPPING ADVICE

TEL: INV. NO. :

FAX: S/C NO. :

L/C NO. :

MESSRS:

DEAR SIRS:

WE HEREBY INFORM YOU THAT THE GOODS UNDER THE ABOVE MENTIONED CREDIT HAVE BEEN SHIPPED. THE DETAILS OF THE SHIPMENT ARE STATE BELOW.

COMMODITY:

SHIPPING MARKS:

NUMBER OF CTNS:

GW:
OCEAN VESSEL:
DATE OF DEPARTURE:
B/L NO. :
PORT OF LOADING:
DESTINATION:

中 国 外 轮 代 理 公 司
CHINA OCEAN SHIPPING AGENCY
留　底
COUNTERFOIL　　S/O No

目的港 For　shanghai

船名 Vessel Name	航次 Voy.	

托运人 Shipper　SHANGHAI XIANGRUI TRADING CORPORATION1321 ZHONGSHAN ROAD SHANGHAI, CHINA

受货人 Consignee　SHANGHAI XIANGRUI TRADING CORPORATION1321 ZHONGSHAN ROAD SHANGHAI, CHINA

通知 Notify

标记及号码 Marks & Nos.	件数 Quantity	货　名 Description of Goods	毛重量(公斤) Gross Weight In Kilos	尺码(立方米) Measurement Cu. M.
SHIPPING MARK: NTC SDK34567 SHANGHAI C/NO. 1-240	240CT	毛绒玩具 PLUSH TOYS	2 020	32

共 计 件 数(大写)
Total Number of Packages in Writing

委 托 号		可否转船	
装 船 期		可否分批	
结 汇 期		存货地点	
总 尺 码			

图 19-4　委托订舱

职场精灵

　　若是出口货物以FOB价格成交,则货物运输由进口商安排,订舱工作就可能在货物的卸货地由进口商办理。这就是所谓的卸货地订舱(home booking)。卸货地订舱的货物在实践中也称"指定货"(buyer's nominated cargo)。

知识天地

　　货代公司在订舱时,应将进口货物名称、重量尺码等内容详细通知承运人,必要时附上合同副本。对特种货物如超长、超重或危险品,要列明最大体积、尺寸、重量、危险性质、国际海运危险品运送章程和联合国编号。对贵重物品要列明售价。

　　采用FOB价成交的进口货物,进口商或其代理通常在国内订舱。船公司接到订舱单后,会将有关信息传给公司在国外起运港的代理机构,由它们安排在出口港的订舱。然后,船公司将订舱信息通知货代公司。

　　订舱通知是进口商根据货代公司给的相关船舶信息向出口商发出的一份通知。

　　装船通知的含义:装船通知指由出口商制发的通知客户的货物已装船详情的一种单据,包括商品名称、合同号、信用证号、唛头、数量、船名、金额等。它是卖方在FOB、CFR价格术语条件下,完成装货任务,发给买方的通知,以便买方能及时安排保险。

任务三　代办保险

任务要求

知识要求

1. 记住进口货物运输保险知识
2. 列举投保时所需要的单证
3. 说出投保应注意的事项
4. 归纳投保操作流程

技能要求

1. 会按照客户要求选择险别
2. 会根据实际情况制作投保单
3. 根据代理保险流程完成代理保险操作

🖎 任务描述

以 FOB 贸易条件成交的进口货物,出口商在货物装船后,及时向进口商发装船通知,进口商收到装船通知后,委托百通货运代理公司向保险公司办理保险。

🖎 任务分析

百通货代公司向保险公司投保需要哪些单据和资料? 这些单据如何填制?

🖎 操作流程(见图 19-5)

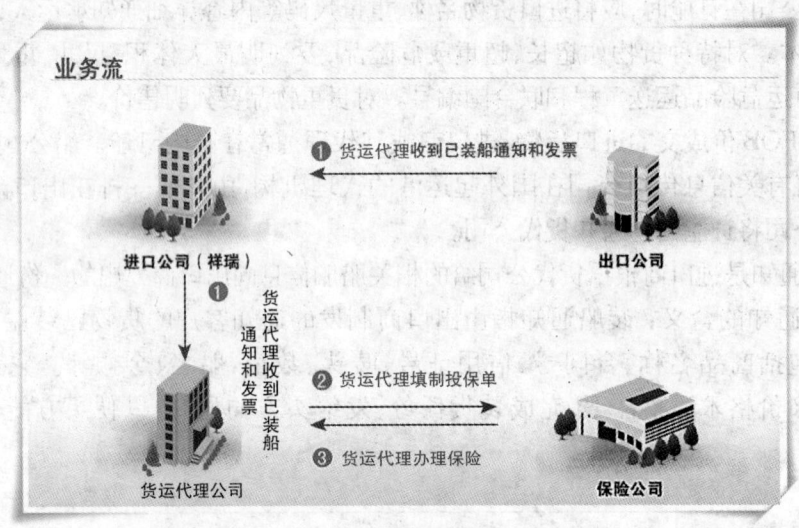

图 19-5 代办保险

📖 业务操作指导

操作 1 货代取得装船通知和发票

(1) 进口商收到出口商发送的装船通知、商业发票(见示样)。

(2) 进口商将装船通知和发票快递给百通货运代理公司委托其办理保险(见示样)。

示样: 商业发票

NOM TRADING COMPANY

Bestofsgade 234,Rotterdam, The Netherlands

TEL: 32-87654321 FAX: 32-87654322 E-mail: nom122@nom. com

COMMERCIAL INVOICE

INV. NO. : JF2345

DATE: DEC. 12, 2014

CONSIGNEE:

SHANGHAI XIANGRUI TRADING COMPANY

FROM   ROTTERDAM, THE NETHERLANDS   TO   SHANGHAI, CHINA

PARTIAL SHIPMENTS ALLOWED TRANSHIPMENT NOT ALLOWED

MARKS & NO	DESCRIPTIONS OF GOODS	QUANTITY	UNIT PRICE	AMOUNT
NTC	PLUSH TOYS		FOB	
SDK34567	ZH 3001	3 000 PCS	ROTTERDAM	USD 3 000. 00
SHANGHAI	ZH 3111	600 PCS	USD 1. 00/PCS	USD 1 200. 00
C/NO. 1-240	ZH 3222	600 PCS	USD 2. 00/PCS	USD 1 800. 00
	SD 2342	500 PCS	USD 3. 00/PCS	USD 2 000. 00
	SD 2345	100 PCS	USD 4. 00/PCS	USD 500. 00
			USD 5. 00/PCS	
TOTAL:		4 800 PCS		USD 8 500. 00

SAY U. S. DOLLARS EIGHT THOUSAND FIVE HUNDRED ONLY

NOM Trading Company

FRED

示样：装船通知

NOM TRADING COMPANY

Bestofsgade 234, Rotterdam, The Netherlands

TEL: 32-87654321 FAX: 32-87654322 E-mail: nom122@nom. com

SHIPPING ADVICE

P/C: SDK34567

TO:

SHANGHAI XIANGRUI TRADING COMPANY

DEAR SIRS:

WE HEREBY INFORM YOU THAT THE GOODS THE ABOVE MENTIONED CREDIT HAVE BEEN SHIPPED. THE DETAILS OF THE SHIPMENT ARE STATED BELOW.

COMMODITY: PLUSH TOYS

NUMBER OF CTNS: 240 CARTONS

OCEAN VESSEL: HANGPU V. 56

B/L NO. :   HJSCLPZE06631403

PORT OF LOADING: ROTTERDAM PORT

DATE OF DEPARTURE: JAN. 19, 2015

DESTINATION: SHANGHAI PORT

INVOICE NO. :   JF2345

P/C NO. :

L/C NO. :

NOM TRADING COMPANY

FRED

操作2　百通货代公司填制投保单

（1）百通货运代理公司填制投保单。

（2）百通货运代理公司将填制好的投保单和商业发票到保险公司进行投保。

示样：投保单

中国人民保险公司上海分公司

THE PEOPLE'S INSURANCE COMPANY OF CHINA, SHANGHAI BRANCH

出口货物运输保险投保单　　　　　　　　发票编号：

Application From form Export Marine Cargo Insurance　　Invoice No. : JF2345

被保险人名称、地址： Name & Address of Applicant： 上海祥瑞贸易公司 SHANGHAI XIANGRUI TRADING CORPORATION 1 321 ZHONGSHAN ROAD SHANGHAI, CHINA TEL: 8621-65788877 FAX: 8621-65788876			
标记及号码 Marks & Numbers	件数 Quantity	物品名称 Descriptions of Goods	发票金额 Amount Invoice USD 8 500.00
NTC SDK34567 SHANGHAI C/NO. 1-240	240CARTONS	PLUSH TOYS	加成 Adding
			保额 Amount Insured
运输工具（及运载工具） Carrying vessel and Connection HANGPU V. 56		起运日期 Date of Departure JAN. 19, 2015	赔款偿付地点 Claim payable at SHANGHAI
运输路线 Voyage	自　　　经　　　到 From ROTTERDAM Via To SHANGHAI		
投保险别： Condition： 　FOR 110% OF THE INVOICE VALUE COVERING ALL RISKS AS PER P. I. C. C. DATE 1/1/1981			投保单位签章： Applicant's Signature 2015 年 01 月 18 日

操作3　保险公司签发保险单

保险公司业务员对投保单、商业发票进行审核，审核无误后签发投保单（见示样）。

示样：保险单

中国人民保险公司

THE PEOPLE'S INSURANCE COMPANY OF CHINA

总公司设于北京　　　　一九四九年创立
Head Office：BENJING　　Established in 1949

保险单　　　　　　保险单次号次
INSURANCE POLICY　　POLICY No. **SH058812**

中国人民保险公司(以下简称本公司) THIS POLICY OF INSURANCE WITNESSES THAT PEOPLE'S INSURANCE OF CHINA (HEREINAFTER CALLED. "THE COMPANY")

根据

AT THE REQUEST OF SHANGHAI XIANGRUI TRADING COMPANY(以下简称被保险人)的要求,由被保险人向本公司缴付约定的保险费,按照本保险单承保险别和背面所载条款与下列特款承保下述货物运输保险,特立本保险单。(HEREINAFTER CALLED "THE INSURED" AND IN CONSIDERATION OF THE AGREED PREMIUM PAIP TO THE COMPANY BY THE INSURED UNDERTAKES TO INSURE THE UNDERMENTIONED GOODS IN TRANSPORTATION SUBJECT TO THE CONDITIONS OF THIS POLICY. AS PER THIS CLAUSES PRINTED OVERLEAF AND OTHER SPECAL CLAUSES ATTACHED)

标　记 MARK &. NOS.	包装及数量 QUZNTITY	保险货物项目 DESCRIPTION OF GOODS	保险金额 AMOUNT INSURED
NTC SDK34567 SHANGHAI C/NO. 1-240	240CARTONS	PLUSH TOYS	USD 9 350. 00

保 险 金 额：

TOTAL AMOUNT INSURED : SAY U. S. DOLLARS NINE THOUSAND THREE HUNDRED AND FIFTY ONLY.

保费　　　　费率　　　　装载运输工具
PREMIUM AS ARRANGED RATE AS ARRANGED PER CONVEYANCE S. S. HANGPU V. 56

开航日期　　　自　　　　　　　至
SLG. IN OR ABT. AS PER B/L DATE　FROM　ROTTERDAM　TO SHANGHAI

承 保 险 别：

CONDITIONS：FOR 110％ OF THE INVOICE VALUE COVERING ALL RISKS AS PER P. I. C. C. DATE1/1/1981

所保货物,如遇出险,本公司凭保险单及其他有关证件给付赔偿。所保货物,如果发生本保险单项下负责赔偿的损失或事故,应立即通知本公司下属代理人查勘。

CLAIMS IF ANY PAYABLE ON SURPENDER OF THIS POLICY TO GETETHER WITH OTHER RELEVANT EVANT DOCUMENTS IN THE EVENT OF ACCIDENT WHEREBY LOSS OR DAMAGE MAY RESULT IN A CLAM UNDER THIS POLICY IMMEDIATE NOTICE APPLY ING FOR SURVEY MUST BE GIVEN TO THE COMPANYS AGENT AS MENTIONED

HEREUNDER.

赔偿地点
　　　　　　　　　　　　　　　　　　　　　中国人民保险公司上海分公司

CLALAM PAYABLE ATSHANGHAI IN USD THE PEOPLE'S INSURANCE OF CHINA
SHANGHAI BRANCH

日　期

DATE　JAN. 18, 2015
　　　　　　　　　　　　　　　　　　　　　General manager　王琳

 职场精灵

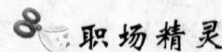

　　　在货物运输保险中，一些有大量运输业务的单位需逐笔业务进行保险，不仅繁琐，而且容易发生漏保等差错。为了简化投保手续，可以与保险公司签订预约保险合同。

　　　预约保险合同一般要求投保单位所有的运输业务都要投保，双方约定保险标的、保险险别、保险费率、适用保险条款、保险费和赔款的支付方法等。遇特殊情况，即使未及时办理投保手续，只要货物装上保险单载明的运输工具，或被承运人收受签发运单，保险公司就自动承担了被保险人的货物风险责任。往往预约保险合同凭装船通知投保。

知识天地

　　（一）出口人装船后及时发装船通知十分重要

　　在以 CIF、CIP 术语达成的交易，装船通知可让客户了解货物装运情况，并作好接货的准备。在按 FOB、FCA、CFR、CPT 条件签订的合同，及时发装船通知，以便进口商及时办理货物保险。特别是在进口预约保险的情况下，装船通知是保险公司对该批进口货物承担保险责任的凭证，有时进口商要求直接将装船通知发给其指定的保险公司。

　　（二）投保时所需具备的外贸单证

　　1. 信用证

　　信用证是国际贸易结算中被广泛使用的最为重要的一种结算方式。一般情况下，跟单信用证的内容中，都有装运与保险条款的规定，如装运港或起运地、卸货港或目的地、装运期限、CIF 或 CIP 贸易术语达成的交易项下的保险要求，所需投保货物的加成金额及投保险别、特别约定等。投保人应按信用证上规定的要求投保，保证"单单一致，单证一致"，以便顺利结汇。

　　2. 外贸发票

　　外贸发票不仅是出口货物的必备凭证，也是投保时确定保单要素的重要依据，发票上列明的项目如发票号码、商品名称、包装数量、货物价格都是填写投保单及确定投保金额时必不可少的项目。

3. 装箱单

它可以用来明确出运货物的包装方式和包装件数。

4. 装船通知

出口商发装船通知给进口商,方便进口商在办理了预约保险以后根据装船通知向保险公司通知保险生效。

（三）投保单缮制规范

当一个贸易商需要对一笔货物进行保险时,首先要跟保险公司联系,通常是填制一张投保单,经保险公司接受后就开始生效。保险公司出立保险单以投保人的填报内容为准。填报时要明确以下内容:

（1）被保险人名称:要按照保险利益的实际有关人填写。

（2）标记:应该和提单上所载的标记符号相一致,特别要同刷在货物外包装上的实际标记符号一样,以免发生赔案时,引起检验、核赔、确定责任的混乱。

（3）包装数量:要将包装的性质如箱、包、件、捆以及数量都写清楚。

（4）货物名称:要具体填写,一般不要笼统地写纺织品、百货、杂货等。

（5）保险金额:通常按照发票 CIF 价加成 10%～20% 计算,如发票价为 FOB 或 CFR,应将运费、保费相应加上去,再另行加成。需要指出的是保险合同是补偿性合同,被保险人不能从保险赔偿获得超过实际损失的赔付,因此溢额投保(如过高的加成、明显偏离市场价格的投保金额等)是不能得到全部赔付的。

（6）船名或装运工具:海运需写明船名、转运也需注明;联运需注明联运方式。

（7）航程或路线:如到目的地的路线有两条,要写上自×经×至×。

（8）承保险别:必须注明,如有特别要求也在这一栏填写。

（9）赔款地点:除特别声明外,一般在保险目的地支付赔款。

（10）投保日期:应在开航前或运输工具开行前。

注意事项:

（1）投保申报情况必须属实。

（2）投保险别、币制与其他条件必须和信用证上所列保险条件的要求相一致。

（3）投保险别和条件要和买卖合同上所列保险条件相符合。

（4）投保后发现投保项目有错漏,要及时向保险公司申请批改,如保险目的地变动、船名错误以及保险金额增减等。

（5）填制投保单:请在货物起运前投保,为了货主的利益,投保单应尽可能地详细填写,不应有空项、漏项,填写完毕后请加盖公章以表示正式要约。

（6）保额确定:保险金额可按发票金额加成投保,但最高加成数不能超过发票金额的 30%。

（7）免赔额:对于某些种类的货物,保险公司规定有免赔额,主要是因为这类货物在运输途中会自然损耗一部分或不可避免地发生一些小损失。

(8) 索赔时效：在最后卸载港全部卸离海轮后起算，最多不超过 2 年。

(9) 预约保单又称预约保险合同，它是被保险人（一般为进口人）与保险人之间订立的总合同。订立这种合同的目的是为了简化保险手续，又可使货物一经装运即可取得保障。合同中规定承保货物的范围、险别、费率、责任、赔款处理等条款，凡属合同约定的运输货物，在合同有效期内自动承保。

任 务 四　汇 集 单 据

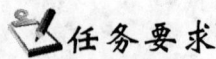

任务要求

知识要求

1. 复述提单的功能

2. 记住提单的内容

3. 辨认提单的种类

4. 记住提单的背面条款及其依据

技能要求

1. 会根据相关信息识别不同种类的提单

2. 会依据提单的背面条款对单据进行审核

3. 会依据相关信息识别不同种类的提单

4. 会依据提单的背面条款对单据进行审核

任务描述

出口商传递单据给进口商。进口商收到单据后交给百通货运代理公司，百通货运代理公司审核相关单据。

任务分析

汇集单据审核是为了单单一致，以便办理进口手续及时提货，百通货运代理公司需要汇集哪些单据才能办理相关的进口手续呢？

操作流程（见图 19-6）

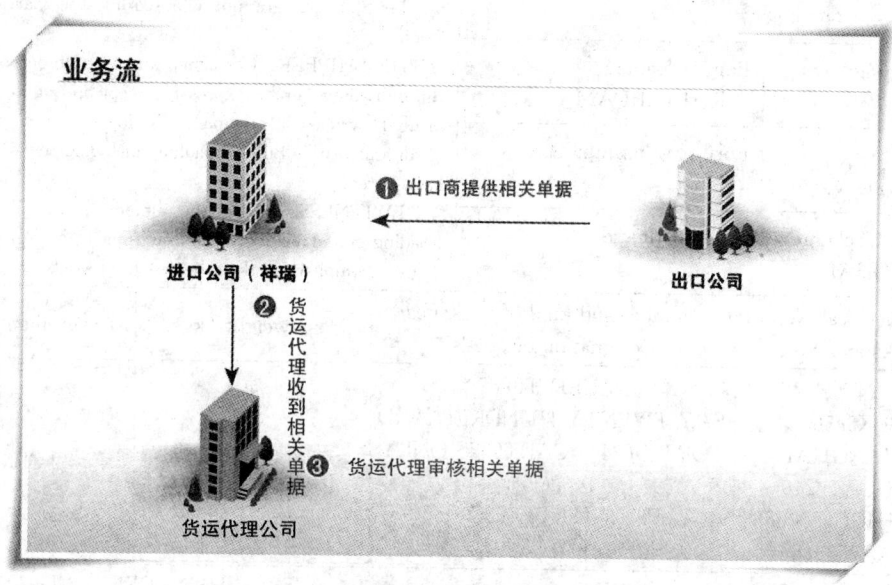

业务流

① 出口商提供相关单据

进口公司（祥瑞）

出口公司

② 货运代理收到相关单据

③ 货运代理审核相关单据

货运代理公司

图 19-6 汇集单据

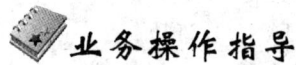

业务操作指导

操作 1 出口商提供相关单据

（1）船公司签发海运提单（见示样）给百通货运代理公司的国外货运代理公司。

（2）国外货运代理公司发送海运提单给出口商。

（3）出口商寄送相关单据给进口商。

示样：海运提单

Shipper NOM TRADING COMPANY BRESTOFSGADE234, ROTTERDAM, THE NETHERLANDS TEL：32-87654321 FAX：32-87654322	B/L NO. HJSCLPZE06630703 *ORIGINAL* **中国对外贸易运输总公司** CHINA NATIONAL FOREIGN TRADE TRANSPORT CORPORATION **直运或转船提单** **BILL OF LADING DIRECT OR WITH** **TRANSHIPMENT**
Consignee TO ORDER	SHIPPED on board in apparent good order and condition（unless otherwise indicated）the goods or packages specified herein and to be discharged
Notify SHANGHAI XIANGRUI TRADING CORPORATION	or the mentioned port of discharge of as near there as the vessel may safely get and be always afloat.

（续上）

1 321 ZHONGSHAN ROAD SHANGHAI, CHINA TEL: 8621-65788877 FAX: 8621-65788876		THE WEIGHT, measure, marks and numbers quality, contents and value, being particulars furnished by the Shipper, are not checked by the Carrier on loading. THE SHIPPER, Consignee and the Holder of this Bill of Lading hereby expressly accept and agree to all printed, written or stamped provisions, exceptions and conditions of this Bill of Loading, including those on the back hereof. IN WITNESS where of the number of original Bill of Loading stated below have been signed, one of which being accomplished, the other(s) to be void.		
Pre-carriage by	Port of loading ROTTERDAM			
Vessel HANGPU V. 56	Port of transshipment			
Port of discharge SHANGHAI	Frail destination			
Container Seal No. or marks and Nos.	Number and kind of packages Designation of goods	Gross weight (kgs.)		Measurement (m³)
NTC SDK34567 SHANGHAI C/NO. 1-240 CN: HJCU8910988 SN: 053828	PLUSH TOYS SAY TWENTY HUNDRED AND FORTY (240) CARTONS ONLY 1×20GP FREIGHT COLLECT CY-CY	2 020 KGS		32 CBM
Total number of Containers or Packages (in words) SAY TWO HUNDRED AND FORTY CARTONS ONLY				
Ex. Rate	Prepaid at	Fright payable at	Place and date of issue ROTTERDAM JAN. 19, 2015	
	Total Prepaid	Number of original Bs/L THREE	Signed for or on behalf of the Master CHINA NATIONAL FOREIGN TRADE TRANSPORT CORPORATION *KITTY* 　　　　　　　　　　as Agent	

操作2　百通货运代理公司收到相关单据

百通货运代理公司业务员收到进口商送来的有关单证。

操作3　百通货运代理公司审核相关单据

百通货运代理公司审核收到的单据：海运提单、品质证书、装箱单。

职场精灵

　　在使用提单的情况下，收货人必须把提单交回承运人，并且该提单必须经适当正确的背书，另外，收货人还须付清所有应该支付的费用。办理完以上手续后，方可以换得提货单。（即凭提单提货）

任务五　换　　单

任务要求

知识要求

1. 复述换单流程
2. 记住到货通知书的填写要求

技能要求

任务描述

货运代理收到到货通知书后,货运代理公司将提单和到货通知书交给船公司换取提货单(D/O)。

任务分析

在班轮运输中,通常是收货人先取得提货单,办理进口手续后,再凭提货单到堆场、仓库等存放货物的现场提取货物。而收货人只有在符合法律规定及航运惯例的前提条件下,方能取得提货单(即凭提单提货)。

操作流程(见图 19-7)

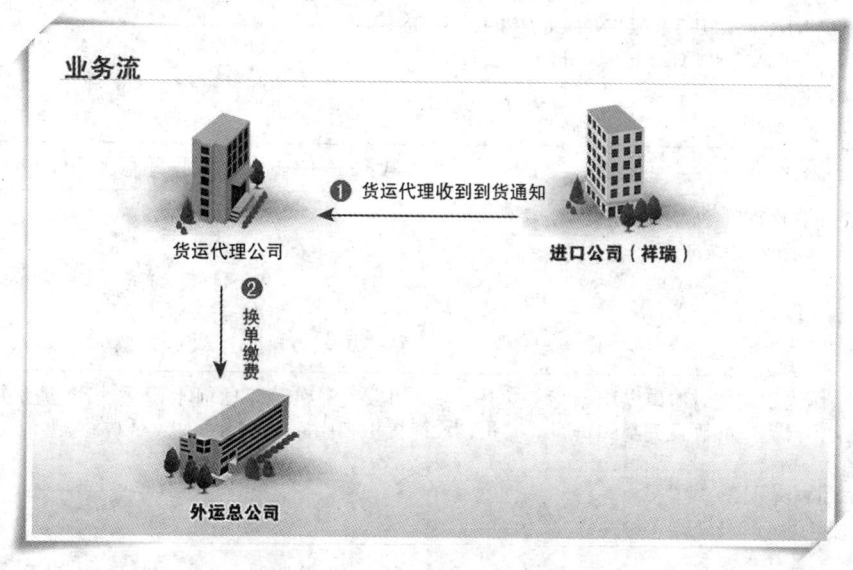

图 19-7　换单

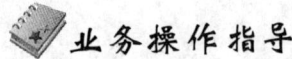业务操作指导

操作1　货运代理收到到货通知

货运代理业务员收到外运公司发出的到货通知(见示样)。请问如下到货通知上提供了哪些信息？

示样：到货通知书

中国对外贸易运输总公司
CHINA NATIONAL FOREIGN TRADE TRANSPORT CORPORATION
进口货物到货通知书

TO：百通货运代理公司
FM：中国对外贸易运输总公司　上海分公司
DD：2008-1-26

兹通知贵司的货物预计于 2015 年 1 月 27 日到达上海港，请尽快至上海航星国际船务代理有限公司

上海市杨树浦路 333 号　TEL：66672228

缴清有关费用后，办理换单手续，以免产生滞期费。

船名/航次　HANGPU V.56			
提单号　HJSCLPZE06630703			
发货人 NOM TRADING COMPANY BRESTOFSGADE234, ROTTERDAM, THE NETHERLANDS TEL：32-87654321 FAX：32-87654322			
收货人 SHANGHAI XIANGRUI TRADING CORPORATION 1 321 ZHONGSHAN ROAD SHANGHAI, CHINA TEL：8621-65788877 FAX：8621-65788876			
毛重：2 020 KGS	体积：32 m³	件数：240 CARTONS	箱号：HJCU 8910988
货物：PLUSH TOYS		标志： NTC SDK34567 SHANGHAI C/NO. 1-240	

以上资料将作为我司核对舱单以申报海关之用，与贵司报关资料若有任何不符之处，务请贵司于船到前一个工作日提供准确且完整的资料。若贵司没有提供则由此产生的一切责任(海关查柜、扣柜和罚款)将由贵司承担。

谢谢贵司的合作！

我处联系电话：021-55531010

联系人：童祥零

（续上）

注意事项：

1. 如正本提单提货，请加盖公章背书，如电放提货，请提供相应之提货保函及有背书之副本提单，其他要求按《海商法》办理。
2. 根据《中华人民共和国海商法》的规定，海运货物必须在船舶到港之日14日内向海关申报，逾期由海关收取滞纳金，3个月内不申报提取，将由海关作无主货物处理。
3. 本通知提供之到港日期不作为船舶实际到港日，具体靠港日请接洽上海航星船务代理有限公司。
4. 本公司不承担因通知不到而产生的任何损失。
5. 换单费请自行接洽船代换单处查询。
6. 请收货人换单时出具工作联系单，工作联系单必须注明收货人公司名称、地址、电话、传真、联系人并盖章。
7. 务必在集装箱还空前清除货物所留下的任何杂物，确保箱内干净，否则收货人必须承担因此而产生的任何费用和责任，特别是因箱内残留物而导致的海关罚款。

操作2　换单缴费

（1）将提单和到货通知书交给外运公司收费员。

（2）公司工作人员审核无误后向货运代理收取费用。

（3）公司工作人员收费后在提货单上盖外运公司"进口提货章"。

（4）公司工作人员将提货单、港区的"费用账单"联"交货记录"联交给货运代理。

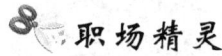 职场精灵

　　在使用提单的情况下收货人必须把提单交回承运人，并且该提单必须经适当正确的背书 duty endorsed。另外，收货人还须付清所有应该支付的费用。办理完以上要求时，方可以换得提货单。

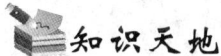 知识天地

一、换取提货单操作

　　（1）接到客户的全套单据后，要查清该进口货物属于哪家船公司承运、哪家作为船舶代理、在哪儿可以换到供通关用的提货单（注：全套单据包括带背书的正本提单或电放副本、装箱单、发票、合同）。

　　注意事项：① 提前与船公司或船舶代理部门联系，确定船到港时间、地点，如需转船应确认二程船名。② 提前与船公司或船舶代理部门确认换单费、押箱费、换单的时间。③ 提前联系好场站、确认好提箱费、掏箱费、装车费、回空费。

　　（2）凭带背书的正本提单（如是电报放货，可带电报放货的传真件与保函）去船公司或船舶代理部门换取提货单和设备交接单。

注意事项：提单背书有空白背书 BLANK ENDORSEMENT 和记名背书 SPECIAL ENDORSEMENT 两种：空白背书是由提单转让人在提单背面签上背书人单位名称及负责人签章，但不注明被背书人的名称，此种流通性强，采用较普遍。记名背书除空白背书需由背书人签章外，还要注明被背书人的名称。如被背书人再进行转让，必须再加背书(如信用证出口业务中，出口商以发货人的身份作成开证行的记名背书，信用证规定提单收货人是议付行，在寄单前，议付行作成记名背书给开证行，进口商付款赎单时，若提单抬头人或被背书人是开证行，由开证行背书给进口商)。

二、提货单样式(见示样)

示样：提货单

上海海丰国际船舶代理有限公司

SITC SHANGHAI INT'L SHIPPING AGENCY CO., LTD.

提　货　单

港区场站　　　　　　　　　　　　　　　　　　　　　　　　船档号

收货人名称				
船名	航次	起运港	目的港	船舶预计到港时间
提单号	交付条款 CFR	卸货地点	进库场日期	第一程运输

货名	集装箱数或件数	重量	体积(m³)

| **船代公司重要提示**
(1) 本提货单中有关船、货内容按照提单的相关显示填制。
(2) 请当场核查本提货单内容错误之处，否则本公司不承担由此产生的责任和损失(Error And Omission Excepted)。
(3) 本提货单仅为向承运人或承运人委托的雇佣人或替承运人保管货物订立合同的人提货的凭证，不得买卖转让(Non-negotiable)。
(4) 在本提货单下，承运人代理人及雇佣人的任何行为，均应被视为代表承运人的行为，均应享受承运人享有的免责、责任限制和其他任何抗辩理由(Himalaya Clause)。
(5) 货主不按时换单造成的损失，责任自负。
(6) 本提货单中的中文译文仅供参考。 | 收货人章　　　　1 | 海关章　　　　2 |
| 取设备交接单或办理码头拆箱业务，我司现场地址：逸仙路 4177 号上海港九区行政大楼 101 室电话：56442453 客户还箱后，凭设备交接单进场联在放箱日起一个月内至我司现场办理结费或抽取支票事宜。码头拆箱的客户持拆箱发票至我司现场结清代理还箱费，退换压箱支票。 | 检验检疫章　　　3

上海海丰国际船舶代理有限公司
船代公司章 | 4 |

（续上）

注意事项 1. 本提货单需盖有船代放货章和海关放行章后方始有效。凡属法定检验、检疫的进口商品，必须向检验检疫机构申报。 2. 提货人到码头公司办理提货手续时，应出示单位证明或经办人身份证明。提货人若非本提货单记名收货人时，还应当出示提货单记名收货人开具的证明，以表明其为有权提货的人。 3. 货物超过港存期，码头公司可以按《上海港口货物疏远管理条例》有关规定处理。在规定期间无人提取的货物，按《海关法》和国家有关规定处理。	5	6

任务六　代　理　报　关

任务要求

知识要求

1. 列举报关时需要提交的单据
2. 记住报关单的缮制规范

技能要求

能够根据货运委托书、集装箱托运单、发票及各类代码表缮制报关单

任务描述

我国进口货物需要报关，货物到港后，货运代理公司的报关员准备报关单证并向海关报关、缴费。

任务分析

货运代理接受客户委托，在海关规定的期限内，以书面或者 EDI 方式向海关报告进口货物的情况，并随附有关货运和商业单证，申请海关审查放行。

📋 操作流程(见图 19-8)

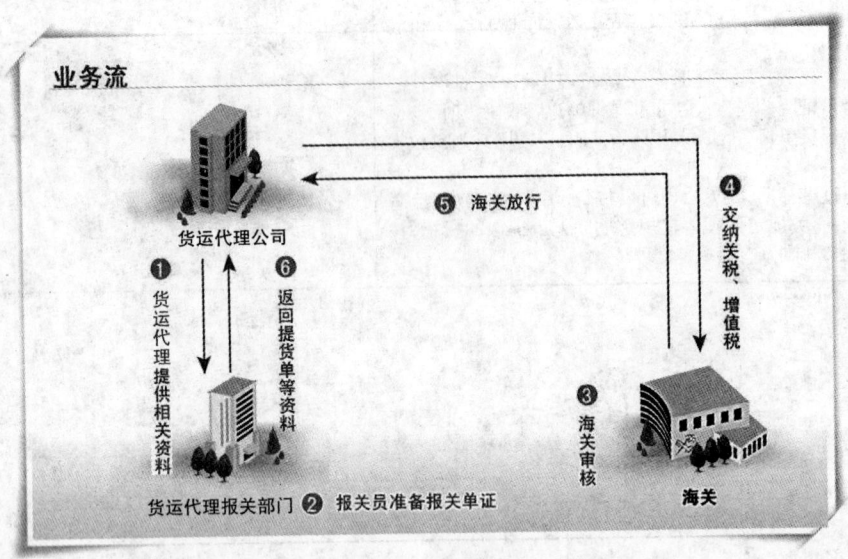

图 19-8　代理报关

📖 业务操作指导

操作 1　进口商提供相关资料

(1) 进口商将报关委托书(见示样)递交给货运代理公司。

(2) 货运代理将报关资料交给报关员。

示样：报关委托书

代理报关委托书

编号：2200004510976

我单位现　(√. 逐票　B. 长期)委托贵公司代理　　　　等通关事宜(√. 报关查验

B. 垫缴税款　C. 办理海关证明联　D. 审批手册　E. 核销手册　F. 申办减免税手

续　G. 其他),详见《委托报关协议》。

我单位保证遵守《海关法》和国家有关法规,保证所提供的情况真实、完整、单货相

符。否则,愿承担相关法律责任。

本委托书有效期自签字之日起至 2015 年 2 月 15 日止。

委托方(签章)：**上 海 祥 瑞 贸 易 公 司**
SHANGHAI XIANGRUI TRADING CORPORATION

法定代表人或其授权签署《代理报关委托书》的人(签字)　王丽

2015 年 1 月 25 日

委托报关协议

为明确委托报关具体事项和各自责任,双方经平等协议商定协议如下:

委托方	上海祥瑞贸易公司		被委托人	百通货运代理公司	
主要货物名称	PLUS TOYS		*报关单编号	NO.	
H. S. 编码	95030089		收到单证日期	2015 年 1 月 24 日	
进出口日期	2015 年 1 月		收到单证情况	合同☑	发票☑
提单号	HJSCLPZE06630703			装箱清单☑	提(运)单☑
贸易方式	一般贸易			加工贸易手册☐	许可证件☐
原产地/货源地	荷兰			其他	
传真号码	32-87654323		报关收费	人民币:80.00	元

其他要求:	承诺说明:
背面所列通用条款是本协议不可分割的一部分,对本协议的签署构成了对背面条款的同意。	背面所列通用条款是本协议不可分割的一部分,对本协议的签署构成了对背面条款的同意。
委托方业务签章: **上海祥瑞贸易公司** SHANGHAI XIANGRUI TRADING CORPORATION **王丽** 经办人签章:2015 年 1 月 25 日 联系电话:88888888	被委托方业务签章: 百通货运代理公司 **苏凝** 经办报关员签章:2015 年 1 月 25 日 联系电话:67676767

(白联:海关留存、黄联:被委托方留存、红联:委托方留存)　　　　　　　　　　中国报关协会

操作2　报关员准备报关单证

(1) 报关员依据客户提供的资料填制报关单(见示样)并盖章。

(2) 报关员将报关单内容按照电子输入格式,将数据输入海关计算机网络。

示样:报关单

中华人民共和国海关进口货物报关单

进口口岸 吴淞海关 2202		备案号		进口日期 2015.1.27		申报日期 2015.1.28	
经营单位 上海祥瑞贸易公司		运输方式 水路运输	运输工具名称 HANGPU V. 56		提运单号 HJSCLPZE06631403		
收货单位 上海祥瑞贸易公司		贸易方式 一般贸易		征免性质 一般征税		结汇方式 电汇	
许可证号		起运港(地区) 荷兰		装货港 鹿特丹		境内目的地 上海	
批准文号		成交方式 FOB	运费 502/700/3		保费 502/58/3		杂费

（续上）

合同协议号 SDK34567	件数 240	包装种类 纸箱	毛重(千克) 2 020KGS	净重(千克) 1 900KGS
集装箱号 HJCU8910988/053828	随附单据		用途	
标记唛码及备注 NTC SDK34567 SHANGHAI C/NO. 1-240				

项号	商品编号	商品名称、规格型号	数量及单位	原产国(地区)	单价	总价	币制	征免
	95030089	绒毛玩具 3 000	荷兰	1		3 000	美元	照章
01	ZH 3001							
02	ZH 3111	600	荷兰	2		1 200	美元	照章
03	ZH 3222	600	荷兰	3		1 800	美元	照章
04	SD 2342	500	荷兰	4		2 000	美元	照章
05	SD 2345	100	荷兰	5		500	美元	照章

税费征收情况			
录入员　　录入单位 3101042112 苏凝	兹声明以上申报无讹并承担法律责任	海关审单批注及放行日期(签章) 张玲 审单　　　审价	
报关员 单位地址　上海市闵行区 中山路 668 号	申报单位(签章)	征税　　　统计	
邮编　　电话 65788877　填制日期 2008.1.28		查验　　　放行	

操作 3　海关审核

（1）报关员将报关单和有关单证递交到海关。

（2）海关工作人员将电脑中的资料进行核对、无误后放行。

操作 4　缴纳关税，增值税

进口商将关税、增值税预付款交给货运代理，货运代理凭相关单据去海关缴纳费用。

操作 5　海关放行

海关工作人员将电脑中的资料与单据进行核对，确认无误后在进口货物提货单（见示样）上盖放行章。

示样：提货单

中国对外贸易运输总公司

CHINA NATIONAL FOREIGN TRADE TRANSPORT CORPORATION

进口集装箱货物提货单

_____地区、场、站

收货人/通知方：　　　　　百通货运代理公司　　　　　2015 年 1 月 28 日

船名　HANGPU	航次　V.56	起运港 ROTTERDAM	目的港　SHANGHAI
提单号 　HJSCLPZE06630703	交付条款　CY/CY	到付海运费	合同号
卸货地点　洋山一期	到达日期 　2015 年 1 月 27 日	进库场日期	第一程运输

标记与集装箱号/铅封号	货名	集装箱数	件数	重量	体积
NTC SDK34567 SHANGHAI C/NO. 1-240 HJCU8910988/053828	PLUSH TOYS	1 * 20GP	240 CARTONS	2 020 KGS	32 m³

请核对放货
中国对外贸易运输总公司
凡属法定检验、检疫的进口商品,必须向有关监督机构申报。

收货人章	海关章		

操作6　海关返回提货单等资料

（1）海关将提货单传递给货运代理保管部门。

（2）报关员将海关送来的报关资料交给货代公司业务员：报关单、商业发票、装箱单、提货单。

职场精灵

报检报关通常是委托货代全权代理,货主做好协助工作就行。

知识天地

　　若是法检商品应办理验货手续；如需商检，则要在报关前，拿进口商检申请单（带公章）和两份报关单办理登记手续，并在报关单上盖商检登记在案章以便通关。验货手续在最终目的地办理。如需动植检，也要在报关前拿箱单发票合同报关单去代理报验机构申请报验，在报关单上盖放行以便通关，验货手续可在通关后堆场进行。

　　海关通关放行后应去商检大厅办理商检，向大厅内的代理报验机构提供箱单、发票、合同报关单，由他们代理报验。报验后，可在大厅内统一窗口交费。并在白色提货单上盖商检放行章。商检手续办理后，去港池大厅交港杂费、港杂费用结清后，港方将提货联退给提货人供提货用。

任务七　提　货　预　约

任务要求

知识要求
复述设备交接单的内容
技能要求
审核设备交接单

任务描述

　　请你作为货运代理员在指定货运站提取货物后，再将货物转交给收货人。

任务分析

　　1. 提货预约涉及哪些部门和人员？涉及货运代理公司运输部门，船公司现场，运输部门货运司机，码头客服中心。

　　2. 涉及哪些单据？涉及设备交接单，提箱凭证。

操作流程（见图 19-9）

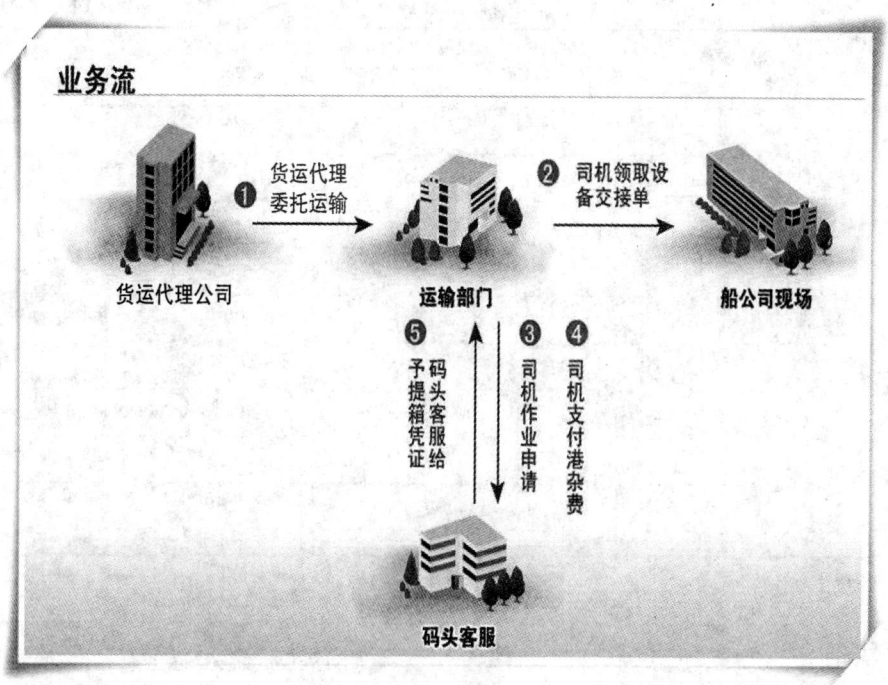

图 19-9　提货预约

业务操作指导

操作 1　货运代理委托运输部门进行货物运输

运输部门接受委托后货运代理递交提货单、费用账单(两联)、交货记录(两联)。

操作 2　运输部门的司机领取设备交接单

(1) 司机前往外运总公司递交提货单、费用账单两联、交货记录两联。

(2) 外运公司审核后发放设备交接单(见示样)。

示样：设备交接单

上海集装箱有限公司

集装箱设备交接单
EQUIPMENT INTERCHANGE RECEIPT

OUT 出场

用箱人 / 运箱人(CONTAINER USER / HAULIER)	提箱地点(PLACE OF DELIVERY)
	洋山一期
提单号(B/L NO.)　HJSCLPZE06630703	返回 / 收箱地点(PLACE OF RETURN) 外高桥码头(杨高北一路88号)

船名 / 航次(VESSEL / VOYAGE NO.)	集装箱号(CONTAINER NO.)	尺寸 / 类型(SIZE/TYPE)	营运人(CNTR.OP'R)
HANGPU V. 56		32M3	

发往地点 DELIVERED TO	铅封号(SEAL NO.)	免费期限(FREE TIME PERIOD)	运载工具牌号(TRUCK,WAGON,BARGE NO.)
	SDK34567		

出场目的/状态(PPS OF GATE-OUT/STATUS)	进场目的/状态(PPS OF GATE-IN/STATUS)	出场日期 (TIME OUT)	进场日期 (TIME IN)
	重箱	月 日 时 /	月 日 时

出场检查记录(INSPECTION AT THE TIME OF INTERCHANGE)

普通集装箱(GP CONTAINER)	冷藏集装箱(RF CONTAINER)	特种集装箱(SPECIAL CONTAINER)	发电机(GEN SET)
☑ 正常(SOUND) ☐ 异常(DEFECTIVE)	☐ 正常(SOUND) ☐ 异常(DEFECTIVE)	☐ 正常(SOUND) ☐ 异常(DEFECTIVE)	☐ 正常(SOUND) ☐ 异常(DEFECTIVE)

损坏记录及代号(DAMAGE & CODE)　**BR** 破损(BROKEN)　**D** 凹捆(DENT)　**M** 丢失(MISSING)　**DR** 污箱(DIRTY)　**DL** 危标(DG LABEL)

左侧 (LEFT SIDE)　　右侧 (RIGHT SIDE)　　前部 (FRONT)　　集装箱内部 (CONTAINER INSIDE)

顶部 (TOP)　　底部 (FLOOR BASE)　　箱门 (REAR)　　如有异状，请注明程度及尺寸(REMARK).

除列明者外，集装箱及集装箱设备交接时完好无损，铅封完整无误。
THE CONTAINER / ASSOCIATED EQUIPMENT INTERCHANGED IN SOUND CONDITION AND SEAL INTACT UNLESS OTHERWISE STATED.

用箱人 / 运箱人签署
(CONTAINER USER / HAULIER'S SIGNATURE)　　码头 / 堆场值班员签署
(TERMINAL / DEPOT CLERK'S SIGNATURE)

赵非　　　　　　　　　　　　夏雨

(2)码头、堆场

操作 3　司机作业申请单

(1) 司机前往码头客服中心进口受理台递交单据进行作业申请。

(2) 受理员将交货记录上的内容与计算机中储存的船货资料核对。

操作 4　司机支付港杂费

(1) 受理员依据司机提供资料上的计划提箱时间在费用账单上盖收取截止章。

(2) 受理员依据提箱日期计算港杂费,将费用账单交给司机。

(3) 收费员收取费用后在红色费用账单上盖费用验讫章,交给司机作为费用依据。

操作 5　码头给予提箱凭证

(1) 司机缴费完成后将费用账单交给受理员。

(2) 受理员核对后在交货记录上盖章交给司机。

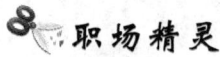 职场精灵

设备交接单有 OUT 联与 IN 两种,审核要仔细。

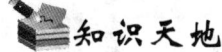 知识天地

办理设备交接单

(1) 货运代理凭带有背书的正本提单(电放放货的传真件和保函)去船公司或船代的箱管部办理设备交接单。

(2) 设备交接单。它是集装箱进出港区、场站时,回箱人、运箱人与箱管人或其代理之间交换集装箱及其他机械设备的凭证,并有管箱人发放集装箱凭证的功能。它分进场和出场两种,交换手续均在码头堆场大门口办理。

注:拼箱货(CFS 条款交货),凭船代业务部进口科的通知单到箱管部缴纳进口单证费,然后可凭“小提单”和分单到码头直接提取货物,无须办理设备交接单。

任务八　提　取　货　物

任务要求

知识要求
复述提货流程

技能要求
会进入堆场提取货物

任务描述

请你作为司机进入码头堆场提取货物，并将货物送达收货人后回堆场还箱。

任务分析

该任务可分解为以下步骤：

(1) 提货：由运输部门的货运司机凭交货记录单在码头堆场提取货物。

(2) 送货：货运司机提货后直接送达收货人处，进行卸货操作。

(3) 返箱：送货完毕后，由货运司机将空箱返还给堆场。

操作流程（见图 19-10）

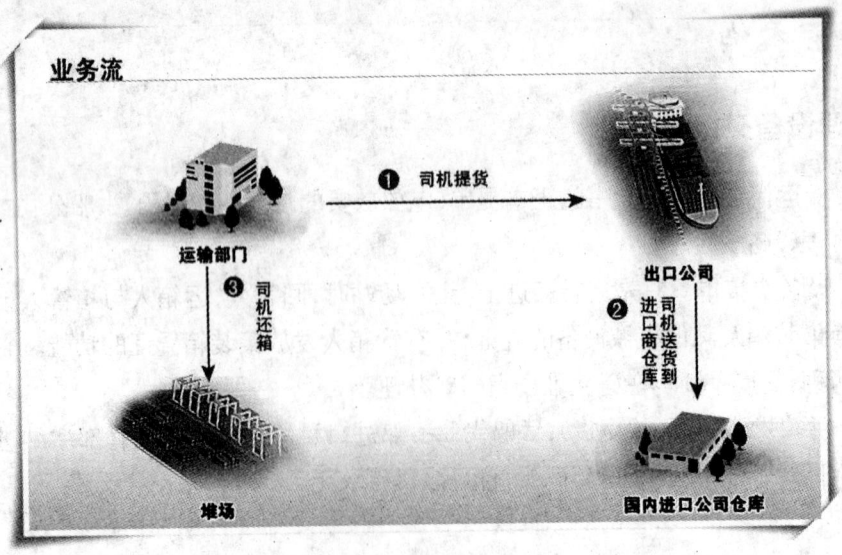

图 19-10　提取货物

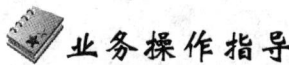

业务操作指导

操作1 司机提货

(1) 拖车司机将拖车开进码头堆场。

(2) 司机将两联交货记录给堆场工作人员。

(3) 司机审核无误后留下一联交货记录作为提箱凭证,放行车辆装货。

操作2 司机送货到进口商仓库

(1) 司机提箱后驶离堆场,将货物送达进口商仓库。

(2) 司机卸货后到外运公司递交交货记录。

操作3 司机还空箱

司机将货物送到仓库后运送空箱回堆场。

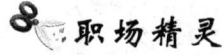

职场精灵

货运代理公司的司机最后要记得把空箱送回堆场。

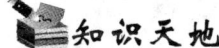

知识天地

提箱

(1) 货运代理凭小提单和拖车公司的"提箱申请书"到箱管部办理进口集装箱超期使用费、卸箱费、进口单证费等费用的押款手续。

(2) 若押款人不是提单上所注明的收货人,押款人必须出具同意为收货人押款并支付相应费用的保证函(保函)。

(3) 押款完毕经船代箱管部授权后到进口放箱岗办理提箱手续,领取集装箱设备交接单,并核对其内容是否正确。

(4) 收货人拆空进口货物后,将空箱返回指定的回箱地点。

任务九 费用结算

任务要求

知识要求

1. 说出货运费收结算科目
2. 代算代收代付的工作程序以及支付工具、方式
3. 会班轮、租船的运费计收
4. 说明费用结算的操作流程

技能要求

1. 会依据业务罗列费用结算科目
2. 会根据业务完成代算代收代付的工作程序以及选择支付工具、方式
3. 会根据要求计算班轮、租船的运费
4. 会根据费用结算操作流程完成费用结算

任务描述

货运代理在指定货运站提货后，将货物交给收货人。

任务分析

费用结算为什么是进口的最后一个步骤？需要注意哪些事项？

操作流程（见图 19-11）

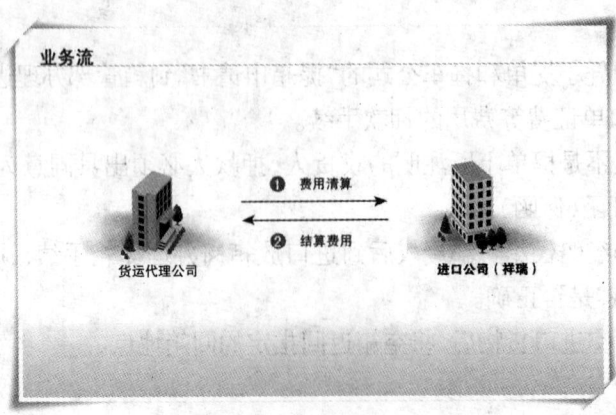

图 19-11 费用结算

业务操作指导

操作 1　费用清算

(1) 货运代理计算本笔业务的相关费用

(2) 货运代理列出费用(见示样)结算单传递给进口商

示样：费用结算单

百通货代公司

SHANGHAI SIRIUS INTERNATIONAL LOGISTICS CO. , LTD

费 用 结 算 单

我司编号：　　　　　　　　　　　　　　　　　客户编号：

客户名称：SHANGHAI XIANGRUT TRADING COMPANY　　预/到付：到付

订舱方：NOM Trading Company　　　　　　　　船公司：中国对外贸易运输总会司

卸(装)港：洋山一期　　　　　　　　　　　　代理：

船名航次：HANGPU V.56　　　　　　　　　　　提单号：HJSCLPZE06630703

开航日：2015 年 1 月 19 日　　　　　　　　　箱型箱量：20×40×1

委托件数：240 CARTONS　　　　　　　　　　　品名：plush toys

委托体积：32 m³　　　　　　　　　　　　　　委托毛重：2 020KGS

RMB 发票抬头：

USD 发票抬头：

费用项目	应付金额	收款单位	费用项目	应收金额	付款单位	备注

（续上）

费用项目	应付金额	收款单位	费用项目	应收金额	付款单位	备注
USD 应付合计		USD 应收合计		USD 毛利		总毛利
RMB 应付合计		RMB 应收合计		RMB 毛利		

OP：　　　　　　　DATE: 2014 年 05 月 12 日 11:34　　　　　SALES：

Created by KTSOFT, www. ktcargo.com, 13301817075, 13311956307

操作 2　结算费用

进口商确认费用无误后支付款项给货代公司。

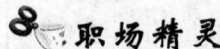 职场精灵

结算费用要认真仔细，注意金额与货币单位。